梦境瑶池 长寿贺州

主　　编：胡庆生

编撰人员：（以姓氏笔画为序）

　　　　　叶景松　杨志贵

　　　　　杨剑华　陆小毅

　　　　　陈继任　林　虹

　　　　　孟　菲　廖祖平

胡庆生 主编

歙州往事

外文出版社
FOREIGN LANGUAGES PRESS

从往事眺望未来

习近平总书记在庆祝中国共产党成立100周年大会上指出,我们要用历史映照现实、远观未来。这为我们总结历史经验、把握历史规律、增强前进力量提供了根本遵循。

广西贺州市地处桂粤湘三省(区)结合部,留存着跨越千年的历史人文底蕴,彰显着"梦境黄姚·长寿贺州"的魅力城市形象。这里的山川连绵起伏,矗立起一道又一道溢彩叠翠的画廊;这里的江河奔腾不息,弹奏出一曲又一曲岁月如歌的咏叹;这里的人民奋发有为,创造了一篇又一篇可歌可泣的华章。历史沧海桑田、山河壮美秀丽、人文交融荟萃,在这里镌刻屹立,在这里鉴今育人,在这里烛照未来。

贺州是一座历史悠久、文化厚重的城市。这里有2100多年的建城史,地处南岭的萌渚岭南麓,自古以来就是桂粤湘三省通衢之地,是大西南东进粤港澳的重要通道。汉元鼎六年(前111年),汉武帝平南越,在今贺州市北部及昭平县置临贺县,县治今广西贺州市贺街镇,属苍梧郡。三国东吴黄武五年(226年)设郡,隋代开皇九年(589年)正式设立贺州。从新中国成立到20世纪90年代,分别隶属平乐、梧州专区,梧州、贺州地区。2002年6月,设立地级贺州市,现辖八步、平桂、钟山、富川、昭平5个县(区)。境内古朴沧桑的潇贺古道,是古代海陆丝绸之路的最早对接通道,流淌着千年的风华遗迹;时光深处的黄姚古镇,是中国最美十大古镇之一,流传着千年的风雅诗韵;厚重的国宝麒麟尊,是国家一级甲等文物,印证着战国时代青铜文化的辉煌成就。在这方圆11752.64平方公里的土地上,248万汉、瑶、壮、苗等各族人民,世代和睦相处、勤劳创业、美美与共,以潇贺古道为基石的古道义化、以南岭民族文化为元素的民俗风情文化、以锡矿采冶为载体的矿业文化、以生态优良为显著特征的长寿文化造就了贺州文化的基本体系。全市有2个中国历史文化名镇，9个中国历史文化名村，43个中国传统村落，共同见证着这座千年古郡的沧桑与辉煌。

贺州是一座生态丰美、人和长寿的城市。这里72.9%的森林覆盖率，晕染出一座山水园林长寿城，是国家森林城市、中国优秀旅游城市、国家全域旅游示范区创建市，有姑婆山和大桂山两个国家森林公园，负氧离子含量最高达到每立方厘米15.6万个，是名副其实的"华南地区最大的天然氧吧"；有富川龟石国家湿地公园、贺州合面狮湖国家湿地公园、昭平桂江国家湿地公园等3个国家湿地公园，人与多种生物和谐与共，构成一幅美好的生态画卷。桂江和贺江穿城而过，两岸青山相对出，漫步钟山百里水墨画廊、昭平南山茶海、富川国际慢城，犹如人间仙境。丰腴的水土滋养丰富的长寿美景、长寿美食、长寿人文。特别是每10万人口中，百岁老人数量超过长寿地区国际标准2倍以上，是世界长寿市、中国首个全域长寿市，是粤港澳大湾区康养旅游首选地。贺州在全国率先成为国家级出口食品农产品质量安全示范区全覆盖城市，70%左右的贺州蔬菜水果供应粤港澳地区，荣膺"中国长寿美食之都"，是享誉中国的脐橙之乡、名茶之乡、李子之乡、马蹄之乡，更是粤港澳的"菜篮子""果篮子""米袋子"。

贺州是一座开放创新、充满活力的城市。近年来，贺州始终坚持以习近平新时代中国特色社会主义思想为指导，坚决落实自治区党委对贺州工作提出的"发挥优势、突出特色、全力东融、加快发展"的总体要求，解放思想、改革创新、扩大开放、担当实干。"十三五"期间，全市经济社会发展实现了发展格局从发展"边缘"到东融"前沿"、经济总量从长期排名末位到晋位升级、脱贫攻坚从贫困县"全覆盖"到"全摘帽"、彻底消除绝对贫困的"三大历史性跨越"。今日之贺州，全力东融启新篇，三次产业量质齐升，经济总量赶超跨越，势头强劲的"贺州速度"让发展底气十足；今日之贺州，新区高楼拔地而起，城市夜景美轮美奂，公园广场柳绿花红，生态长寿的"贺州形象"让城市更有魅力；今日之贺州，百姓生活更红火，群众办事便捷高效，创业就业氛围浓厚，奋发有为的"贺州自信"让民心同向同行。流淌在历史长河中的千年古郡，即将迎来建市20周年的壮丽青春年华。

当前，贺州正处于迎接新时代东融"大考"的战略机遇期，更加需要文化以春风化雨、润物无声的力量成风化人、凝聚人心、引领前行，为新时代贺州实现高质量发展、扎实推动共同富裕塑魂赋能。我们组织编撰《贺州往事》一书，系统梳理全市历史文化，从浩瀚的文史信息中提炼了一批多彩生动的史实故事并辑录而成，鲜活的往事里流淌着乡愁，凝聚着智慧，承载着文明，是一本可读性强、史料确凿的地方文史精品读物。我们期望通过阅读《贺州往事》，能够回望古老贺州砥砺风雨的印迹，把握青春贺州新时代发展的脉搏，从悠悠往事眺望崭新未来，书写新的文化故事和历史篇章。

昨日是源，明日为流。值此庆祝中国共产党成立100周年的重要时刻，深入开展党史学习教育的重要时期，让我们一起以史为鉴、开创未来，以"奋斗的青春最美丽，我与贺州共成长"的革命情怀，以"在岗一分钟、干好六十秒"的敬业精神，锚定高水平建成广西东融先行示范区总目标，高扬东融主旋律，发起全面东融、全民东融的战略总攻，着力在服务和融入新发展格局上展现新担当、实现新作为，努力在与贺州共成长的奋斗历程中再创佳绩、再铸辉煌，奋力书写新时代中国特色社会主义壮美广西贺州篇章的时代答卷！

中共贺州市委书记 林冠
2021年10月

目录 CONTENTS

第一章　地名趣事 / 4

贺州得名 / 6

"桂岭"溯源 / 8

"富川"的演变 / 9

"昭平"由来 / 10

"八步"得名的三种说法 / 11

"马江"得名源于东汉名将马援 / 14

"黄姚"得名的三种说法 / 15

"姑婆山"得名源于刘娘传说 / 20

"平桂"地名原是平乐与桂林的合称 / 21

富川"状元村"释疑 / 22

"钟山"的演变 / 23

"封阳"地名来源于长沙国与南越国在贺州的对垒 / 24

第二章　科举纪事 / 26

唐至五代贺州出了三名进士 / 29

宋代贺州科举成就史上最佳 / 29

元明两代贺州科举走向没落 / 35

廉官楷模进士毛彦章 / 36

清代贺州进士多翰林 / 36

第三章　名人逸事 / 44

唐宋贺州的道教名家 / 47

宋代南渡文人在贺州的文艺创作 / 49

苏东坡与贺州的不了情缘 / 59

广西按察司佥事蓝智在贺州巡察 / 61

清末重臣唐景崧昭平寻祖 / 63

柳亚子的八步往事 / 65

红线女在贺州收获事业与爱情 / 67

贺州最早的同盟会会员严端 / 70

第四章　烽烟战事 / 72

三国吴将吕岱与平南将军廖式的贺州之战 / 74

五代时期贺州的楚汉之争 / 75

宋将潘美贺州战南汉 / 78

侬智高贺州战宋军 / 80

岳飞贺州战曹成 / 82

富川民团狙击三万日军一个月 / 86

第五章　古今寿事 / 88

古代贺州长寿崇拜的四次转化 / 92

唐宋贺州的医药盛事 / 95

尊老养老成为贺州社会共同推崇的
传统美德 / 102

第六章　仕林政事 / 106

李郃出守贺州 / 108

清官简世杰 / 110

岳飞高登结友贺州 / 112

知州吴安朝门前无客 / 114

活在百姓心中的知县杜俊彦 / 115

由康熙追授重奖的富川知县刘钦邻 / 116

平乐知府唐鉴在富川瑶区办学 / 121

第七章　考古奇事 / 124

贺州最早人类化石的发现 / 126

贺州最早陶器的发现 / 127

两件陶器从废品到国宝的华丽变身 / 129

白狐带领人们发现千年青铜麒麟尊 / 130

广西第一枚西汉金印在贺州出土 / 132

贺州发现的最大汉代王侯墓 / 134

大山深处发现国宝东汉铜人吊灯 / 135

将军山下发现国宝 / 136

一件瓷器指引人们寻找一座城 / 138

岁月留痕
　　——简介几件贺州纪年铭文物 / 140

潇贺古道 / 144

第八章　农工轶事 / 146

贺州宋瓷 / 152

民国贺州的"铁路遗梦" / 155

天下锡都在贺州 / 158

贺州发现中国核工业"开业基石" / 160

开辟府江的明代土司黄仲拙 / 162

毛主席接见贺州瑶族代表盘少明 / 164

宋元时代贺州产御冬神器汤婆子名震江南 / 166

受到毛主席接见的贺县劳模缪隆恩 / 167

民国贺州锡矿股票史话 / 168

贺州茶事 / 175

第九章　城乡旧事 / 182

王寨古城 / 188

元鼎三城 / 188

三国创建的桂岭县城 / 191

南朝诸城 / 192

明朝古城 / 192

梦境家园黄姚古镇 / 196

红色古村英家村 / 201

科举成就斐然的富川秀水村 / 204

岔山瑶村
　　——美食惊艳湘桂粤三省 / 207

楹联古村龙道村 / 209

富川深坡村　代代传书香 / 210

"江南紫禁城"大江屋 / 212

第十章　皇家故事 / 216

从贺州走出的明朝孝穆皇太后 / 218

牛李党争迫使唐皇宗亲李回
受贬贺州 / 221

唐代同昌公主驸马韦保衡因宠而辱
被贬贺州 / 222

唐义阳公主驸马王士平被贬贺州 / 223

"狸猫换太子"原型人物国舅李用和
受封贺州刺史 / 224

南明那些年的贺州勤王事 / 227

第十一章　文化雅事 / 236

楹联有故事 / 238

宗祠楹联的文化密码 / 242

贺州影视盛事 / 250

贺州市高级中学的前世今生 / 264

珍藏毛主席题词的贺州人
　　——廖邦昌 / 266

欧阳予倩在昭平 / 268

贾平凹贺州采风 / 272

高士其深情作别黄姚 / 276

贺州元素邮票 / 278

第十二章　风情俗事 / 280

瑶族盘王节 / 282

黄姚鱼龙灯 / 283

富阳炸龙节 / 285

浮山歌节 / 288

信都龙舟节 / 291

坐歌堂 / 292

瑶族信歌 / 298

钟山瑶族门唻歌 / 300

富川平地瑶蝴蝶歌 / 301

上刀山与过火海 / 302

长鼓舞 / 303

仙回调马 / 305

南乡壮族舞火猫 / 307

采茶队耍年宵 / 307

凤凰歌堂 / 309

后　记 / 310

第一章 地名趣事

地名如同人名，人们在给地方取名字的时候，往往会赋予它特别的含义。有的是为了标示方位，如贺州市城区内的"西约街"表示这条街在老八步城区之西，"东宁街"则表示这条街在老八步城区之东，由此可知老八步主街的东西范围。有的是为了标明行政级别，如"信都""下排""七里"中的"都""里""排"，都是古代乡镇一级的行政建制，是研究一个地方乡村治理建制演变历史的重要线索。有的是为了表示地理环境，如八步区的风景名胜区"浮山"，就是表示洪水无法掩盖、山体永远浮在水面的意思。随着历史的变迁，老地名与新地名又常常混合存在，如"贺街""贺城""临贺故城"，虽然这3个词表示的都是同一个地方，但出现的年代却各不相同，其中"贺街"一词约出现在新中国成立之初，"贺城"一词来源于20世纪60年代"贺城公社"，"临贺故城"一词来源于2002年评选"全国重点文物保护单位"时对它的命名。总之，地名的取名要素非常复杂，其背后所承载的文化也非常丰富。而且，由于空间标识的需要，地名一旦形成，往往会进入文献，成为描述一个地方历史的文化符号。因此，地名不仅有着特定的寓意，还能体现一个地方的发展与进步，反映一个地方的沧桑巨变。细察贺州的许多地名，其背后所包含的底蕴十分深厚，值得玩味。

贺州得名

贺州之"贺"源于江名

贺州最早的行政建制是西汉的临贺县。之所以称为"临贺县",是因为其治所位于临江和贺江交汇处,即今八步区贺街镇临贺故城。沿袭汉代的称名方法,三国时,孙吴增设临贺郡,治所同样设于临贺故城内。

临江发源于今富川瑶族自治县北部,经钟山县、平桂区流入八步区。贺江发源于今八步区桂岭镇,在贺街与临江交汇后,继续称为贺江,向南经信都平原流入广东封开县。因而贺江既是干流名,又是上游的支流名,而临江则只是贺江上游的一条主要支流,贺江的流域面积更大。隋代改郡为州,州的名称更注重于对管辖范围的标示和对古地名的继承,临贺郡的范围主要集中在贺江流域,因而在"临贺郡"的基础上改建而来的州就被称为"贺州"。明代,为加强社会治理,维护稳定,朝廷作出了裁撤贺州的决定,把原贺州所辖之县划归平乐府管辖,原临贺县被改名为贺县。

那么贺江之"贺"又是怎么来的呢?关于这个问题,史书并没有明确记载。只是在清代县志中有推测,据说是因为贺江源头是一口大泉,泉水往外流出,连接两条渠道。泉池上游方向左右两岸各有一块突出的石头,像是"贺"字上部的"力"和"口",泉池下游波光粼粼,配合两条流水渠,很像是"贺"字下部的繁体"貝"字,如此,泉池、泉渠、泉岸上的两方石头就一起构成了一个象形的"贺"字。

贺州之"贺"是锡的代名词

历史上,贺州锡矿无论是蕴藏数量、矿产品质还是开采历史,在国内都是艳甲群芳、独步天下。贺州精锡一直以纯度高享誉全国。贺州锡还是治疗皮肤病的良药。李时珍在《本草纲目》

▶ 因为贺州盛产锡矿,北宋在贺州设立铸造钱币的钱监生产夹锡铁钱,图中"政和通宝"铁钱出土于贺州钱监。

中曾详尽介绍了贺锡的功效及其用法："清热解毒；祛腐生肌。主治疮肿毒、杨梅毒疮、恶毒风疮等症。取少许研末调敷。"也正因其药用价值，从战国开始，贺州锡就一直被记载在各种药书药典之中。最早记载贺州产锡的文献是我国第一部药学专著，即成书于战国至西汉早期的《神农本草经》，其中有"锡生桂阳山谷"的描述。先秦之时，"桂阳"是指桂岭之阳，即今天八步区桂岭镇南面的大片山岭。由于医生在开出处方时常常把"贺州锡""临贺锡"简称为"贺"，因而最迟在唐朝，贺州之"贺"已经成了锡的代名词。唐朝大医学家苏恭在他的医学专著《本草图经》中说，唐代把锡称为"白""贺"。此后，直到清代的《康熙辞典》和现代的《实用大字典》，它们在解释"贺"字时，仍然称贺州之"贺"为"锡"。

"临贺"郡名在唐诗宋词中具有"忠诚""感恩"的意象

唐、宋两代的诗人和词人，时常以贺州古郡名"临贺"入诗。陆游《醉卧道边觉而有赋》诗："世间恩怨一时空，且免它年送临贺。"苏东坡《北归过岭》诗："当日无人送临贺，至今有庙祀潮州。"这些诗句中的"临贺"，是在使用唐代临贺尉杨凭的典故，用以表达忠诚、感恩、不忘旧情。

杨凭是唐朝大历年间的进士。历任节度使、监察御史、京兆尹等职，还是大文豪柳宗元的岳父。因得罪王室宗亲御史中丞李夷简，被告发有罪，唐宪宗把他从京兆尹任上贬为临贺县尉。因为害怕被牵连，在他遭难离京之际，至亲好友都躲了起来，不敢给他送别。然而，就在杨凭感慨人情冷暖的时候，进士徐晦却给他送来了意外。当杨凭从长安发配临贺途经蓝田时，蓝田尉徐晦不顾得失，毅然为杨凭接风送行。徐晦款待杨凭的事不仅温暖了杨凭本人，更因为颠覆了世俗的价值观念而引发热议。不久，消息传到赋闲在蓝田老家的老宰相权德舆耳中。长期的宦海生涯让老宰相对官场深浅时刻保持着警惕，他好心提醒徐晦："你在这种敏感时刻去给杨凭送行，虽然彰显了你的人格，但你要考虑将要付出的政治代价。"没想到徐晦却一脸正气地说："我徐晦曾是一介百姓，当年因为杨公的厚爱，我才当上了栎阳尉，今天能调到蓝田继续担任县尉，这同样是因为他当年的推荐之功。俗话说，人要知恩图报，现在杨公遭贬离京，如果不去送别，我将于心不忍。将心比心，如果哪天老宰相您也遭了不白之冤，成了戴罪之身，难道我徐晦能够不去给您送行？"徐晦恳切的话语深深打动了老宰相，从此老宰相逢人便称颂徐晦是个懂得感恩的人。有了老宰相的推荐，有利于徐晦的政治舆论迅速形成。徐晦的政治前途也由此产生拐点：一天，杨凭的政治对手李夷简居然写了一封荐书，推荐并提拔徐晦为监察御史，让他从一个地方小吏直接升为京畿大员。徐晦不明白其中的玄机，就问李夷简："我平生和你没有交情，也不知道什么地方能够取信于你，现在你把我提拔了，能给我个理由吗？"李夷简不紧不慢地说："你也知道，得罪我没有好下场。杨凭当年何等威风，现在最多就是得了个外号'杨临贺'。你去送他，相信你是明白后果的。但从另一个侧面看，你这个人既然能够为感恩友情而不顾政治得失，就一定不会忘了国家的恩典而背叛国家，好好干吧。"无心插柳的徐晦就此走向成功。

杨凭是一个内心十分坚强的人，这一次遭遇贬谪并没有让他精神消沉，相反，到达贺州后，他做了很多好事，赢得了百姓的拥戴。他的善政让自己的职位得到升迁，仅一年多时间，即被提拔到杭州，成为余杭长史。在余杭也只有一年多时间，他又再次得到提拔，成为太子的老师。杨凭离开贺州时，老百姓纷纷自发为他送行。之后，岭南许多百姓还自发修建杨凭庙以示纪念。

在杨凭和徐晦的典故中，充满了惜才、感恩、忠诚、图强等一系列宝贵的精神，典故中的主角，用自身的实际行动为弘扬正气作了生动的阐述。因此，这个故事被人们一代一代传颂。"临贺"和"杨临贺"这个外号也被一代代的文人作为典故反复引用。

"桂岭"溯源

现在的桂岭是八步区的一个镇。历史上，桂岭这个词有多重含义。其一是广西的代称。广西简称"桂"，人们常用"桂岭"即广西的山山水水来代指广西。如柳宗元诗"桂岭瘴来云如墨"，其中的"桂岭"就是指代广西。其二是一些地方的小地名，如桂林市外曾有一座小山坡，称为"桂岭"。《岭外代答》载："桂林城北二里，有一坯，高数尺，植碑其上曰桂岭。"其三是指贺州东北部的大片山岭，主要分布在今贺州市八步区桂岭镇和开山镇。历史上，这些山岭上长满了桂竹，故而称为"桂岭"。但更多的时候，人们会把桂岭镇"桂岭"的地域范围扩大，用于泛指贺州北部的各个山岭，使之成为"临贺岭""萌渚岭"等概念的代称。《贺县志》载："临贺岭，一名桂岭，……即《水经》萌渚峤，五岭之一也。"史学家顾祖禹也说："萌渚岭……亦曰萌渚峤，亦曰临贺岭，亦曰白芒岭，亦曰桂岭。"

今八步区桂岭镇至开山镇之间的桂岭，是潇贺古道上的重要节点，亦是史上楚、粤官道

▼ 穿行在桂岭山间的潇贺古道

在湘桂两省边界线上的重要对接点。穿行在桂岭山间的古道不仅沿途地势险要，而且古道南端的桂岭盆地是贺江上游最大的农田富集区，在古代，这是南岭群峰间的富庶之地。因而，桂岭古道从来都是兵家必争之地。秦始皇统一岭南、汉武帝平定南粤、岳飞战曹成、李肃之和陶弼战侬智高救贺州城等重大军事行动，都曾在桂岭展开。

西汉初年，桂岭是西汉属国长沙国和独立势力南越国的分界线，双方隔岭而峙。其中西汉军以在今江华县城沱江附近的"深平城"为中心，在桂岭北麓布置了九支军队，驻兵点多达100余处。南越赵佗军在桂岭南麓（今桂岭镇英明村）设芜城，并以此为中心，在贺江上游桂岭建立驻兵点。

三国时，桂岭古道成为孙吴争夺岭南管辖权的重要通道。为了强化桂岭的交通和管治功能，孙权于黄武五年（226年）设建兴县管理桂岭盆地。因为"桂岭"两字的名气实在太大，隋朝开皇十八年（598年）又把建兴县改名为桂岭县，此后一直到元朝末年废县，桂岭曾长期是一个县的名称。

隋代桂岭县城被建设成为据守古道的险固之城。《资治通鉴》载，开皇十七年（597年），隋将虞庆则在桂林讨平叛将李世贤，由潇贺古道经桂岭还潭州（湖南长沙一带），临桂岭观眺山川形势，赞叹桂岭县"此城险固，加以足粮，若守得其人，攻不可拔"。说者无心，听者有意，他的这句话被一些人解读为有造反之意。为此他付出了生命代价，被隋高祖杨坚砍了头。

"富川"的演变

富川建县最早可溯及西汉武帝元鼎六年，即公元前111年。富川县的得名是因为辖地主要分布在富江两岸。在唐德宗时期，富川县也曾改名为"富水县"。早期的富川县包括今钟山县和富川瑶族自治县。而且从汉代至明初，富川县的县城一直在今钟山

第一章 地名趣事 | 9

县境内。直到明代洪武二十九年（1396年），富川县治才搬迁到今富川瑶族自治县境，先以今富川瑶族自治县富阳镇茶家村的矮石堡作为县治临时治所。明嘉靖年间，县治再迁，正式搬到现如今的古明城内。民国六年（1917年）新建钟山县，富川县与钟山县分离，最终形成今富川瑶族自治县的行政范围。

"昭平"由来

昭平县位于贺州西南侧，境内多山，基本上是九山半水半分田。在农耕时代，这里所能提供的可耕土地数量有限，县内居民生活比较贫困。西汉元鼎六年（前110年），广西设立汉代第一批县时，这里人口较少，土地上的产出还能大体维持居民生

▲ 富川瑶族自治县古明城南门楼
▶ 今昭平县城

存所需,社会局势相对稳定。当时,今昭平县地分属贺县(县治在今八步区)和猛陵县(县治在今苍梧县)两地。从南朝开始,由于北方战乱,大量人口南迁,今昭平县内人口激增,导致有限土地上的粮食产出难以满足需求。此后,一直到唐代,今昭平县内的社会局势动荡不安。为了治理好这方土地,南朝开始正式在今昭平境内设县。早期,设在今昭平境内的县治其功能主要是维持地方稳定或者开发疆土,因而尽管县名多次改变,但主要反映的一直都是这些职能要求,如"龙平县""荡山县""豪静县"就有平定、荡平、安定等意思,"开江县"则有开发江河水路的意思。到北宋宣和六年(1124年),宋徽宗甚至把"龙平县"改为"招平县",意谓招抚平定。但"招"字含有"招讨"之意,易于引发矛盾,不久之后,为了显示皇帝的推恩,又改用光明、明亮的"昭"字,意为以招抚羁縻政策使昭平获得光明、安定。今昭平县自此正式得名。

"八步"得名的三种说法

贺州市区在八步。可别小看"八步",在19世纪晚期至20世纪末的100余年间,八步这个地名在粤港澳和东南亚一带妇孺皆知。然而,清代乾隆以前,"八步"这个地名却还没有出现。那时,这里只是零星分布的一些小村屯。八都人、本地人、客家人、鸬鹚人……不同的族群按照各自的文化习性在这些村寨中生活,日出而作,日落而息。那么"八步"这个名字如何得来?又是如何在短短几十年时间内就创响了名号?

其实,八步的兴起与广东地区的一次经济外溢事件有着密切联系,那就是"东资西市",即广东资本广西市场。从明代到清初,广西一直战乱不止。直到雍正年间,清将鄂尔泰治理广西,局势才逐渐稳定。这时的广西百废待兴,对人力、资金、市场等发展资源有急切的需求,于是广东的资本迅速进入广西,催

生了广西市场圩镇的兴起。而矿产丰富又紧邻广东的八步自然受到粤商青睐,也就迅速踏上了城镇化进程。也因为这个缘由,尽管关于"八步"的来历有好几种说法,但无一不是与粤商紧密相关。

"八铺"说

从清朝乾隆开始,贺州的矿产得到了较大规模的开采,具有水路交通优势的八步逐渐成为路花、西湾、水岩坝、新村、黄田、望高等矿业产地的锡矿转运中心。这里人来人往,商机颇大。一大批粤商于是沿贺江而上,到矿区设点贸易。到清嘉庆年间,随着国际市场对锡矿的需求一天天增大,八步的矿产转运业也一天天发展,八步的商机日渐增加,周边圩市的商铺也逐渐向八步集中。其中一批在今平桂区黄田镇路花街开设摊点的广东客商最为精明,他们先从路花迁至八步附近的黄田镇竹山脚村水月宫。后来又有八户商户从水月宫集中迁出,到达今贺州市永丰街临江之畔建立商业点。这迁来的八户商家成行成市,他们的商铺坐落地逐渐成为商业中心。他们总共有八个铺面,群众就习称这一带为"八铺"。为了方便装卸货物,每户客商又都在江岸建有一个小埠头,共计8个,所以人们也称这里为"八埠"。在粤语方言中,"八铺""八埠"都与"八步"谐音,且"步""铺""埠"在粤商那里是可以通借的,而"步"字笔画少更容易书写,商人们书写招牌、地址和广告时都用"八步"替代"八铺""八埠",渐渐地"八步"一名就叫开了。

"八景"说

八步这个地方山清水秀,景色宜人。其中有八处景点最为著名,被人们选为八步这座城市的八景,它们分别是今点灯寨的笔架山和点灯山、担石寨的担石山、马头山、西约街的出水壁、一景桥、厦良村的鲤鱼洞、观音岩。人称这八景为"八宝"。广东话"八宝"与"八步"谐音,八步由此得名。

▲ 八步八景之一——今平桂区黄田镇担石村担石山

◀ 八步米行码头

◀ 八步沙街的晚清建筑

"八级步阶"说

约在清朝嘉庆年间，粤商们捐资在八步建立了广东同乡会会馆"仙城会馆"。会馆大门口的踏步，即台阶，共有8个步级，所以人们也称这座会馆为"八步会馆"。这座会馆粉墙黛瓦、翘角飞檐，格外壮观，来此参观游玩的人络绎不绝。由于会馆是当时这个地方最为宏大的建筑和最为明显的标志，逐渐地，人们就用"八步"来指称八步会馆所在的地方，"八步"也就成了地名。

八步虽然启动城市化进程时间不久，但进入近现代以后，随着世界工业化进程加速，贺州出产的锡矿在国际市场上非常畅销，八步的锡矿出口贸易也更加旺盛。一业兴百业旺，其他许多相关产业也都被带动起来。出于经济管理的需要，一系列的行政机构陆续进驻八步：1915年9月，广西省直办的省级机构富贺钟矿务总理进驻八步。1921年，旧桂系最具实力的沈鸿英部队进驻八步，其后，在八步发行自制货币。1934年，八步升格为建制镇。至解放前夕，广西省第一区行政督察员公署兼保安司令部、广西富贺钟官矿局、广西建设厅驻富贺钟办事处、中国国民党贺县第六区党部、民盟东南总支部筹委会、中共贺县中心县

第一章 地名趣事

委、中共八步特支等许多重要行政机构、社会团体和党团机构都先后设于八步。八步日渐成为桂东地区的政治经济中心。新中国成立后，随着贺县人民政府、贺州地区、贺州市于1952年、1997年和2002年先后将机关驻地设在八步，八步正逐渐成为桂粤湘三省交界区的区域性中心城市。

"马江"得名源于东汉名将马援

　　昭平县境内一共有3条大江，南北流向的桂江、东西流向的思勤江和富群江。思勤江上下游各有一个重镇，分别是英家镇和昭平镇。富群江上下游也各有一个重镇，分别是黄姚和马江。在民国六年（1917年）之前，英家还属于昭平县管辖的时候，这4个镇是昭平税收的最主要来源地。马江作为地名，从古至今共有3个含义，一是富群江的古称，二是马江县的名称，三是马江镇的名称。马江县和马江镇的得名都是因其治所设于马江之畔。而关于马江的得名，还有一个有趣的故事。

　　东汉光武帝建武年间，交趾太守苏定依法处置了犯人诗索。而诗索的妻子征侧是交趾郡麓泠县（治在今越南河内市境）骆越首领的女儿。征侧怨怼不服，于是依仗家族势力，煽动地方百姓，于建武十六年（40年）发动叛乱。他们攻城掠寨，造成交趾、九真、日南、合浦等地共65座城脱离东汉管治，自立为王。第二年，光武帝任命马援为伏波将军，段志为楼船将军，带领长沙郡、桂阳郡、零陵郡、苍梧郡的军队一万余人，从灵渠和潇贺古道多路进入桂江，一路南行，平定征侧之乱。马援是东汉初年的一代名将，曾为刘秀登位汉主立下过赫赫战功，是东汉开国功臣之一。马援的南征之战从公元41年开始，到公元42年夏天方才胜利结束。为了战后能够更好地治理广西、广东等地，让战乱之后的百姓安居乐业。南征期间，马援于所过之处皆整修城郭，兴修水利，开辟水陆通道。途经贺州时，对富群江进行开凿疏

▶ 今昭平县马江镇马江沿岸风光

浚，使富群江的水道通行更加安全，由此，富群江流域成为沟通湘漓古道与潇贺古道两条主动脉的重要连接线，有力地促进了当地经济的发展。明万历年间，广西巡抚杨芳在他的著作《殿粤要纂》中称："盖马江上通埠头村庄，贩鱼盐，以易麻絮。今方议榷税资饷，则此江所关重矣。"

富群江的疏通对当地百姓置业安居、发展生产意义非凡。为了纪念马援的开江之功，人们不仅把富群江改名为马江，还在今马江镇和昭平县城等地修建伏波庙祭祀马援。南朝梁武帝根据马援开富群江的历史，在富群江的江口设置了开江郡。后来，朝代更替，开江郡又被降格为开江县。唐代时，全国除了今昭平县内设有开江县外，在今重庆市内也有一个县名为开江。这样的同名使得张冠李戴的事时有发生。为了理顺其中的关系，唐长庆三年（823年），广西主官桂管观察使殷侑上奏朝廷，请求将广西的"开江县"改名为"马江县"。在奏章中，他还对改名为"马江县"的理由作了特别说明：贯穿开江县的干流河道为马援所开。改名为"马江县"，既解决了重庆和广西两个开江县的同名问题，也继续保持了县名纪念马援的功能。

"黄姚"得名的三种说法

黄姚古镇是贺州市的一座美丽小镇，有梦境家园之称。关于"黄姚"这个名字的由来，一直没有一个统一的说法。坊间流传，一共有3种版本：

源于杨文广南征侬智高

民间传说，宋皇祐四年（1052年）4月，广西土司侬智高反叛朝廷。狄青和先锋杨文广率部至广西征剿。一天，杨文广来到如今黄姚这个地方，发现这里是无名之地，不方便军事指令的遂行。于是以这里的居民黄姓和姚姓合成一个地名，称为"黄姚"。这一说也是今黄姚导游词中最常采用的说法。

但是，从典籍记载来看，狄青及其先锋官杨文广在征剿侬智高的战事中，并没有到过贺州。因为侬智高进据贺州的时间是皇祐四年7月底至8月初。而狄青和杨文广从京城正式引兵南下是当年9月，到达广西时已经是年底。这时，侬智高及其所部已经远离贺州，转移到了桂西北和桂南等地。而且，侬智高进攻贺州时，与其作战的宋将见之于史料记载的只有提点湖南刑狱李肃之，广东钤辖蒋偕，广东都监张忠，广南西路体量安抚杨畋的随军参谋陶弼，南恩州巡检杨达，南安州巡检邵余庆，权宜融州巡检冯岳，西路提刑王兴、杨用和，虔州巡检董玉，康州巡检王懿，连州巡检张宿，贺州巡检赵允明、监押张全、司理参军邓冕等人，并无杨文广。

黄姚民间之所以流传杨文广的传说，可能与杨畋有关。杨畋是杨文广的族侄，亦属杨家将之列。侬智高攻入广东时，他被宋仁宗任命

◀ 梦境黄姚
▼ 黄姚古街

为广南东西路体量安抚使,组织宋军以今韶关为中心,在东至广东英德、西至广西贺州这一漫长战线上与侬智高对垒。侬智高进攻贺州时,他又派遣提点湖南刑狱李肃之、从军参谋陶弼各率一支人马入贺,阻击侬军。李肃之先于陶弼3天到达贺州,并在贺州城内对侬智高军顽强阻击。陶弼从广东连州到达贺州时,侬智高军已经退出贺州。于是,陶弼率军一路向北,经黄姚、钟山、平乐,到达阳朔,四处招收被打散的官军,安抚民众。杨畋在与侬智高对峙期间,丢城失将,宋将蒋偕、张忠、王正伦先后战亡,广东英州、连州,广西贺州、昭州先后遭到劫掠,为此杨畋被朝廷撤职。因此,杨畋虽为杨家将,但知名度并不高。而后

第一章 地名趣事 | 17

来杨文广却跟随狄青在南宁附近击败侬智高，打了个大胜仗，故此杨文广在民间的影响力远超杨畋。到了明清时期，"杨家将"系列文艺作品在民间广泛传播，其中《杨文广征南》《杨文广平南全传》等作品更加放大了杨文广南征的历史影响。渐渐地，民间就把杨家将中杨畋所部在贺州的活动演绎为杨文广在贺州的传说。

源于瑶族

宋元时期，黄姚地区的居民以瑶族为主。瑶族民间的创世传说称，瑶族为盘王之后，故而自称"皇瑶""王瑶"。也正因为这里是"皇瑶""王瑶"生活之地，人们便以"皇瑶""王瑶"作为当地的地名。明代开始，黄姚地区的瑶族大量外迁，到清代，除深山老林之外，这里的其他地区已罕见瑶族踪迹。许多百姓对"皇瑶""王瑶"这些名词的含义已经不能理解，恰好当地粤语方言中"皇""王""黄"三字读音相同，慢慢地，人们根据谐音，把"皇瑶""王瑶"改成了"黄姚"。

黄姚地名源于瑶族的说法流传不是很广，主要见之于一些民俗学爱好者群体。在黄姚的各种史证材料中，这一说法并无任何记载，因此，也只能算作一个传说。

源于"黄窑"兵营

最早记载黄姚地名的史料是明代广西巡抚杨芳所纂的《殿粤要纂》，在书中，他称黄姚营为"黄窑营"。无独有偶，清康熙十五年（1676年），广东名士屈大均游历黄姚所写的绝句《自秧家至黄窑道中所见》也称黄姚为"黄窑"。因此，至迟到康熙时期，仍仅见"黄窑"地名。

但是，从乾隆开始，"黄窑"之名已经被"黄姚"代替。如乾隆二十一年（1756年）立《严禁真武山碑》中就有"盖黄姚之东，有名山为号曰真武"的记载。又如民国《昭平县志》引用乾隆年间县志："小营，在宁化里黄姚埠"。

而且"黄姚"所指代的地理范围比"黄窑"要大。其中，"黄窑"仅指黄窑营，它既是军事机构黄窑小营的代名词，也是黄窑小营所处地的地名。其所指代的区域范围仅指真武山脚，即今新兴街、中兴街及牛犁寨这一片黄姚小营所在的区域。而黄姚所指代的地方则包括在黄窑小营基础上发展起来的整个黄姚古镇，即古之黄姚埠。当"黄窑"被"黄姚"替代的时候，"黄窑"所指代的地方真武山脚已经成为"黄姚"的东边界线。

关于"黄窑"地名的来源，目前暂无准确史证。但从地名本身的词义和黄姚的历史背景推测，估计与这里的窑烧产业有关。黄姚这个地方是喀斯特岩溶地区，地下多暗河，田土之水多向地下阴河渗透，水土难于保持。虽然这里年降水量不小，但依然是干旱地区。历史上这一带的许多田土无法耕种，要么被丢荒，要

▼ 黄姚古镇带龙桥

么被用作窑口，烧制砖瓦。另外，黄姚所产石灰石烧出的石灰质地优良，特别适合用作农肥。查阅典籍发现，曾有一批湖广匠人，长期在黄姚从事砖瓦、石灰烧制和泥瓦建筑工作。乾隆三十年（1765年）立《文明峡禁山石碑》，甚至认为三楚匠人凿山挖泥破坏了文明峡的风水，说明当时窑烧在开山取料时规模较大。湖广匠人直到清末才撤离黄姚，他们经营的砖瓦坊，转让给了黄姚麦姓街民，并改为麦家砖瓦坊。而黄姚的石灰烧制产业则直到20世纪60年代仍有较大规模。窑烧工坊及其附近料场到处都是裸露的黄土，也许正是这个缘故，人们才形象地以"黄窑"名之。后来，随着小营、宁化里等军事和行政机构的进驻，这里快速发展成为街市。这时，窑烧产业只得向距离街市更远的地方

转移，黄色的窑场已不再是人们对这里最突出的印象，反而是贯穿黄姚南北的美丽姚江给人印象更深，恰好姚江之"姚"与窑场之"窑"谐音，为此，人们就把"黄窑"改成了"黄姚"。

"姑婆山"得名源于刘娘传说

巍峨雄壮的姑婆山是萌渚岭的主峰，地处湖南永州与广西贺州的边界线上。至迟在清代嘉庆年间，富川县的百姓仍因其位于县之东南而称其为东山，但它也有个别名叫"姑防山"，因为山中土匪很多，妇女姑娘们都需要防备。到清代道光至咸丰年间，又改名为姑婆山，因为山的北麓各族群众中流传着一个美丽的故事——"刘娘传说"。

相传，山中有一位刘三妹，她漂亮、能干、善良，经常治病救人，不仅医术了得，还修炼得道。人们都把她当作地方保护神，认为她能管风雨、促生产、保平安、佑生育，尊称她为"刘三妹""刘姑婆""刘丽珠""刘凤娥""刘仙娘""刘娘奶

▲ 姑婆山

奶"。人们还到处为她建刘娘殿、姑婆庙。这些庙殿大都分布在姑婆山北麓，于是，人们也把刘姑婆所住之山称为"姑婆山"。

"平桂"地名原是平乐与桂林的合称

平桂的得名与锡矿的开采业直接相关。贺州锡矿资源富集，早在先秦时期，我国第一部药书《神农本草经》对贺州产锡已有记载。到南北朝时，《水经注》甚至称贺州为"锡方"，也就是说，当时贺州的主要产业就是采冶锡矿。唐朝时，贺州所产之锡"惟此一处资天下用"，贺州是全国最重要的锡产地；宋朝，贺州锡产量仍然雄居天下之首，乾道年间，年贡锡量占全国的63.7%。

今平桂区治所在地西湾多煤矿，能满足锡矿冶炼的能源需要。又紧邻临江，矿产品水运可直接通达广州、香港等地。西湾还紧邻望高、水岩坝、新路等众多大型锡矿采选场，极易获得冶炼所需的锡矿原料。综合这些优势，早在清朝光绪三十三年（1907年），广西巡抚张鸣岐即在西湾设立了广西第一家官办矿务局"西湾官矿局"。

民国时期，贺州锡业收入是新、旧桂系维持广西财政的重要来源。1915年，第一次世界大战正酣。因军工需求，锡矿成为国际市场上的热销品。为了增加广西财力，旧桂系当局又在西湾官矿局的基础上新设了广西公办纯锡冶炼第一家实业"富贺钟矿务总理"。从此，贺州矿业由原来以开采为主转为开采与冶炼并重。1927年，贺州引进英国采锡全套设备和技术，成为广西使用现代技术开矿的发端。

第二次世界大战前夕，世界各主要经济强国忙于备战，国际上的锡矿贸易十分活跃。为了提高产能和产品质量，新桂系又于1934年在西湾设立广西矿务局办事处。由于此办事处的具体业务是管理平乐和桂林两个公署范围内的矿务，故而将"平乐"与"桂林"两个地名合并，称为"平桂矿务局"。从此，平桂正式得名。2016年6月，国务院批复同意设立贺州市平桂区，同年12月挂牌，以此为开端，"平桂"又成为一个县（区）级政区地名。

富川"状元村"释疑

贺州市富川瑶族自治县朝东镇秀水村又名"状元村"。因为这个村里曾经走出一位状元郎毛自知。毛自知生于南宋淳熙四年（1177年），27岁时考中举人。第二年，又一鼓作气考中状元。他主张抗金北伐，收复中原，得到宰相韩侂胄赏识。韩侂胄主持的抗金之战"开禧北伐"失败后，奸臣礼部侍郎史弥远与杨皇后密谋诛杀韩侂胄，清洗韩党，与金廷求和。作为韩侂胄抗金大业的重要支持者，毛自知及其父亲毛宪都是投降派要打击的对象。于是，投降派借口毛自知殿试时其父毛宪曾为考官，未能避亲，便于嘉定元年（1208年）撤销了他的状元称号，把他降到第五甲末，使他成为普通进士。关于毛自知是否是广西富川人的问

▲ 秀水村全景

题,史上一直争论不休。明代朱希召辑录的《宋历科状元录》说他是浙江衢州人。清乾隆二十二年《富川县志》、清雍正年《广西通志》、清光绪十五年《富川县志》又把他列为广西富川人。为什么会出现这些矛盾呢?这与毛自知家族迁移史及古代户籍制度有关。秀水村毛家第一代开山祖毛衷原籍浙江衢州,是一位进士,曾出任贺州刺史。任期满后,遇"安史之乱",不能归浙江,于是定居于今富川瑶族自治县秀水村。秀水毛家传到毛自知高祖毛友这一辈时,又是文星高照,毛友于大观三年(1109年)考中进士,外出为官。毛友之子也就是毛自知祖父毛千千受父功之荫,出任浙江东阳通判。毛千千致仕后,就近重回浙江衢州老家落户。按照古代户籍制度,外迁人口必要到第四代人开始才能以新迁地作为籍贯。到毛自知这一辈时,他们家落户衢州仅三代。因此,尽管毛自知一家已经落户于浙江,但他的考生身份还必须是广西富川。按照正常情况,状元、进士、举人等科举人员在官方档案中只标注籍贯地,毛自知的籍贯信息"广西富川"本来应该是很清楚的。可是,由于韩党事件,毛自知的档案遭到了破坏。再加上南宋末年的"崖山"事件,宋代及之前的大量档案又进一步遭到破坏,这就使得毛自知的籍贯信息日益模糊,以至于后世一直不能明断。

"钟山"的演变

贺州市钟山县的县名"钟山",最开始仅指今钟山县公园内的小钟山。因为这座山上的岩洞内有一些石幔,轻轻敲击就会发出钟鸣一样的响声。小钟山下曾经是古富川县的县衙在地。明洪武二十八年(1395年),富川县府迁往今富川瑶族自治县的古明城内,古富川县遗留在小钟山下的城池就变成了钟山镇的治所。从此,"钟山"成为镇级行政区之名。因为是接手老县城,明清两代钟山镇的城堡较周边其他镇、里、都、排等乡镇一级建制

第一章 地名趣事 | 23

的防御工事要宏壮许多,有周长约1000米的城墙,城墙上设有两座城门,城外还有护城河。

钟山镇的乡绅们认为,富川县治外迁极不利于钟山镇及其周边乡镇的发展和安全防护,为此,他们一直希望能新建一个县,恢复钟山街的县城荣光。民国六年(1917年),他们的呼吁终于成为现实。当时的广西旧桂系当局分别从昭平县、富川县和贺县划出一些土地新设了一个县,与钟山镇同城设治,所以起名为"钟山县"。

新中国成立之初,钟山县曾与富川县有过一次合并,成为富钟县。1962年3月,国务院重新决定恢复钟山县,从此,钟山县名就一直沿用至今。

"封阳"地名来源于长沙国与南越国在贺州的对垒

汉元鼎六年(前111年)至宋开宝四年(971年),在1000多年的时间内,今八步区南部的信都片区及广东封开、怀集两县的部分地区曾存在一个古县"封阳县"。县城在今铺门镇河东村,县城遗址至今仍然保留。在城址及其外围古墓中出土有西汉时期南越的"左夫人印"玉印、"王行印"封泥、"如心"金印等王室所用之物。证明城址在始建时是南越国的一个藩国王城,后来汉武帝平南越,取消了南越国的一切藩王,才把这里改成了封阳县的县城。

关于"封阳"县的得名,是因为这个县位于封水北端。古代把山南水北称为阳,封水之北自然就称为封阳了。封水其实是贺江下游,从信都平原开始直至广东封开县河口这一段的贺江统称为封水。

那么,贺江河下游为什么称为封水呢?长期以来一直无法解释。好在长沙马王堆出土了《地形图》和《驻军图》两幅地图,随着近些年来张修桂、娄雨亭等一批学者对地图的深入研究,封水得名之源才解开了答案。原来,秦末动乱,秦尉赵佗趁机在南岭建立了一个割据的独立王国南越国。西汉初,尽管中原已经完成了统一,但由于汉帝国的北方还有强大的匈奴,西汉暂时无法分兵统一南越,只能在今湖南一带设立一个异姓的藩王国长沙国来对抗南越。说来也巧,今贺州北部地区正好位于两国疆界线上。古代把国界称为"封"。为了巩固边防,长沙国和南越国都在边界线上屯驻重兵,分区设防。根据马王堆出土的《驻军图》所列,贺江东支流桂岭河源头处属长沙国,从西向东长沙国在这里共设置了"留封""满封""武封"3个防区。贺江另一支流临江源头富川北部地区虽然不在《驻军图》上,但应该也设有多个防区"封",因为在富川朝东村至今仍保留有长达数公里的西汉早期城墙。这些城墙的护城河都位于墙的南侧,是长沙国向南防御南越国的封疆工事。同样,南越国也沿贺江层层设防,今八步区桂岭镇英明村芜城、贺街镇大鸭村旧县肚城和铺门镇河东村封阳城等古城遗址都是南越国的兵营旧址。由于贺江上游、中游都在封防之地,因而,下游地区的人们就把这个河段称为"封水"。

▲ 铺门镇金钟汉墓出土的左夫人印。金钟大墓的墓主人是南越王分封于封阳镇守封水的王侯,左夫人既是他的妻子,也是他的施政助手。

◀ 钟山县百里水墨画廊

第二章 科举纪事

以文教佐天下，以武功戡祸乱，在中国漫长的封建历史长河中，文治武功一直是维持国家长治久安的重要支柱。而文教制度最重要的形式就是科举。贺州地处五岭中的萌渚岭南麓，境内山多田少。在农耕时代，易被开辟成产粮田的地方才是富庶之乡。地处山区的贺州自然成为后进地区。欠发达的经济支撑不了文教的兴盛，但贺州人的自强精神，却使得一大批学子通过艰苦努力，克服各种不利条件，在科举试场上取得不俗成就。宋代贺州人杨摄官就是贺州士子发奋图强的典型。唐宋时代，广西、广东、贵州一带的科举水平普遍偏低，在科场上所选出的人才数量甚至不能满足地方吏员的岗位需求。为此，朝廷为这些地方出台了专项选官制度"南选"。就是不经科举，而由地方长官就地择人委以职官。但这种"南选"官员常常遭人轻视。为了赢得尊重，已经摄得官位的贺州杨摄官直接放弃官位，发奋苦读，最终金榜题名，成功考中进士，成为岭南士子的榜样。宋代时，岭南人民为了纪念他，各地都建有摄官庙，但可惜史载不详，这位杨摄官的名字没能留下来。

除了个人努力向学之外,贺州地方也努力办学。清道光年间,尽管地方局势不稳,贺县知县黄作霖仍然倡议捐资设"宾兴会",置办产业,以产业所获利息资助春秋两试士子远赴首府和京城应试路费。光绪年间,贺县知县任玉森又倡立按租酌捐之法,筹得捐资约五千金,送到当铺产生利息,凡应试以至入学肄业的子弟都可得利息资助。其后,贺县知县李昶从屠户税中每年调拨二百两银归"宾兴会"资助科举,这一善举直到科举废除之后才结束。在崇文重教风气的影响下,清代仅贺县一县就累计有数万人参加科举考试。其中,约有近万人获得庠生(秀才)资格,631人成为贡士、文武举人及各类贡生,10人考中进士。

宋代与元代的战争销毁了宋代之前的科举档案,史上贺州的科举成就目前已难统计,但从县志、府志和族谱等史料看,从今富川瑶族自治县秀水村毛承岭在唐天祐年间取得进士功名起,到清光绪三十年(1904年)的最后一次科举考试为止,贺州一共出了1名状元、43名进士。至于获举人、贡生、国学、庠生、增生、监生、廪生等功名者,则因人数太多而无法统计。

▼ 贺州古代最高学府临贺文庙棂星门旧址,临贺文庙始建于北宋元祐年间。

唐至五代贺州出了三名进士

我国科举考试始于隋朝,至唐太宗时,科举取士制度成为朝廷定制。在唐代早中期,贺州见诸记载的科举功名人员只有八步区贺街镇大鸭村陈秀才(其名已佚)。直到唐代末期,富川秀水村的毛承呤终于考获进士。此后,秀水毛家的毛延瑀、毛延铎又于五代时期成为南唐进士。获取功名后,毛承呤先任南唐刑部郎中,正四品,掌刑书;后任秘书监,从三品。毛延瑀任朝散大夫,从五品。毛延铎任大理寺评事,从八品,掌刑事侦查取证之职。

贺州文教先驱——陈秀才

有史可考的贺州第一位秀才姓陈,其名已佚,后世文人将其名演绎为"其佐"。他是临贺郡江平村(今八步区贺街镇大鸭村)人,为人潇洒,性格飘逸。平日他给乡亲们摆渡,闲时吹箫、唱歌、垂钓。他特别会唱山歌,在岭南百姓中很有名望。今贺街浮山上还保留有当年他垂钓的史迹"钓台"。

公元618年,唐太祖李渊称帝时,南梁萧铣政权仍然盘踞江陵。武德四年(621年),李渊派名将李靖统握三军征讨梁国,很快平定了江南,仅剩岭南不肯归降。李靖挥师南下,驻守在富川长标岭。李靖得知陈秀才在岭南很有威望,于是请他协助唐使者到各地宣扬唐朝恩威,约请各州首领到长标岭会盟,归附唐朝。陈秀才不辞辛劳,带领唐使者奔走各地。在他的撮合下,岭南九十六州纷纷派人前来长标岭会盟,归降唐朝,岭南得以和平统一。

在协助李靖统一岭南的过程中,陈秀才更加感受到教育的重要性,于是他回到家乡,开馆授徒,力劝百姓子弟接受教育。但当时百姓都不喜欢读书,只喜欢唱山歌。于是,陈秀才将"四书五经"等文章、诗词编成百姓喜欢唱的山歌,走村穿寨传唱,他编写的山歌渐渐受到喜爱。经书文辞经过他的苦心传播,也慢慢被百姓们接受,送子上学的人家越来越多。

有一次,他乘船摆渡贺江,想到河的对岸去传歌授徒。船到中流的时候,突遇狂风,渡船倾覆,他不幸落水亡故。宋朝时,陈秀才的努力终于结出了硕果,贺州科举取得了不俗成就,有20多位子弟考上了进士。回想起他的劝化功德,人们更加感念,于是筹资在贺江中的浮山上建了一座庙宇祭祀他。

宋代贺州科举成就史上最佳

唐代不仅确定了科举制度,还向岭南大量贬放文人,或者派遣文士出任地方官员。湖湘第一名状元李郃、进士毛衷、著名文人羊士谔、吕温、李商隐、宋之问等人都曾来到贺州入仕、寓居或者观风。在他们的推动下,贺州文风日盛。宋元祐年间,贺州知州邓璧开始创建贺州学宫,大兴庠序,置田购书,来学者甚众。十年树木,百年树人,到了宋代,贺州考取进士的人数开始井喷。据现有资料统计,宋

▲ 纪念陈秀才的贺街浮山寺

代贺州一共有26人获得进士功名，其中25人为正取赐进士，1人为特奏名进士。特别出彩的是状元毛自知。

八步区第一名进士欧阳陟

今八步区内的第一位进士是欧阳陟，他于宋真宗咸平三年（1000年）因文学这一科目考得特别好而登科。获得功名后，他先被委任为辰州（今湖南怀化）通判。宋大中祥符年间又被擢升为信州（今江西上饶）知州。到宋天禧年间，他由地方官升为京官，入朝担任太常博士。

进士林勋倡导广西土地改革

林勋是今八步区桂岭镇白石村人。宋政和五年（1115年）登科，授任广州教授，这是教育史上贺州人第一个担任较高教职者。他还是整个宋代广西最著名的土地改革倡导者。建炎三年（1129年），他向朝廷献《本政书》13篇，此书列举北宋以来农耕与国防等方面的弊政，指出朝廷冗官、冗兵、冗费的弊病。主张仿行古代井田之制，以农为本，扶农、奖农，改变农贫失业、兵骄无用的现状，解决财政民生问题，达到国富民强的目的。南宋朝廷采纳了他的建议，并提拔他为桂林节度掌书记。此后他又上《比较篇》两篇，力陈广西应多垦荒地，发展生产，以改善人民生活，增加国家财政收入。《本政书》和《比较篇》对南宋朝廷的经济发展和后世的土地制度影响极大，具有重要的史学价值。大儒朱熹、东阳学者陈亮对他的改革建议极为赞赏，认为史上关于井田方面的学说，没有人能够超越林勋。

归隐老家的爱国进士周英纠

宋代国课御史周英纠是今广西富川瑶族自治县麦岭镇月塘村人。月塘周家与湖南道州周敦颐家族本是一脉，历来有注重治学、传道授业的传统，故而人才辈出。到南宋时期，月塘周家出了位才子，名叫周英纠。他自小聪敏，10岁能背"四书五经"，12岁就读于濂溪学堂，诗文出众。咸淳十年（1274年），周英纠考中进士。次年，宋恭帝即位，以德祐为年号，提举天下士子，周英纠官至给事中、国课御史。

德祐年间，正值元兵南下，边关哀鸿遍野，民不聊生。年轻气盛的国课御史周英纠怀抱忧国忧民大志，与班值御史宁谦写成《攘胡匡夏》上奏，力主抗元。谁知恭帝偏安江南，不问国事，对周英纠及幕友的忠良入谏不但不支持，反而以"蛊惑民心，扰乱朝纲"降罪。周英纠获知将被发配边关充军的消息后，在密友的帮助下，连夜从京都潜回家乡。

仅一两年时间，周英纠从进士而御史而逃亡人，变故之大，直如儿戏。怀才不遇的周英纠回到故乡月塘村后，睹物思情，百感交集。无力回天的情况下，他看破红尘，遁入村后山的一个岩洞，过起了隐士生活。他在这个洞中一住便是数十年，既不谈婚论嫁，也不经营谋生，似乎不食人间烟火，只是醉心书法。他觉

▶ 保存在今富川瑶族自治县麦岭镇月塘村的周英纠书法摩崖

得他所处的是个颠倒是非的时代，于是把字都倒过来写，偶尔也会在洞中刻下一些作品。他崇拜古之圣贤明君，抱怨自己怀才不遇，最后在"今人不见古时月，今月曾经照古人"的感慨中寂寞辞世。

毛家进士群

唐代贺州刺史毛衷原籍浙江衢州，是唐开元乙亥年（735年）进士。贺州刺史任期届满，恰遇动乱，不能回归浙江，只能定居于今富川瑶族自治县朝东镇秀水村。毛衷生三子，后裔分迁湖南江华县、道县、江永县，广西阳朔县、富川县、钟山县、贺县等地。宋代贺州26位进士中，有20人来自毛家，其中19人来自富川县秀水村毛家，1人来自八步区临贺故城毛家。

在秀水毛家进士群中，南宋开禧元年（1205年），进士毛自知还中了状元，成为史上贺州唯一一名状元。不仅如此，秀水毛家还出现了一门三代进士、兄弟进士等科举奇迹。例如从北宋景德二年乙巳科（1005年）到宋皇祐五年（1053年），毛焕及其子毛壎、孙毛雍就三代人均为进士。而毛维蕃、毛维瞻两兄弟则于天圣二年（1024年）和宋庆历二年（1042年）先后考取进士。这两兄弟中，尤以弟弟毛维瞻诗文了得，甚至与宋代的另一对进士兄弟苏轼、苏辙都有诗文唱和。他与东坡两兄弟的诗文往来在《苏辙集》和《东坡全集》中均有记载。在毛家众多进士中，又以开封户曹毛经的逸事最能让人上心。史载，有一次，上司开封府尹为了考验毛经的能力，一边派人与他下棋，一边让他审理一件疑案。毛经一边下棋，一边听取两名助手讲读案卷。结果棋下赢了，案子也断得十分在理。开封府尹不由得感叹不已。

特奏名进士毛铠的儿子毛迈虽然只是一位举人，但他却是一位德高之人，南宋德祐二年（1276年），元兵已经进入广西，为抗击元军，他带头捐资三百金协助郡守陈士宰修筑临贺故城城墙。元兵对临贺故城发动进攻，他的上司也就是郡守陈士宰投降了元军，而毛迈宁愿老死乡野，也坚决不仕元朝。

▼ 纪念状元毛自知的富川瑶族自治县秀水村状元楼

状元毛自知高祖毛友为北宋大观三年（1109年）进士，祖父毛千干，官宛陵、东阳通判，迁居浙江衢县全旺镇毛家村。父亲毛宪为淳熙二年（1175年）进士，官中书舍人、长沙太守。嘉泰四年（1204年），毛自知27岁乡试中举。南宋初年，徽、钦二帝被掳，朝廷偏居临安，金兵不断南下。但自宋高宗起，"收复北方领土，统一中国"始终是有识之士的终生追求，然而几十年间，朝廷中的主战派、主和派以及投降派之间的斗争十分激烈。宋宁宗时，主战派宰相韩侂胄渐掌大权，力主抗金，得到辛弃疾、陆游、叶适等抗战派人物的支持。宋宁宗对南宋的屈辱地位不满，也支持韩侂胄的抗金政策。开禧元年（1205年），毛自知在进士廷试中力排众议，认为当时金国正为蒙古困扰，应当趁机进军中原。他的主张获宋宁宗赞赏，赐"进士及第出身"。主战派的平章军国事韩侂胄"大喜，遂擢为第一"，由此，毛自知成为贺州历史上唯一的科举状元，宋宁宗召其为"持补承事郎签书镇东军节度判官厅公事"。毛自知担任的是军事部门的政法官员，虽非武官，但可以同韩侂胄、苏师旦相互呼应，配合抗金。开禧二年（1206年），在韩侂胄的策动下，朝廷追封抗金名将岳飞为鄂王，加谥武穆，同时夺秦桧王爵，用毛自知之策，正式兴兵伐金，以图恢复中原。北伐诏书由陆游撰写，檄文写来浩然之气一泻千里，吹响了北伐战斗的号角。著名的"开禧北伐"在毛自知等人的推动下正式开始。但是，由于主和派和投降派沆瀣一气，从中掣肘，极力破坏，加之韩侂胄军事准备不足，宋军连遭败绩，北伐失利。和议投降的逆流重又泛滥，主和势力在朝中重占上风，宁宗被迫停止北伐并使北请和。投降派奸臣礼部侍郎史弥远与杨皇后趁机密谋杀了韩侂胄，首级被函封送往金廷求和，轰轰烈烈的"开禧北伐"宣告失败。史弥远等投降派还上书宁宗皇帝清洗"韩党"，主战派的重要将领苏师旦被斩于广东。受此牵连，嘉定元年（1208年）三月，从事郎毛自知被"降充殿试第五名，乃夺第一恩例，以首论用兵也"。为了引导舆论，他们撤销毛自知状元称号时还捏造了一些理由。据元代马端临《文献通考》卷32载："开禧元年，检详毛宪为考官，其子自知以迎合用兵冠进士。韩侂胄既败，乃用言者奏，夺宪次对，而降自知为第五甲末。"也就是说，投降派撤销毛自知状元称号的理由是：他考状元时，其父毛宪为主考官没有避亲。撤销状元降至第五甲末，实际上是把他降到了该科殿试的最后一名。状元被撤20年后，毛自知回到浙江原籍居住，在家乡衢州附近州县衙门充当幕僚。

元明两代贺州科举走向没落

元代把全国百姓分为蒙古、色目、汉人、南人四等，其中南人地位最低。受此政策制约，整个元代贺州仅有富川秀水村的毛商一人登科进士。明代，贺州的州级建制被裁撤，原贺州所辖各县改属平乐府。从明代开始直至清代，域内不再设府学，最高教学机构仅有县学。而且，从明正统年间开始直到明万历年间，贺州境内战事频发。诸多原因导致今贺州所辖各县区的科举成就在明代仍然无大起色。目前能统计到的明代贺州进士仅有6人。

廉官楷模进士毛彦章

毛章彦是明万历二十三年（1595年）乙未科进士，今富川瑶族自治县秀水村人，历任刑部郎中、四川和山东布政司参政、贵州按察使、云南右巡抚兼大理副司政。他为官清廉，在其老家至今仍流传着这样一个故事：他从云南参政卸任还乡时，带回家的行李仅有几箱书籍。吏民们敬佩他一心为国、两袖清风，便请来巧匠打造一对功德石鼓相赠。云南山多坡陡，道路难通，远足之人只好乘船。而他的行李太轻，万一回乡途中遇到风浪很容易翻船。所以对于吏民们赠予的其他礼物他一律婉谢，而这对石鼓他却诚心收下了，以便行船时能有重石压舱。船行中途，沿江打劫的盗贼看到船只吃水较深，又探听到这是一个还乡大官，以为船上有不少金银珠宝，就蜂拥而上拦下船只抢劫。盗贼们登船搜寻，除了少得可怜的盘缠外，再找不到其他财宝。他们不信毛章彦会如此清廉，怀疑财宝都藏在石鼓中，便砸开了其中一只，然而石鼓中除了石头还是石头。盗贼们终于相信他们劫持的确是一名清官。俗话说盗亦有道，他们对毛章彦十分钦佩，于是奉毛章彦为上宾，请他到寨子中住了7天。毛章彦充分利用这几天时间劝说盗贼改邪归正，盗贼们纷纷表示从此以后一定不再做违法勾当。不仅如此，他们还请石匠重新刻了一只石鼓赔给毛章彦。现在，这对石鼓依然镶嵌在秀水村毛氏家族的门楼两边。由于两只石鼓所取石材源自不同的地方，故而两只石鼓在颜色、石纹、质理上都有较大差别。

清代贺州进士多翰林

清初，由于战乱，广西有12次进士考试未能参加，因此进士人数落后于其他省份。即使如此，贺州仍有9人考中进士，其中贺县7人、富川1人、钟山1人。在这9人中，又有5人入选翰林院。另有张培仁、苏煜坡、于式枚3人成为平乐诗派的代表人物。

进士刘宗标从卖菜娃到翰林

刘宗标，字学典，号海臣，今八步区贺街镇双瑞村菖蒲寨人。父亲刘耀胜原籍广东云浮郁南县，年轻时逃荒到今八步区贺街镇河东村李家打长工，后娶李家丫鬟为妻。刘耀胜早亡，还在童年时期的刘宗标只好接过养家重担，每天到河东街八圣庙前卖菜。正好，廪生莫定翔在八圣庙中设馆授徒。听着馆中的读书声，刘宗标常常走神。有时，他干脆放下菜担，爬在窗外跟着上课。为此，常常忘记卖菜，遭到顾客数落。有一次，莫定翔给学生出对子"口十心，思父思母思先生"，要求学生们对出下联，学生都答不上来，窗外的刘宗标却朗声答道："言身寸，谢天谢地谢祖宗。"见刘宗标聪颖好学，莫定翔便劝其母送子读书，还免了他的学费。

不久，通过童生考试，刘宗标又进了临江书院读书。临江书院山长龙克家是贺县名师，在他的热心资助和辛勤教诲下，刘宗标又顺利考上了秀才，补廪生。就在这时，恩师莫定翔去世，刘

▶ 刘宗标旧居

宗标三步一跪，从贺街桥头到太平寨十八里路，一直哭拜到恩师家。

咸丰八年（1858年），广东天地会首领陈金刚率人从怀集攻入贺县县城。刘宗标的母亲、哥哥、弟弟、叔叔、婶婶和恩师龙克家等人均死于这场兵乱。年幼的妹妹被邻里带着侥幸逃生，跟随难民流落到黄姚，被黄姚镇绅士莫云纪收养。咸丰十年（1860年），广西按察使蒋益澧会同刘岳昭部复克贺县城。尽管贺县社会局势重新安定，对刘宗标而言，生活却日益艰难。幸好他成绩优异，靠着县学的补廪还能勉强度日，他益加刻苦。1861年，28岁的刘宗标考中拔贡。可家庭贫寒，他筹集不了路费，便打算放弃进京深造的机会。好在结义兄弟今八步区仁义镇斯文州寨例贡生钟湘南鼎力接济，不仅帮他筹到全部路费，还一路陪着他直到羊城广州。终于，刘宗标进了国子监读书。贡生结业，他留任京城刑部，钦点七品小京官。他一边值差，一边继续读书。1862年考中顺天府第48名举人。又经过10余年的苦读，到1876年，已是40多岁的刘宗标终于考中进士，第二年的朝考中，他再获一等第十一名的好成绩，被钦点为翰林院庶吉士，成为清代贺县第一位翰林。

钦点为翰林后，刘宗标曾回到家乡宴请乡邻和各位曾经帮他渡过困难的好人，以示报恩。这期间，他撰写一副概括自己苦学经历的对联："原为寒士出身，虽耕田学圃不忘读书，二十年陷在泥途，谁识英雄落魄；本是秀才底子，由拔贡举人连登嗣翰，五十载磨穿铁砚，能教吾辈扬眉。"他还手书治学对联："读书难，写字难，作文尤难，能从难处立功夫，方觉先难后易；耕田苦，学圃苦，习艺更苦，要在苦中受折磨，始知由苦得甜。"他用自己的向学之路向人们讲述了一个活生生的励志故事。

▶ 桂岭于氏宗祠

坚持稳妥立宪的进士于式枚

于式枚是八步区桂岭镇人，晚清一位学贯中西的才子，人称"桂海奇才"。光绪五年（1879年）广西乡试，他成功中举，成为广西巡抚张树声的幕僚。光绪六年（1880年）他考中进士，选为翰林院庶吉士。后经李鸿章点名推荐，从光绪十一年（1885年）开始在北洋任职长达16年，李鸿章呈给朝廷的奏章多是由他起草。于式枚不喜欢到地方上任差，按照清朝例制，凡是没有在地方任职经历的人员都不得保升京官，因此，长久以来于式枚都得不到升迁。光绪二十二年（1896年），李鸿章出使俄国祝贺俄皇加冕，顺便考察了德、法、英等欧洲国家，于式枚作为随从一同出使。

光绪二十七年（1901年），于式枚参加了《辛丑条约》的起草，尽管这是一个丧权辱国的条约，但于式枚尽力周旋，为清朝挽回了一些损失和颜面，获得提拔，出任五品京堂。不久升为政务处总办，后改任京师大学堂总办。清廷任命于式枚总办京师大学堂是经过激烈讨论的。1896年8月，为推动戊戌"新政"，光绪皇帝下令就关于建立京师大学堂一事展开前期研究。1898年7月3日大学堂正式筹办。当时，对如何选择大学堂当家人出现了两种意见。一派以帝师孙家鼐为代表，提出聘用国人和西人分任中西总教习。要求中国教习品行纯正、学问渊深、通达中外大势，可不通西文；外国教习则须深通西学、兼识华文。另一派以梁启超为代表，建议只由一名学通中西的中国学者作为总教习，掌管全盘。于式枚兼通中西，不论哪种意见，他都是出任京师大学堂总教习的不二人选。光绪二十八年（1902年），经张百熙上书推荐，"才识练达，学问精深"的于式枚最终被任命为京师大学堂总办。在于式枚的强力推动下，1902年京师大学堂设立师范馆，1908年师范馆改称京师优级师范学堂，独立设校，1912年改名为北京高等师范学校，1923年更名为北京师范大学，成为中国历史上第一所师范大学。辛亥革命后，京师大学堂则改称北京大学。因此，京师大学堂同时是今天北京大学和北京师范大学的前身。于式枚也就成了这两所大学的重要创始人。

光绪三十一年（1905年），于式枚又被任命为广东学政，督办广东办学事宜。光绪三十二年（1906年），清朝废学政，改设提学使，所有各省学政一律裁撤，学政官全部回京供职，各省学事暂由督抚委任属员管理。四月底，于式枚以候补五品京堂身份改任广东提学使，继续督理两广兴办教育。这期间，他明定法章，严令各府州县利用公产兴办中小学校，还组织设立了两广优级师范学堂、两广法政学堂、两广方言学堂、两广高等工业学堂、测绘学堂以及旅穗师范学堂等一批新式大学。在他的督办下，仅一年时间，两广学堂即增加到636所，有力地推动了两广教育事业的发展。于式枚对贺州家乡教育事业的发展也极为关注，他委派同乡广东候补知县钟祖良回贺县创办小学，开设师范学堂，这座师范学堂即是今贺州学院的前身。

于式枚在两广大力办学得到时任两广总督岑春煊的赏识。光绪三十三年（1907年），慈禧任命岑春煊为邮传部尚书，岑春煊于是保举于式枚为邮传部右侍郎。

1907年，岑春煊由邮传部尚书外放为地方官，于式枚不容于内，就被派到欧洲考察宪政。当时，朝廷绝大部分官员都在说要实行西法，无人敢持异议。临行之前，于式枚给光绪上了一道奏疏，说日本维新改革之所以能够取得成功是因为前后准备了20年。建议立宪改革不要操之过急，而是要预备详密，循序渐进。而且在立宪之前应先设京师议院，还要广兴教育，储备人才。只有把与改革有关的各种条件都准备妥当了，才能够正式实施宪政。他的这一主张既赞同维新，又主张后延宪政，缓冲了改革派与保守派之间的分歧。

在欧洲考察期间，听说朝中有许多官员主张立即设立议院，于式枚于光绪三十四年（1908年）再上奏折反对激进立宪。在这个奏折中，他分析了成功实行君主立宪制的日本和德国国情，也分析了通过革命实行民主共和的法国国情，将这些国家与中国进行对比，最终认为中国应该实行立宪，但应该在准备充分之后方可实施，免致匆忙失误。他的这个奏章使他再次获得重任，不久即被调任吏部侍郎。但他却遭到急宪派的批评，上海政闻社法部主事陈景仁等联名电请定于3年内召开国会，并要求罢免于式枚以谢天下。光绪不赞同陈景仁的主张，还罢免了他的官职。

宣统元年（1909年），于式枚从德国考察回国，正逢清朝皇室草拟了一个立宪方案。方案规定，权力核心职位内阁总理大臣由庆亲王担任，内阁所辖全部十部大臣中仅学部和法部大臣分别由汉人唐春卿和沈家本担任，而其余八部大臣则全由王公贝勒及旗人担任。于式枚见清室立宪之议太假，是以国为私，欲凭一家一族之权力治天下，这将导致国家没有希望，于是以病为由告假。而张之洞认为于式枚堪为大用，极力推荐。于是，于式枚复任吏部侍郎。尔后相继转任学部侍郎、总理礼学馆事、修订法律大臣、国史馆副总裁。为了帮助立宪改革能够设计出好的制度条文，在任修订法律大臣时，他主持了普鲁士宪法翻译，在1910年刊出的《德国宪政史》中，他用德国君主立宪制度进谏，逐条对急进立宪派和假立宪进行驳议。

辛亥革命后，清帝退位，于式枚离开北京，寓居青岛湖南路西端，闭户读书，谢绝政事。

进士李孝先造福家乡

贺街李家在晚清到民国时期是一个望族，家族殷富，田亩无数。李孝先出生在这个家族里。光绪十六年（1890年）殿试，他考得二甲第82名，成为进士。后历官翰林院庶吉士、工部主事、余杭县知县等职。辛亥革命前夕，李孝先追随革命党反正，辞官返回家乡。

武昌爆发辛亥革命时，贺县的三点会趁机起事，贺县匪乱严重。辞官回家的李孝先按规定先到广西省督军处报告，走到邕宁时，听说家乡闹匪乱，便向陆荣廷请求派兵平息贺县乱事。陆荣廷任孟希孔为督带，李孝先为参军，赶往贺县。李孝先有事在信都停搁了几天，由孟希孔独自带兵到达贺县县城。但孟希孔军比土匪更凶残，他们在贺县四处抢掠杀戮。李孝先回到贺街后，发现孟希孔的胡作非为，便反复劝阻。但孟希孔不仅不收手，反而污蔑李家是土匪，把整个贺街李氏家族全部扣押。直到贺县知事向宣出面劝解，李家人方才获得释放。3个月后，孟希孔被贺县乡民联名告发，遭撤职。李孝先便团结一批乡绅和百姓组织民团跟随新任县令陆爱堂一起平定了匪乱。贺街也逐渐变得安定。李孝先很会做感化教育，他把俘获的土匪都送到城隍庙忏悔，然后给予他们重新做人的机会，其中就有后来的旧桂系军阀头目沈鸿英。经过辛亥年的大规模战争，贺县变得十分萧条。李孝先又从教育入手，开始了贺街的重建行动。他与钟祖良、李炳文等贺县名绅一起在县城外修建一所高等小学，亲任校长，学生达五六百人之多。此外，他还卖掉祖产，用筹来的经费在进贤巷观音阁架锅施粥，周济穷人，很多穷人因为他的善举保全了性命，而他家的祖产也因此被逐渐清空。

李孝先性格儒雅，从余杭辞官回乡时，他念念不忘的是两件东西，一件是一株大叶万年青盆栽，另一件是江苏镇江焦山15龄少年王燮和题写的"中流砥柱"横幅拓字。回到贺街后，他把"中流砥柱"4个字刻成石碑立在贺街风景名胜地浮山上。

民国十年（1921年），粤军进入贺县，贺县知事马云标卷着县库银逃走了。一时间，旧桂系无法向粤军占据的贺县派遣官员。当地民众便极力推荐李孝先代理贺县知事，处理政务。李孝先在这个任上干得十分出色，不仅创办了贺县的县立中学，亲自到校给学生讲课，还铺路架桥，发展企业，修复古迹沸水寺。第二年，他再次被推举为贺县代理知事。

1920年，曾被李孝先感化的土匪沈鸿英已混成为旧桂系军阀协威将军，他率兵回到贺县，将官邸设于八步。为报当年不杀之恩，他聘请李孝先担任自己的高等顾问和贺县统税兼盐务征收局局长。为了敛财，沈鸿英在八步发行"军用票"纸钞代替流通货币，个仪责令商会用银圆兑换"军用票"，还规定所有税项一律以银元缴纳，商民不堪其苦。好在李孝先说情，这才允许百姓用"军用票"交纳税款。

民国十三年（1924年）农历六月初九，李孝先与世长辞，十里八乡的百姓闻讯后，纷纷前来吊唁。军阀头子沈鸿英也从八步赶到贺街,当他乘坐轿子到达李家百米之外的观音阁后,便下轿步行,由两名大汉搀扶行走到灵堂,跪在李孝先棺前号啕大哭,奠念大恩。

林世焘进士殿试卷曲折回归路

林世焘是贺县莲塘镇人,生于同治四年(1865年),因父亲在贵州任武职,幼年在贵州生活。光绪十年(1884年),林世焘随父亲由贵州转湖南长沙居住。光绪三十年(1904年)会试,林世焘以北京籍考生的身份考中贡士第272名。当届会试共录取274名贡士,林世焘排位倒数第三。因为排名靠后,林世焘原本无心参加接下来的殿试。林世焘的夫人是张之洞的侄女。张之洞获悉林世焘打算放弃殿试,乃一日连发5封电报严责他一定要考入翰林院。当时,张之洞正担任湖广总督之职,他认为林世

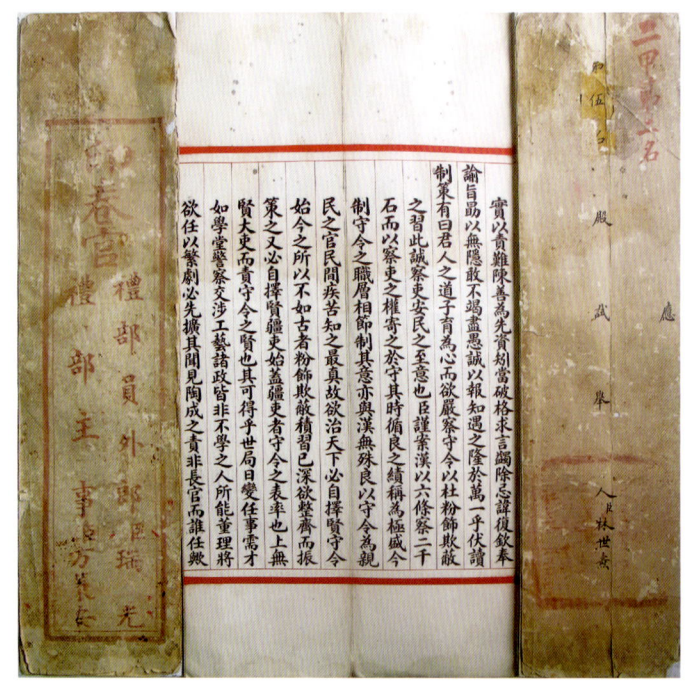

▲ 李孝先钦点翰林庶吉士匾

◀ 林世焘殿试卷

焘有望进入殿试一甲，为了给湖南争光，他甚至将林世焘改列为湖南考生。在张之洞的鼓励下，林世焘只得参加殿试。他大胆发挥，言"人之不敢言"，洋洋洒洒书写了自己关于政治、军事、理财、教育方面的卓越见解，结果八大阅卷官把他录为二甲第二名，并选为庶吉士进入翰林院。由此他成为贺州科举史上最后一名翰林，也是清代贺州科举史上成绩最好的进士。

按照清朝规制，科举殿试卷都以档案的形式收藏于清宫内阁大库。但晚清至民国时期，内阁大库档案多次搬迁，部分殿试卷被阁员私自带出禁宫。1921年，又发生"八千麻袋事件"，北洋政府以财政困难为由，将大部分清宫档案分装八千麻袋，计15万斤，作价4000银圆卖给北京同懋增纸店造纸。于是包括林式焘考卷在内的许多殿试卷流入民间。

林世焘雅爱古玩字画，在北京任职期间，时常流连于琉璃厂古玩交易市场。一天，他意外发现自己的殿试卷正在琉璃厂一处字画摊上摆卖，经过商价，最终以二十五块光洋购回。

1942年，林世焘去世，这份试卷由其幼子林松年继承。"文革"时期，殿试卷被抄没。拨乱反正时，整理平反材料的人恰好是林松年的学生，他在一份档案中发现了这份试卷，于是通知林松年领回收藏。

2016年，林松年自感年事已高，对保存试卷已是心有余而力不足，于是萌发了把试卷捐给国有博物馆保管的想法。5月9日，林松年通过湖南《永州日报》刊发《永州发现中国末次科举考试二甲第二名殿试试卷》的报道，公布了自己珍藏这件珍稀文物的消息。新闻刊发后，陆续有收藏家和一些地方博物馆与林松年联系，希望收购。但林松年认为应该把这份试卷捐给国家级博物馆，对一些地方博物馆的联系，他一直没有答应。

2015年7月，贺州市启动国家历史文化名城申报工作，在搜寻历史资料过程中，无意中发现了《永州日报》刊发的消息，其中还刊登了林松年住址："冷水滩郊区纳诺老年公寓。"名城申报办公室的同志认为这件殿试卷对见证贺州科举文化的兴衰有重要作用，于是抱着试一试的想法给林松年写了一封信，希望殿试卷能够回归故里。信于11月8日投递出去，没想到16日林松年就回了电话。原来，深明大义的林松年老人已经决定将殿试卷捐赠给家乡。从此，这件历尽劫难的文物就正式荣归故里，永久留藏贺州市博物馆。

第三章 名人逸事

自 秦皇扫六合，汉武定南越，贺州由荆榛蛮荒中走出来，纳入华夏神州版图。西汉元鼎六年（前111年），汉武帝在今贺州地区设富川、临贺、封阳三县，隶苍梧郡，是汉代在岭南地区设立最早的县级行政区划之一，到三国东吴黄武五年（226年），孙权分苍梧郡立临贺郡，贺州地区成为州郡一级行政区划。

　　光阴荏苒，屈指算来，已历2000余年。游历过这片古老土地上的迁客骚人，比肩接踵不计其数。这些人与贺州两大显著特征不无关联。

其一，贺州为入岭通道之一，五岭（越城岭、都庞岭、萌渚岭、骑田岭、大庾岭）既是山名，也是由中原进入岭南的5条通道。翻越五岭之一的潇贺古道贯穿贺州南北，沿贺江而下可进入岭南腹地。每当中土政局有变，或者朝代更迭，岭南就成为中原士人避难的上佳之地，这时，由潇贺古道进入岭南的人群就络绎不绝，许多名士往往就是因为这个缘故驻足贺州，如宋代名士吕本中、陈与义就是在金国攻取北宋都城后，向南流亡才辗转来到贺州。

其二，贺州为天下锡都。贺州矿产丰富，尤以产锡闻名天下，贺州的"贺"一度成为锡的代名词。锡既为铸造青铜器的

▲ 临贺故城河西城址南城墙
▶ 位于钟山县公安镇白云山东麓的丹霞观。相传张天师就是在这里羽化登仙。

原料之一，也是铸造铜钱的重要原料，采锡利润相当可观。自北宋以至民国，在贺州采锡谋利的官营和民营机构，商贾和手工业者，难以计数。北宋之时，因锡业兴盛，贺州人口达到20余万人，创历代人口新高。民国之时，仅水岩坝矿场一带，就聚集了将近10万矿工。还有一些人虽为锡矿等物而来，却并不为利，只为采锡炼丹。他们多是道教徒，其中不乏道教领袖，如张盛、吕洞宾等。

当然，还有其他原因到达贺州的，比如仕宦、游历等。抗战末期，由于战事吃紧，从桂林疏散到昭平、八步的大量进步人士和文化精英，更是不可胜数。

唐宋贺州的道教名家

张天师贺州炼丹

很早以来，在贺州就流传着许多关于正一派道教创始人张天师的传说，如唐人莫休符《桂林风土记》曾记载道："天师旧宅在贺州。道箓以为元中大法师，今以宅为庙。庙中有美异果实，有人食之无患，唯不可采，取必致祸也。"

北宋皇祐四年（1052年），名士陶弼因事路过贺州，曾特地到富川的丹灶山寻访张天师遗迹，并作诗咏之："羽客朝元地，遗坛古寺中。炼成丹灶在，骑去鹤巢空。"

北宋绍圣三年（1096年），范祖禹被谪昭州别驾，贺州"安置"（安置是宋代的一种贬官方式）。他的好朋友，当时已被贬到广东惠州的苏轼，曾专门写信向其打听张天师在白云山丹霞观炼丹之事："某谪居瘴乡，惟尽绝欲念，为万金之良药。……如闻公目疾尚未平，幸勿过服凉药。暗室瞑坐数息，药功何缘及此？两承惠锡器，极荷重意。丹霞观张天师遗迹，倘有良药异事乎？"

唐宋时期就在贺州广泛流传的天师故事，并非空穴来风，明代第四十二代天师张正常就说："四代天师讳盛，字元宗，系师三子也，……不逾年，复于广西贺州为广王设法。尝谓人曰：西蜀鹤鸣，东吴龙虎，功行既成，再游南土。"

唐宋文人的诗文，加上天师世系中张盛传的记载，增加了张天师在贺州传道的可信性。

张天师在贺州留下的遗迹集中保留在今钟山县，一是公安镇的白云山（又名黄冈山），这里有因天师炼丹时取水而得名的灶溪，有相传是天师羽化登仙之所的天师观（又名丹霞观、白云观），还有相传是天师镇山的碇石。再有就是碧云岩，这里有宋代富川县（今钟山县）本土诗人歌颂天师的律诗石刻。这些遗迹与宋代著作《舆地纪胜》所载完全吻合。

吕洞宾贺州炼丹传说

道家除天师张盛外，八仙之一的吕洞宾也有在贺州传道的传说。据宋人阮阅《诗话总龟》记载，宋代进士李观在任贺州知州时，有

一天曾见到一位自称吕先生的道士,口诵《过岳阳》诗。后来李观调任岳州知州,在白鹤寺遇到一位僧人,告诉他吕洞宾的事迹和《过岳阳》全诗,他才知道在贺州遇到的吕道人就是吕洞宾,还特地作文以纪其事,并刻碑立于岳阳楼上。如今岳阳楼旁有纪念吕洞宾的朗吟亭,可惜李观所立之碑已然不存。

那么吕洞宾为何到贺州来呢?因南方的炼丹原料丰富,道中名家往往到南方来寻找丹材。例如,晋代名医葛洪就认为南方多丹砂,曾请求到今广西北流出任勾漏令,后在廉州(今广西合浦)去世。汉晋以来以矿产丰富闻名的贺州,自然也就成了道教徒炼丹的首选。唐代名医孙思邈记述外丹及炼制之法,就提到炼丹需用贺州镴(即锡)作为原料。

锡既是矿物又可入药,据明代李时珍《本草纲目》称:"(锡)方术家谓之贺,盖锡以临贺出者为美也。"此处特别注明称锡为贺的是方术家,可见道教徒广泛采用贺州锡炼丹。除锡矿外,道士炼丹时其他必不可少的原料丹砂、汞、黄金和铅在贺州也都有出产。

正是因为丹材丰富,包括吕洞宾在内的大批道教徒即被吸引到贺州炼丹。关于在贺州炼丹的经历,吕洞宾在岳阳楼上的题诗也曾提到:"朝游北越暮苍梧。"诗中的"苍梧"并非实指,而是泛指苍梧一带,因贺州在两汉时属于苍梧郡地。为了纪念吕洞宾在贺州炼丹,古时贺州的富川县内建有吕祖庙。

宋代南渡文人在贺州的文艺创作

靖康二年(1127年)1月,金兵攻破北宋都城汴京(今开封),京城被掠,宋朝徽钦二帝被俘。4月,金人册封一向主和的北宋大臣张邦昌为帝,国号"大楚",建立傀儡政权。一个月后,金人退出汴京城。金人刚退,张邦昌即刻反正,取消伪楚,还政于宋。5月,宋钦宗的弟弟赵构正式即位,他把首都迁到临

◀ 张天师再传弟子倡建的富川
瑶族自治县慈云寺瑞光塔

安（今杭州），建立南宋。金兵退出后，汴京城里的北宋官员、士大夫和民众纷纷举家携口，向南逃亡，史称"南渡"。金兵破汴京城的时候，一大批陷落在城内的文官由于大都被迫参与了傀儡政权的建立活动，南宋建立后，他们中的许多人得不到朝廷的任用，有的甚至被贬谪边疆，因此，他们也成了南渡人员。而这些在京的文官大都是那个时代最前沿的知识分子，他们离京南渡到达寓居地后，人生的起落变化，家国的破碎离落，成了激发他们创作灵感的不竭源泉，他们的创作活动十分活跃。因而对于寓居地，实际上是一次接受北宋帝国京都文化外溢的难得机遇。这些南渡文人中，曾驻足贺州的有王安中、吕好问、吕本中、陈与义、颜博文、席大光、周灵运等。他们在这里交游、聚谈、创作，为贺州带来了那个时代最鼎盛的文学之风，在贺州文学史上写下了不可磨灭的篇章。

兵部尚书吕好问、吕本中父子在贺州的诗歌创作

南宋建炎四年（1130年）冬天，岭南边城贺州迎来了一位垂垂老者和一位落魄的中年人，他们是宋代寿州旺族传人吕好问和吕本中父子。说起这寿州吕家，那可真是家世显赫，其家族中曾走出4位学识渊博、官居宰相的人物。比如吕本中的曾祖父吕公著、侄孙吕祖谦等都与朱熹齐名比肩。吕家以学入官，官学并举，历代人才辈出，人们称之为"中原文献学派"。单是吕好问，在钦宗即位时（1126年）也曾任御史中丞，不久又改兵部尚书。他还是宋代著名的北派道学领袖，因与南派道学家杨时并列而被称为"南有杨中立，北有吕舜徒（吕好问字）"。其长子吕本中亦是著名的诗人、词人、学者，创作的《江西诗社宗派图》最早提出了"江西诗派"的概念，而"江西诗派"是两宋时期影响最大的诗歌流派，吕本中本人也是南宋初期"江西诗派"的重要代表。

靖康之变时，吕好问一家正好在汴京城中，亲眼目睹了京城

▶ 贺街浮桥。吕本中《赠岭东陈秀才》诗"风吹贺江浪如雪，浮梁左右行人绝"中的"浮梁"就是指这座浮桥。

陷落，百姓惨遭屠戮的悲剧。金人要挟张邦昌为伪楚傀儡皇帝时，张邦昌坚决拒绝，甚至打算自杀。吕好问看清形势，他担心金兵会借机报复，危害百姓，便一面与金人周旋，稳住张邦昌，请出隆祐太后垂帘听政，一面又暗中与康王赵构书信联络，以政治家的非凡气魄与才智，化解了一场重大灾难。

宋高宗赵构即位后，大臣们觉得凡是曾经追随张邦昌的人都是卖国者，必须彻底清算。而吕好问认为，新朝初立，亟须人才，正是王业艰难之时，新朝廷应该以一种宽容兼纳的姿态对待那些被迫接受伪命的人，如果严厉地处罚他们，恐怕许多人会为此不安。但是其他的大臣们并不这么认为，他们甚至指责吕好问是张邦昌的同党，也应清算。好在宋高宗当众拿出吕好问的信件，他忍辱偷生只为负重在肩的一番苦心才为人知晓。但作为一位饱读诗书、风范高标的人，吕好问又觉得自己无力洁身自好，曾掺和伪政权工作，这无论如何也是洗涮不了的污点，于是主动请辞。虽然宋高宗一再挽留，但他去意已决，高宗只好让他回到老家邻地安徽宣州任职。

南宋建炎二年（1128年），金军再次南下进攻南宋。在安徽宣州的吕氏一家只得南渡避难。经江西洪州（今南昌）、筠州，转到湖南衡州、宜章，再到广东连州，湖南郴州。一路上不仅要避开金军，还要躲避趁乱而起的匪盗。天下之大，他们竟难寻安身之处……直到建炎四年（1130年）冬吕好问抵达贺州，一家人这才安稳下来。

早在宋徽宗崇宁元年（1102年），奸相蔡京以崇奉熙宁新法为名，令登记元祐旧党姓名，把司马光、吕公著、苏轼等300多人诬为奸党。由宋徽宗御书碑文，蔡京手书"元祐党籍"碑头，把这些人的名字刻碑立于文德殿东壁。并规定，凡名在党籍者皆锢其子孙，不能官京师及近甸。由此，吕氏子弟遭到排挤，吕好问只能外放扬州，担任仪曹这样的小吏。恰好他的上司是蔡京之弟蔡卞，蔡卞拉帮结派，对吕好问特别好。但吕好问知道蔡氏兄弟是奸臣，刻意疏离他们。后来，长袖善舞的蔡卞职位不断攀升，就有意打击吕好问，使得吕好问、吕本中父子都得不到提拔。直到中年，吕本中的仕途并不顺利。青年时只能担任没有任何实权的从八品散官承务郎。随着金兵不断进攻，北宋势危，宋徽宗才被迫起用元祐党人及其后裔。也就是这个原因，宣和六年（1124年），40岁的吕本中被起用为八品职位的枢密院编修官。而他的父亲吕好问也应诏进京，担任御史中丞、兵部尚书。

经历了人生坎坷，又饱尝了亲人离乱之苦，吕本中的诗歌创作中，家国之思，时事之艰，成为激发其灵感的不竭源泉。在贺州期间，他创作了一批贴近时代、贴近现实的诗歌作品，例如，他在《赠岭东陈秀才》一诗中记录了一名陈姓秀才到访与他谈话的细节。土匪曹成已经进入贺州的邻州湖南永州和广东连州，陈秀才劝吕本中"如君长才亦未用，独守区区负奇节""马群时致千里足，烈士宁无一时杰"，希望他能放弃往南继续流亡的打算，站出来振臂聚众，率领大家抗敌立功。但考虑到自己长期远离政坛，并无实际号召力和政治资源，他只能婉拒陈秀才："我复何人敢言事，一世摧颓甘短拙"，以此表达自己的怀才不遇和对时势的无奈。

他在另一首诗《送周灵运入闽浙》中更是对于患难之中见真情的高尚品格作了赞扬。周灵运是江苏泰州名士，当时也避难于贺州。他因为仰慕吕本中的学识与人品而与吕本中交游甚密，并不因吕家的失势而疏离。这使得吕本中感动不已。某年冬，久客于贺州的周灵运忽然起了故园之思，于是向吕本中辞行，本中便作诗为他送别。在诗的开头，吕本中即道："青松著尘市，不辞尘土侵。"把周灵运和自己比作出淤泥而不染的尘市青松，与唐诗"一片冰心在玉壶"有同工之妙。然后，又以"交游在贫贱，始见平生心"来褒颂贫贱不移、清淡如水的君子之交。快要结尾时，他又用"岂谓子诚然，此风今则深"一句来鞭答嫌贫爱富的世俗之风。

在贺州遇到太多暖心事，不觉之间，吕本中已爱上贺州。他的诗文中也就自然地流露出对贺州的依恋。在《贺州闻席大光陈去非诸公将至作诗迎之》一诗中，他说："五年避地走穷荒，岭海江湖半是乡。"这里，他回顾了自靖康之难以来自己避地岭南的流落经历。尽管贺州与京城相比，算是穷荒之地，但他却已经把这里当作自己的家乡了。

正如他自己所说："岁月峥嵘惜轻别。"纵使他对贺州有千般不舍，但为了躲避曹成入据贺州的匪乱，同时也为了送友人陈去非、席大光等到南宋京城临安任职，绍兴元年（1131年）春，吕本中最终还是告别贺州，乘一叶小舟，与陈、席两人沿贺江南下前往广东德庆。

在德庆，陈、席二人作别吕本中继续前行，先是南下广州，然后北度大庾岭入闽浙赶往临安。这时曹成已领一群兵匪逼近贺州。吕本中一家从德庆返回贺州的道路已经被阻断，无奈只得溯西江而上，经昭平于绍兴元年（1131年）年夏抵达桂州（治在今桂林）。到桂州后，吕本中仍然时时关注贺州消息。绍兴二年（1132年）闰四月，当他从桂州地方官韩端卿处听说岳飞已经于贺州大破曹成，即挥毫写下《闻岳侯破贺州贼次韩端卿韵》一诗，把岳飞比作燕然刻石的窦宪，对岳飞的功绩给予了极高的评价。因为禁不住流亡颠簸，3个月后，年事已高的吕好问不幸病逝。至绍兴六年（1136年）四月五日，吕本中接到宋高宗诏书，令他入京都临安任职，官拜起居舍人，其后又兼权中书舍人。饱受乱离之苦的流浪诗人吕本中，终于得到了朝廷的重用。

北宋皇家秘书颜博文在贺州卖画

颜博文，字持约，是今山东德州人，北宋徽宗政和元年（1118年）进士。他诗书画俱佳，尤以善画墨梅著称，是一位多才多艺的才子。靖康之难前，他在北宋朝廷中担任著作佐郎，每天为朝中百官起草政务文书。

靖康元年（1127年），金兵围攻北宋京城汴京，二帝被掳，城中吏民请求再立北宋皇家赵氏之后为帝。但金人坚决不允，迫令城内大臣议立异姓为傀儡皇帝，否则立即屠城。当大臣们按照金人的意旨商议立张邦昌为帝时，担心商议时间太久，金人又放出狠话来，三日内就要立张邦昌为帝，不然就将全城烧光杀光。城中人心惶惶，有人当即自杀。为保城中百姓，张邦昌只好接受金人安排，成为伪皇帝。按照古代的制度，新君登基，都要大赦天下，以显皇恩浩荡。在金人的安排下，张邦昌登位时也发布了一纸赦书，对战乱中的都城官民给予救济。而这一纸赦文就是颜博文拟写的。张邦昌登位一个月后，金兵退去。张邦昌立即还权给南宋，解散了金人设置的伪政权。而那些跟随张邦昌的人则遭到了清算。颜博文因撰写赦书，证据确凿，天下皆知。更要命的是他写的赦书中居然有"无德者亡，知讴歌之已去"这样的句子，被解读为讽刺徽钦二帝无德，是大不敬，自然遭到贬谪。先是责授果州（今四川南充）别驾，送澧州（今湖南常德）安置，永不叙用。后又移贺州安置，直到去世。以戴罪之身被贬贺州后，颜博文失去了俸禄，没有了经济来源，生活变得拮据。好在还有一手画画技能，特别是画墨梅，可谓独步天下，就连有"诗峻"之称的翰林学士陈去非也大加赞赏。靠着画梅这门绝艺，颜博文在贺州勉强度日。

颜博文受贬之时，北宋兵部尚书吕好问曾经仗义执言，为他抱不平。5年之后，吕好问与吕本中父子流难到贺州，颜博文到吕氏落脚地时常探望，还拿出最新的作品请他们欣赏。颜画太妙，联系到自己遭人诬陷而致高洁人格无人赏识的遭遇，感慨之下，吕本中不禁为颜的墨梅画题写了诗句。诗中，他发出了"微风不动暗香远，淡月入户空徘徊"的感叹，把自己比喻成在月下孤独徘徊的一缕暗香。他还用"岁穷路远莫惆怅，此去保无蜂蝶猜"的句子劝慰颜博文，劝他不要因为仕途失意而纠结，毕竟贺州这地方尽管偏远，但人们互相信任，比之朝廷中官场间的互相猜忌，要轻松许多，这其实也是一种人生之福。

吕本中的哲语点破了颜博文心中万千迷障，寓居贺州的颜博文终于看淡了名利，悟破了红尘，画画之外，他逐渐迷上了修道。一天，他在临贺故城外的幽山上遇着一位道人，获赠唐朝圭峰禅师所注《周易参同契》数卷，得了这部经书，他如获至宝，整日修炼，从此，贺州就多了位半道半俗的画师。

北宋皇玺掌管人陈与义在贺州创作诗歌

陈与义，字去非，河南洛阳人，著名诗人，因写了5首赞赏《墨梅》画的诗歌，对画的点评精妙，得到北宋徽宗的赏识，被提拔为太学博士、符宝郎，负责掌管皇帝和朝廷的各种重要印章。南宋时，他长期在南方流亡，被誉为南渡诗人之冠，后人又将其列为"江西诗派"三宗之一。建炎四年（1130年），原为北宋朝官的陈与义正流落在湖南邵阳的紫阳山养病，忽然接到诏书，让他赶赴南宋京都临安出任尚书兵部

◀ 贺州漫山遍野的梅花为颜博文提供了丰富的画梅素材

员外郎。陈与义认为南宋朝纲不振，自己赴任难有作为，并且自己更多的兴趣是文艺创作，而不是经营乱世，于是就以身体抱病为由，请求辞任。但朝廷不允，不得已，他只好拖延到秋天才起程出发。他这一路的行程规划是：由紫阳入邵州，经永州、道州逾萌渚岭，再由贺江入西江，然后下珠江，至广州，度大庾岭而入闽浙进京。同行者还有一同被召为中书舍人的同乡席大光。

有朋自远方来，不亦乐乎！时居贺州城的吕本中听说两位老友将至，忍不住天天跑到贺街浮桥的桥头去守候，期望在往来的人群中能早些看到老友身影。他们有太多的离难之苦要互相诉说。

然而，陈与义并不急着赶路。因为在度岭之前，他曾在岳阳楼上读过许多杜甫吟诵湖南的诗句。当年安史之乱，老杜四海漂泊，曾入湖南。陈与义则因靖康之难而南渡湖湘。相同的遭遇，相同的情怀，让陈与义一直苦苦地追寻老杜所描摹的各种场景。还有，当朝前辈苏东坡受贬岭南时曾写过很多关于岭外的文章，苏前辈笔下的岭南有太多的神奇，陈与义也一直向往。受杜苏文章的指引，到湘粤之地走走看看一直是陈与义的梦想，如今梦想成真，徜徉在山水之间，"不愁去路三千里，少住林间看夕曛"。他要趁此机会，好好领略岭海南北的壮丽风光。

一路迤逦，好不容易走到了贺州富川县北。这里有一个叫秦岩的岩洞（今在湖南省江华瑶族自治县），有非常多有趣的传说。有说秦军入岭南作战时曾在这儿建立五里兵营，有说洞口的"秦岩"两字是三国书法家蔡邕题写，还有说洞口有唐代著名书法家元结的题刻。冲着这些信息，陈与义决定前往考察。然而到了实地，陈与义已经无心考究岩洞的历史了，因为元结留在洞口石壁上的手迹让他联想到了唐肃宗中兴唐室的故事。唐安史之乱时，武有郭子仪、李光弼等人奔走用命，文有元结、颜真卿等人勠力同心，他们共匡唐室，终成中兴之世。陈与义从中悟出了一个道理："隐显非士意，安危存国纲。"一个有抱负的士子，命运如何，是归隐方外，作一个超然的高逸之人？还是入世经营，创一番事业，求得富贵显达？他认为，这些都不是士子们自己所能左右的，而是取决于朝纲是否端正。像当下的南宋，一群亡国之人，不去努力收复北方，而是躲在江南温柔乡里蝇营狗苟，这样的局面让陈与义对前往临安任职并不热心。他更想隐身江湖，因为他觉得当前的局势没有像唐代中兴那样的氛围。

作别了秦岩，一行人继续赶往贺州城。来到今八步区桂岭时，不觉已是冬天。山头梅花点点，如玉似雪。如此好的风景，他们忍不住席地而坐，在这里野餐。谈兴正浓，同行的席大光

▶ 陈与义曾经领略过的贺江风光

◀ 八步区桂岭镇华容亭，当年陈与义从桂岭古道走往贺州时曾经过这里。

居然从袖里掏出一瓶小酒来。这瓶酒,从邵阳出发时他就一直带在身上,从秋走到冬,行程数百里,他一直舍不得饮用。今天高兴,也不管三七二十一,于是就贡献了。席大光的豪迈献酒,逗得陈与义当场献诗:"折得岭头如玉梅,对花那得欠清杯。"赏花,举杯,宋代文人陈与义在邂逅贺州时一个不经意的生活细节,至今仍是惹人艳羡的文化雅事。

期期复艾艾,直到冬末,陈与义与席大光一行人总算抵达贺州城。等候良久的吕本中赶紧约上颜博文,前往迎接,把他们领到驿馆,摆宴洗尘。回想6年前,也就是宣和五年(1123年),那时,陈与义刚刚升任秘书省著作佐郎,吕本中也刚好提拔为枢密院编修官。同为朝官的他们,约上各自的好友和同事,组成了一个14人团,共赴慧林寺游玩,分韵赋诗。大家在人生得意之时,几多畅快,几多理想,一切都无比美好。可惜好事来得快,去得也快。

后来,大家结识才一年,陈与义就于宣和六年(1124年)被贬出京,谪任陈留酒监。从此这些交心的朋友各自天涯,一直不得相见。却没想到,游慧林寺之后的第六个年头,大家居然会在岭南贺州这样一座陌生的城市里,以流亡这样一种无法想象的方式相遇。作为诗人的他们,无论多少感慨当然也只能赋入诗中了。在秦岩,陈与义说:"赋诗意未惬,吾欲栖僧廊。"秦岩的奇观曾让他萌发驻下脚步栖身僧廊的冲动。在贺州城,老友的热情和诉说,让他留下来不再向前的冲动再度袭来,"傥可卜邻吾欲住,草茅为盖竹为梁",他想在贺州长住,成为老朋友的邻居,哪怕是住在茅棚里也无所谓。

尽管友人和贺州这座城市让他留恋,但皇命在身,加上曹成匪众已经进入贺州北部,贺州城随时有被攻破的危险。迫不得已,绍兴元年(1131年)春,陈与义、席大光与吕本中一家泛舟而下，由贺江水路前往今广东德庆。相逢时难别亦难，分别总是难舍，更何况是在家国破碎的特殊时期。这再次激发了陈与义的诗意，登船不久，他忍不住走进船舱，提笔作诗："酌酒柁楼今日意，题诗船壁后来看。"不为什么，只为把今天在贺州的所见、所闻、所想题写在船上，让后人记住！

今仍保存的南渡文人在贺州创作的诗歌作品

南渡文人在贺州的创作活动十分活跃，但由于年代久远，岁月流逝，他们的作品绝大部分都已散佚。其中颜博文在贺州的作品无一件留存，仅吕本中、陈与义、王安中等人共有10首诗作传世。

吕本中《赠岭东陈秀才》：风吹贺江浪如雪，浮梁左右行人绝。病夫坐稳懒出行，破屋只愁吹瓦裂。东县陈卿忽叩门，笑语欢然相暖热。怪我长贫走道路，所至不安宁有说。邻州贼报又警急，欲泛扁舟穷百粤。如君长材亦未用，独守区区负奇节。未能俯首效儿辈，肯便出门探虎穴。马群时致千里足，烈士宁无一时杰。我复何人敢言事，一世摧颓甘短拙。幸君无事时一过，喜听高谈健其决。瘴疠参差畏久留，岁月峥嵘惜轻别。

吕本中《送周灵运入闽浙》：青松著尘市，不辞尘土侵。忍耻伴桃李，不言归故林。交游在贫贱，始见平生心。周侯客异县，屡蒙金玉音。殷勤不我厌，自昔以至今。使其少富贵，未必能相寻。岂谓子诚然，此风今则深。子欲转岭海，岁暮足愁阴。路经盗贼窟，往往未就擒。加鞭策驽马，欲行无滞淫。故人散天涯，所在亦崎嵚。相寻倘见及，道我病难任。

吕本中《墨梅》：岭南十月春渐回，妍暖先到前村梅。问君何处识此妙？一枝冷艳随霜开。长江凛凛欲崩岸，乃见好事移墙隈。初疑渗漉入瘴雾，更欲寂寞埋烟煤。微风不动暗香远，淡月入户空徘徊。坐看粉黛化膻恶，岂但桃李成舆台。我行万里厌穷独，疾病未已心先灰。对此不觉三叹息，恐是转侧同南来。异乡久处少意绪，破壁相对无根荄。古来寒士每如此，一世埋没随蒿莱。遁光藏德老不耀，肯与世俗相追陪。轮囷离奇多见用，牺尊青黄木为灾。含毫呓墨去颜色，况自不必须穿栽。岁穷路远莫惆怅，此去保无蜂蝶猜。

吕本中《贺州闻席大光陈去非诸公将至作诗迎之》：五年避地走穷荒，岭海江湖半是乡。欢喜闻君俱趣召，衰颓如我合深藏。晓寒已静千山瘴，宿雾先吞万瓦霜。日日江头望行李，几回驱马度浮梁。

吕本中《闻岳侯破贺州贼次韩端卿韵》：旌旗摩日甲生光，俘馘黄巾第几方。灭贼未须占斗蚁，破胡行且见神狼。燕然刻石功昭汉，太华题诗事后唐。从此儿童传姓字，风流何止继韩康。

陈与义《度岭》：年律将穷天地温，两州风气此横分。已吟子美湖南句，更拟东坡岭外文。隔水丛梅疑是雪，近人孤嶂欲生云。不愁去路三千里，少住林间看夕曛。

陈与义《戏大光送酒》：折得岭头如玉梅，对花那得欠清杯。不烦白水真人力，便有青州从事来。

陈与义《次韵谢居仁，居仁时寓贺州》：别君不觉岁时荒，岂意相从魑魅乡。箧里诗书总零落，天涯形貌各昂藏。江南今岁无胡房，岭表穷冬有雪霜。傥可卜邻吾欲住，草茅为盖竹为梁。

陈与义《舟行遣兴》：会稽尚隔三千里，临贺初盘一百滩。殊俗问津言语异，长年为客路岐难。背人山岭重重去，照鹢梅花树树残。酌酒柂楼今日意，题诗船壁后来看。

王安中《临江仙·贺州刘师忠家隔帘听琵琶》：凤拨鹍弦鸣夜永，直疑人在浔阳。轻云薄雾隔新妆。但闻儿女语，倏忽变轩昂。且看金泥花那面，指痕微印红桑。几多余暖与真香。移船犹自可，卷箔又何妨。

苏东坡与贺州的不了情缘

绍圣年间，北宋名臣、著名史学家范祖禹遭人陷害，被诬告为对太子和太后不敬。绍圣三年（1096年），他被责令离开京城，授昭州（治在今广西平乐）别驾、贺州安置。一路跋山涉水，范祖禹在长子范冲、次子范温的陪同下到达贺州。范祖禹患有目疾，久治不愈，到贺州后，学着当地百姓有事无事喝些凉茶，目疾居然缓解不少，他很是高兴，于是就把自己的治病心得写信告诉了同样受贬在岭南的苏东坡。苏轼与范祖禹同为四川人，又都曾在朝中同担任侍讲官。物以类聚，人以群分，惺惺相惜的他们自然而然地成了相互敬重的挚友。

苏东坡当时正在广东惠州，他觉得范祖禹在信中介绍的治病方法只能治标不能治本，担心老友病情恶化，他急忙回信。一是嘱咐范祖禹不要一味地服用凉药，以免带来后遗症；二是告诉范祖禹，贺州出产有许多良药，他尽可以试服一些；三是修行打坐对强身健体有用，极力建议范祖禹能够打坐导引，以练气的办法固本强元；四是他听说张道陵曾在贺州富川白云山（地在今钟山县公安镇）修行，请求范祖禹帮忙考证一下这事是否真实。可惜，那些诬蔑范祖禹的人并没有停止对他的迫害，仅在贺州居住了半年多，还来不及考证清楚张道陵富川修道的事情，范祖禹又被移送到更远的宾州（今广西宾阳县地）安置。

元符三年（1100年），宋哲宗去世，徽宗赵佶继位，大赦天下，对苏轼的处理也减轻了一些，于是苏轼得以从儋州（今海南）迁调到廉州（治在今广西合浦）安置。随后又以皇子出生，朝廷大赦，苏轼再移舒州团练副使，永州安置。八月二十九日，苏轼离开廉州，前往梧州。他与信给在惠州的儿子苏迈、苏迨，约好父子3人在梧州会合。准备从这里溯贺江而上，前往永州。到达梧州时，他收到噩耗，自己最得意的门人之一秦观病逝于藤州（今广西藤县），灵柩已由其婿范温护送经梧州北归。苏东坡到达梧州时，范温已经离开。苏东坡本想追上前去悼念,奈何苏迈、苏迨还未到达,他只好待在梧州等候。永州派来迎接他的公差已经来到,其时正是农历九月,贺江处于枯水期,水干无舟。而苏轼身体欠佳,不便步行,只好以为秦观居丧为由,婉谢永州公差的迎接,继续留在梧州等待。

苏轼受贬于岭南期间,以其独有的人格魅力和天才的文化建树赢得了岭南人民的普遍爱戴和敬重。苏轼北归,成了一件轰动整个岭南的大事。每到一地,上至州牧郡守,下至平民士子,争相迎接。贺州知州彭醇听到苏轼将由贺州入永州的消息后,连忙写信并派客使捎带礼物前往梧州迎接,希望他能在贺州稍做停留。可惜,彭醇的信使到达梧州时,苏轼早已接到朝廷新的诰命:予以恢复朝奉郎、提举成都府玉局观。因此,苏轼已经改道,经广州转由北江水路北上。贺州信使沿路追赶,直到英州(今广东英德)方才赶上苏轼一行。

▼ 贺州知州彭醇任职地临贺故城河东街

收到彭醇的贺州来信,苏轼感动万分,因为彭醇亦是他十分欣赏之人。彭醇是一位儒林名士,年轻时拜在大理学家程颐门下求学,以辞章经术驰名乡间。宋神宗熙宁六年(1073年),时年31岁的他进士及第,因为上书指出王安石新政中的一些弊端而被列为元祐党人,终生不能进入帝都成为朝官,只能外放在地方上任职。他每到一个地方,即"以儒雅饰吏治,有循良之目"。在贺州期间,彭醇亲历山川,采访民风,写就贺州第一部方志《临贺志》三卷,可惜在历代战火中损毁,未能传之后世,成为贺州文化史上的一大憾事。

接到彭醇来信时,苏东坡已经无法经由贺州,只好给彭醇回了一封《答彭贺州启》的信。南宋学士周必大说:"时人或得(苏轼)一语,终身荣之。"贺州知州彭醇得此函件,也是终身无憾了。

广西按察司佥事蓝智在贺州巡察

明洪武十年(1377年)秋,福建崇安人蓝智以才贤被荐授广西按察司佥事,此后一直在这个职位上干到晚年。按察司是朝中监察机关都察院设在地方的分支机构,主管一省的刑名、诉讼等事务,同时也对地方官员行使监察权。主管为按察使,佥事为按察使助手,官居正五品。

明代,按察司将治下府县划分为若干区域,由司下属官分道巡察,称为"分巡道"。明初,广西按察司下辖"桂林苍梧道""左江道""右江道"三个分巡道。蓝智在这三个分巡道中,都作了实地巡视,足迹几乎遍及整个广西。

作为文人,蓝智有个好习惯,就是每到一处,都把见闻用诗歌的形式记录下来。他在贺州巡察时一共写了6首诗,透过这些诗歌,我们至今仍然能感觉得到他对责任的担当和对百姓的深爱。

蓝智巡视贺州的具体年份史无记载,但蓝智于洪武十年(1377年)始任佥事,他的巡察诗题标明有"贺州"二字,而贺州在明洪武十五年(1382年)被裁撤,辖地归属平乐府,由此可知,蓝智巡视贺州应在明洪武十年至十五年之间。当时,社会刚刚经历元末改朝换代的战争,百废待兴。特别像广西这样的民族地区,还有许多制度没有建立起来。为了防止地方官吏趁机鱼肉百姓,明洪武三年(1370年),朱元璋甚至面谕广西按察使,要他们加强巡察:"广西地控诸蛮,民未熟化,况兵戈凋瘵之余,未遂生业,恐有司不能抚恤,又从而蠹害之,兹特命尔等往司风宪,须严明以驭吏,宽裕以待民。"这种巡察在当时被称作"观风"。

蓝智观风贺州是从冬天开始的,他首先由恭城来到富川县。当时,富川县的县治还设在今钟山县的县城内。他看到的富川县城非常萧条:"连峰抱清江,怪石当县门。茅屋十余家,萧条但空村。"究其原因,是当地盗贼太多，社会动乱导致富庶之乡成为遐荒之地。他认为这种衰败景象与当地官员的不作为有极大关系，"素餐亦何补，持用扣天阍"，在大骂地方官员尸位素餐之余，他又将巡察材料上报皇上。

巡察毕富川县，时间已近年关。但任务在身，他没法回家过年。在给家人寄去一封贺年信后，便驱马踏上茫茫歧路，赶往地在今临贺故城中的贺州城，一任马蹄扬起的尘土落满脸庞，一任似雨落叶挑逗乡愁……

大年初一，贺州衙署中的大小吏员都放假过年了。蓝智的巡察业务也只得暂时停下来。一个人住在贺州官衙为他提供的公馆中，说不完的孤独，只好对着庭院中的幽草独自发呆。巡察工作是一件得罪人的事，只有不停地给自己鼓劲，才能坚持下去。为此，他不停地给自己加油。在他住的贺州公馆中有两棵苍老的柏树，也不知道经历了多少风霜，但它们伟岸傲然，全然不顾环境的险恶。蓝智觉得为了振兴朝纲，让贺州的百姓都能过上安稳富足的日子，自己就得像这些老柏一样"好留春色比甘棠"。诗句中的"甘棠"是引用了一个典故，《史记·燕召公世家》载："召公巡行乡邑，有棠树，决狱政事其下，自侯伯至庶人各得其所，无失职者。召公卒，而民人思召公之政，怀棠树不敢伐，歌咏之，作《甘棠》之诗。"

与富川不同，贺县政风清明，所到之处，蓝智看到的都是一片祥和景象。爱憎分明的蓝智对贺县的纯朴民风和静好的田园风光禁不

住大加赞赏。在黄家洞瑞岩寺前，他看到的景观是："怪石分群壑，清溪共几家。衡门散鸡犬，古寺入桑麻。"面对如诗的田园生活，他"薄宦知无补"，怪自己不能再提出一些可以补正的措施，为这里的发展贡献些微力量。但他坚信"浮生信有涯"，芸芸众生一定会到达美好的彼岸。

黄家洞的发展景象给蓝智带来了不少振奋和欣喜，带着这份喜悦，他又来到地在今八步区铺门镇的封阳驿巡视。这里的发展境况依然喜人，"千里云山横桂岭，一江春水涨桃花。荒村鸡犬临欹岸，细雨凫鹥傍钓槎"。他用这样的句子来讴歌铺门。

蓝智在广西、在贺州的巡视工作极其认真负责，因为他不想有负王命。他在《浔州观风》一诗中称："鄙人奉王命，观风非草草。"然而，尽管他已经尽了自己最大的努力去履行职责，但仍然对自己不能为地方的发展给予更大的支持而不满，在《宿苏桥驿》中，

◀ 蓝智曾经巡视的铺门封阳驿武安圩码头

他自我评价道:"观风愧无补。"也正是他这种无愧王命、无愧众生的执着,《明史》给予了极高的评价,称他为"著廉声"。

清末重臣唐景崧昭平寻祖

在昭平县五将镇文曲村文祝小组唐家祠堂里,存有"圣旨匾""进士匾""翰林匾"3块清代古匾。

"圣旨匾"正文"奉天诰命"4个字为楷书,周围设海水、碣崖、云龙纹图案。左边小字写着:太子少保头品顶戴巡抚台湾等处地方臣唐景崧恭承。

"进士"匾中间正文是大大的"进士"两字。右边小字写着:钦命大总裁太子少保礼部尚书经延日讲起居注官徐、大总裁户部尚书鉴察督御史畿吏部文选司经延日讲内阁学士许、大总裁兵部侍郎京察都御使李为,左边写着:光绪二十五年岁次乙亥仲冬月吉旦唐景崧　唐景崇敬立。

"翰林匾"正文是"兄弟翰林",右边小字内容与进士匾相同,左边写着:光绪二十五年岁次乙亥仲冬庶吉士臣唐景崧　唐景崇敬立。

这些匾是清政府颁发给代理台湾巡抚唐景崧的复制匾。匾中提到的"太子少保"是对正一品大臣的一种荣誉加衔,不是官名。唐景崧出生于桂林灌阳,是同治四年(1865年)进士,匾中所述礼部尚书徐会沣、内阁学士许应骙、兵部侍郎李昭炜三人为唐景崧、唐景崇两兄弟京城会试时的主考官和副主考官。

为何唐景崧的荣誉牌匾会挂在昭平县五将镇唐家祠堂?要解开这个历史谜团,还得从唐景崧参与台湾人民独立抗日的爱国壮举说起。

咸丰十一年(1861年),唐景崧参加广西乡试,一举中头名解元。同治四年(1865年)进京会试,中二甲第八名进士,被点为翰林院庶吉士,接吏部候补主事。光绪八年(1882年),法国侵占越南，唐景崧自请出关赴越南招安刘永福黑旗军。次年，他因劝刘永福归附有功，获赏四品衔。光绪十年（1884年）中法战争爆发，受张之洞派遣，唐景崧带领景字军进入越南抗击法军。战争结束后，唐景崧升迁为台湾布政使。光绪二十年（1894年）中日甲午战争爆发，台湾巡抚邵友濂预计战火会蔓延至台湾，设法内调大陆。清廷遣唐景崧代理台湾巡抚。

入台履职后，为防止日军进犯，唐景崧积极布防，还向张之洞申请到两万枝旧枪。光绪二十一年（1895年），日本出动陆海军1万人进攻台湾澎湖。由于唐景崧事前布防严密，澎湖守军抵抗英勇，日军死伤惨重。但因力量悬殊，澎湖最终失陷。

中国在甲午战争中失败后，被迫接受议和。清政府在《马关条约》中将辽东半岛、澎湖列岛、台湾岛及附属岛屿割让日本。《马关条约》签订前后，唐景崧7次发电上奏朝廷，反复说明割让台湾的危害性，力主收回成命，悔约再战。但他没能说动清朝当局。

依靠清政府与日本交涉保台无望，唐景崧转而与法国、德国磋商保台之方，希望通过将台湾租让为法、德租界地和抵押台湾矿产等办法，换取法、德支持台湾抗日。但列强不愿与日开战，唐景崧请求外国保台的幻想破灭。

台湾失陷后，54岁的唐景崧被清廷解职，只得返回灌阳老家。灌阳官绅士民无不讥讽他失台之罪。无法在家乡立足，唐景崧只得外出避祸。恰好身边有位叫唐模天的亲兵，向他讲述了灌阳唐氏与昭平唐氏的渊源。原来，昭平唐氏来自广东南雄府。明万历二十五年（1579年），一位名叫唐玄林的人带领族人从广东南雄迁居广西梧州苍梧县龙圩。其后人唐之传于明万历四十五年（1617年）迁居昭平县木格乡大峒小组。后家族扩大，唐之传后裔唐英遇从木格大峒迁居昭平五将镇文曲村文祝小组。唐之秀的孙子唐若奎又迁居桂林灌阳县。唐景崧觉得自己是唐若奎迁居桂林灌阳县的后裔，便跟随唐模天来到文曲村寻根追祖。

来到文曲村，两人自称是灌阳唐氏族人。文曲本家热情款待，把他们安排在文祝小组的"唐氏宗祠"里居住。文曲与灌阳唐氏辈分排序相同，唐景崧更加坚信自己祖上出自昭平。此后，唐景崧大部分时间都隐居在文曲村唐氏宗祠，偶尔外出游玩或南下广州。

两年后，关于台湾事件的社会舆情逐渐平息。唐景崧便告别文曲，返回灌阳。他把老家的"奉天诰命"圣旨匾和"翰林兄弟"进士匾各复制一块，送到文祝唐氏宗祠供奉，以此证明自己认祖归宗。此后，灌阳县唐姓就把昭平文曲村唐姓宗祠视为祖祠。

唐景崧晚年热心于戏曲革新，他编写剧本，改造桂剧唱腔、表演和化妆，使桂剧达到了很高的水平。唐景崧一共编撰有40多个曲剧，其中，他在昭平收集到的今钟山县石龙镇大虞村民间故事，被编成了剧目《卖子投崖》。

经历了近代史上半个多世纪的战乱，存放于灌阳县的唐景崧原匾散佚殆尽，存放在昭平县的复制匾却一直留存。长期以来，每年清明节，灌阳唐氏都会派人来到昭平参加祭祖活动。近年来网络信息畅通，尽管灌阳唐景崧一族发现他们祖上实际上来自湖南永州市零陵县石岩头，但他们仍与文曲村唐姓族人来往认亲。2013年，灌阳县地方政府还特意派人来到文曲村协商，复制了这3块牌匾，让它们重新荣归故里。

柳亚子的八步往事

1944年，日军大举进攻桂林，聚集桂林的大批文化界人士紧急疏散，他们兵分两路，一路向西南去重庆，一路向东南到达桂东的昭平、八步。

前往桂东的文化人士都是响应中共南方局的号召，准备协助李济深开辟桂东民主抗日根据地。因为李济深是苍梧人，他属下的十九路军将领蔡廷锴是罗定人。另外，他的门生李新俊还是平乐专员，其时平乐专署设于八步。同时，中共还派出广东东江大队政委李嘉仁隐蔽于八步，随时准备支援。因此，在今梧州、贺州等桂东地区具备建立民主抗日根据地的条件。

6月底，柳亚子乘坐由李济深安排的小船，离开桂林，沿漓江而下，29日到平乐，由县长区岳生安排，暂住平乐中学。7月1日，驻扎八步的平乐专员李新俊专程派人到平乐迎接诗人。到7月3日，终于买到车票，柳亚子随来人启程前往八步。李新俊是黄埔军校毕业，因为其兄曾跟随李济深在福建反蒋，惨遭杀害，所以十分痛恨蒋介石，专程跑到与蒋介石有隙的广西投奔新桂系。由于兄长李安定与李济深有很深的渊源，李新俊对李济深也很拥戴。收到李济深的指示，李新俊对柳亚子非常热情。柳亚子到达八步时，他不仅亲自到车站迎接，还很周到地安排柳亚子入住省立平乐师范学校（今贺州学院东校区）。不久，又帮他搬到向阳路何家的瑞园里居住。

7月5日，李新俊借得平桂矿务局局长李汉屏的小车，邀请柳亚子及其友人前往西湾锡业管理处参观。管理处是一座旧式的楼房，楼上有一个大阳台，正对着外面的高山。楼下种着几百株桃树和梅树，可惜花时未到。还有一树白兰花，也是含苞待放。这些景象给柳亚子留下了深刻印象，他不禁赋诗一首：

谷口乾坤似括囊，驱车揽胜喜轻装。
梅妻易入林逋梦，桃叶难平子敬肠。
静观峰峦应有悟，倘疏朋旧岂能狂。
白兰花发浓香日，谊暑重来定未妨。

7月7日这一天，是抗战纪念日，平乐专署在灵峰山下组织民众开展纪念活动。此时，柳亚子正受到桂林方面特务机关的监视，为了保护他，李新俊没有邀请他参会。但他却自告奋勇来到会场，还即席发表了演讲。

初到八步，柳亚子很是兴奋。他常与诗人陈芦荻、画家陈颐模等到一景饭店小聚；也常

到八步友人廖尚果（青主）、王蕴华（青君）夫妇家喝酒作诗。这对夫妻住在乐善堂（旧址在今灵峰南路花园酒店），他们给住处起了一个很有诗意的名字，叫"沧海楼"。王蕴华是个有才华的女子，跟柳亚子学作诗，连带着廖尚果也对作诗有了兴趣，便跟妻子一起拜柳亚子为师；李新俊也是"沧海楼"的常客，后来也跟廖尚果夫妇一起，成了柳亚子的弟子。在"沧海楼"的日子，柳亚子一边喝着八步特产的枣子酒，一边和一帮年轻人创作进步诗歌，日子过得很惬意。

当时的八步西约街有一家很有名的书店，叫先锋书店（旧址在今西约街87号刘氏牙科），是马峰乡龙井村（今平桂区沙田镇龙井村）开明绅士黄镜如与族人开设的。书店经销全贺县中、小学课本，还开辟专柜，售卖文化供应社、新知书店等出版单位的

▲ 八步古韵
▶ 八步西约街

图书。《世界知识》杂志的编辑共产党员张铁生、中国民主政团同盟桂林核心小组成员陈此生也住在先锋书店里。柳亚子经常到书店和这些人交流，还把他所主持的"中国文化资料研究会"的牌子挂在先锋书店大门边。

柳亚子始终把宣传抗日作为头等大事，他经常出入另一家进步书店兄弟图书公司，并为公司题写招牌。在一景茶楼、临江中学等地抗日宣讲活动中，也时常出现他的身影。他还组建抗日诗社，用诗歌宣传抗日。《桂林抗战文化城奇闻异事》记载，柳亚子在八步创作的诗作多达69首。

不久，柳亚子将自己与廖尚果夫妇、诗人陈芦荻、画家陈颐模等的诗作结成《分囊唱和集》，投到《八步日报》。《八步日报》由国民党顽固派主办，所登载的内容很守旧。他们发表了柳亚子等人的部分作品，却删掉了廖尚果比较激进的4首诗作。柳亚子大为光火，写信质问报社副社长刘体乾。后来他们连柳亚子的诗也一并停刊了。李新俊亲自过问此事，得知刘体乾是根据桂林方面特务机关的嘱意行事。大家由此知道，柳亚子已经暴露，随时会有危险。于是柳亚子在朋友的安排下，于8月31日从八步经桂林转移去往重庆。

红线女在贺州收获事业与爱情

红线女是广东开平县水口镇泮村人，中国当代著名粤剧表演艺术家、红派艺术创始人。外祖父谭杰是著名的粤剧武生，母亲也是伶人。红线女年少时本在澳门读书，后因家道中落，15岁时加入舅舅、著名武生靓少佳的戏班，拜舅母何芙莲为师。

1941年，香港沦陷，许多粤剧名师都不愿留港为日本人唱戏，纷纷转移外地。其中马师曾带着他的"太平剧团"外迁到湛江。红线女的舅舅靓少佳带领戏班转到了越南，但红线女没跟戏班去越南，而是随舅母迁居于戏班名角靓少凤的老家湛江，在靓少凤组织的"抗战剧团"中唱戏，艺名小燕红。正逢马师曾在湛江组建"抗战粤剧团"，需要招人，他请何芙莲在湛江公演。在这次演出中，马师曾发现小燕红有表演天赋，把她招入剧团，改名红线女。后来，红线女跟随"抗战粤剧团"先后在两广各地巡回演出。

红线女17岁时，在"抗战粤剧团"里还只是一个二帮花旦。1943年春天，剧团在肇庆演

一九四四年夏

出《刁蛮公主憨驸马》，当家花旦陆小仙（蓝茵）因突然肚子痛不能出场。无奈之下，马师曾只好让红线女替补上阵。演出效果极好，大获成功，观众反响热烈，从此红线女开始担当剧团的正印花旦。

1944年，马师曾率团参加"西南会演"，来到桂林。马师曾独具一格的表演艺术和红线女特有的"红腔"在会演期间风靡一时。逃难到此的广东难民，倍感亲切。于是马师曾率团留在桂林，并将"抗战粤剧团"改名为"胜利粤剧团"。就在这时，日军攻陷长沙、衡阳，直指广西，桂林告急。1944年9月8日，新桂系广西当局发出紧急疏散命令。马师曾率"胜利粤剧团"向广西东部疏散，经阳朔来到平乐县。但平乐县讲桂林话，听不懂粤剧，剧团无法生活。加上马师曾吐血晕倒，马妻梁淑贞病逝，剧团只好宣布解散。危难之际，红线女协助马师曾带领愿意继续唱戏的人员辗转到达贺县八步镇。

当时的八步镇是平乐专署所在地，是一个没有遭受日军蹂躏的安全区，这里成了两广难民的避风港。马师曾带着剧团剩下的人员来到八步继续演出，在粤语系群众中好评如潮。贺县著名工矿老板伍展明老家在广西容县，伍家上下都说广州话，喜欢听广东音乐，而且伍展明敬重马师曾的爱国情怀，给剧团提供了许多帮助，不仅把自家后院（原向阳路65号，今向阳路恒兴花园大楼东南）借给剧团，把马师曾

◀ 红线女与贺州矿商伍展明家小合影

年迈的母亲马老太安排住在隔壁的弟弟家。还出资在八步体育路为剧团搭了个戏棚,叫八步大戏院(地在今体育路老体委)。剧团终于有了安身之地。红线女倾慕马师曾的爱国之心和对粤剧的坚持,对马师曾悉心照顾,加上马师曾言传身教给红线女授艺,两人互生情愫。马师曾身体康复不久,两人就在伍家简单摆了几桌酒席宴请至亲好友,正式成婚。

红线女人缘好,不仅对马老太孝顺,而且和伍家关系融洽,她认伍展明之女伍超群做"契女",教她唱粤剧。

为了生存,马师曾和红线女带着剧团晚上在八步大戏院演出,白天到一景茶楼、趣乐茶楼(今贺州市房产管理中心)演出。但时值兵荒马乱,百姓生活不宽裕,欣赏粤剧的观众不多,上座率很不理想,只有一些商贾去看演出。剧团时演时歇,收入十分微薄。没有演出时,就在樟树头一带或者是江边吊嗓子、练功。

为了鼓动民众的抗日激情,马师曾和红线女经常带团在八步公演抗战剧目,为前线作募捐义演。演出的剧目有《胡不归》《报国仇》《佳偶兵戎》等,募捐得来的钱财和衣物全部支援抗战。尽管当时的贺州,空中不时有日机骚扰,但大家热情高涨,何香凝、柳亚子、梁漱溟……流落在八步的大批文化名家亦都前来助阵,登台演讲。公演场上总是人群攒集,掌声雷动。

马师曾红线女剧团在演出中所表现出来的精湛技艺和凛然的民族气节赢得了群众的好评,正印花旦红线女越唱越红,对日后贺县粤剧的发展起了巨大促进作用。

1945年7月,日寇进入望高和钟山县城,八步形势骤然紧张。伍展明一家带着红线女、马师曾剧团避难到新路矿区,在一位名叫伍汝康锡矿老板的矿区宿舍里居住。在这里,红线女生下了第一个孩子,但矿区农户较少,生活条件恶劣,连蔬菜都不易吃到,大家只能以盐水拌饭。贫困、流离和难产的多重折磨,使红线女奄奄一息。幸有马师曾精心照顾,伍家和矿区群

第三章 名人逸事 | 69

众倾力帮助，红线女奇迹般地从死亡线上挣扎回来。为了表达感谢，红线女给孩子起名马新明，"新"就是新路矿，"明"就是明白感恩。

屋漏偏逢连夜雨。红线女的身体刚刚有所恢复，伍展明幼子伍宣华又突然生了怪病，因为社会动荡，人们不敢到八步去找医生拿药。红线女便让剧团的一个员工偷偷回到八步拣药，伍宣华这才捡回了一条性命，伍家对红线女十分感激。

日军已是强弩之末，在民团、自卫队和各路武装的奋力抗击下，日军没能攻入八步，只能从钟山向桂林方向逃离。日军败退后，众人从新路矿区又回到了八步城区。1945年7月15日，位于今八步区莲塘镇莲塘村的立琴庙举办庙会，乡贤们邀请马师曾剧团到庙演出三天三夜。戏台设在立琴庙附近马尾河岸的一处沙滩上。演出期间，群众云集，每天有数千人。后来，这处河滩得名"唱戏坝"。

1945年8月15日，日本宣布投降。到9月底，绝大多数难民都已离开八步返回家乡。但马师曾盘缠不够，加上红线女身体欠佳，故此他们一家继续留在八步。直到1945年初冬，广州一位戏班班主邀请他们回广州演出，马师曾和红线女才告别八步，先往广州，后往香港。

在香港期间，红线女不断开拓东南亚的演出市场，受到极大欢迎，为新中国与东南亚文化交流作出了重要贡献。鉴于红线女在东南亚的巨大影响力，1955年，中央政府邀请红线女参加天安门庆典。从此，红线女从香港回到广州定居，参加广东粤剧团。1956年，红线女重新联系到伍展明家人，找到了伍展明的儿子伍廷烈等人。那时候，红线女已是全国知名的大艺术家，而伍家生活艰苦，她便时常寄一些衣服和生活用品给伍家。伍展明的女儿伍惠群也南下广州，跟随红线女学戏。

贺州最早的同盟会会员严端

晚清时期，昭平县庇江乡森冲村的严梦奎经商头脑灵活，他开了间"鑫盛"商铺，生意越做越旺，当地有"富不过鑫盛"之说。1844年春，他喜得贵子，取名严端，字直方。严端聪颖勤奋，少年在乡村读私塾，17岁到桂林读大馆，并考取廪生。1905年又考取日本早稻田大学，攻读政治经济学。

在日本，年轻的严端接受到革命新思想，日趋进步成熟。1905年8月，他加入孙中山在日本东京组织成立的中国同盟会，并任广西支部会计，成为贺州最早的同盟会会员。1909年，他被派遣回国，在西江上游响应镇南关举义，起义失败后，退往日本。1910年，受同盟会派遣，再回广西，动员藩台王芝祥举义反正。1911年辛亥革命后，被选为国民党广西党部副部长。

1912年，陆荣廷出任广西都督，组织军政府，设4司2局，严端被任为广西财政司长兼广西银行总行总经理。当时，广西财政相当困难，为了招兵买马，扩充实力，陆荣廷极力督促严端整顿税源，增加税收。在这种压力下，严端对财政司开展了一系列整顿和改革。1912年2月19日，发出《通令招商包办统税电》，要求各府、县并转各地商务总会、分会，将全省统税关卡改为分河招商承包，并拟定具体办法。与此同时，财政司还发出《招商包办统税告示》，在各市、县公开张贴，扩大宣传。通过这种招商承包统税的办法，政府可以坐收其成。

为了整顿税收，财政司又发出《电令各县将所收杂捐一律改用元计文》，通令各县自中华民国元年4月1日起，征收牛捐、酒锅、油糖榨贴费时一律改用元计。当月21日再发出《通咨各统领转饬各军队薪饷俸项须呈请核准照发缘由电》，取消各支款暂行通融办法，自4月1日起，各军队薪饷、各差缺薪俸，应预计往返程途，先期备文赴财政司核明，再通知银行照发。以此制止各地军队借口紧急军务及特别急需径向银行提款等事，控制和压缩军费开支。

严端主持下的财政司虽然部分缓和了广西财政危机，但财政赤字仍然很大。陆荣廷为扩充军队，利令智昏，开征鸦片烟税，允许广西烟商向云南、贵州购进鸦片，鼓励云贵烟帮运贩鸦片经广西运销广东、湖南等省或就地销售，并派亲信部队武装护送。陆荣廷还想在番摊捐（即赌饷）上打主意，准许商人开设赌场，公开赌博，征收税金。当陆荣廷在1913年初提出在梧州、桂林、南宁三地筹集赌饷时，作为财政司长的严端坚决反对，在舆论的广泛指责下，陆荣廷只好作罢。

因袁世凯忌恨革命党人，陆荣廷排挤异己，1913年严端被免去广西省财政司长兼银行总行总经理职务，转任苏皖赣调查税务特派员。1914年以后，先后出任广东烟酒税特派员兼广东禁烟督察局总办、中央财政部禁烟副主任兼江苏禁烟局局长。段祺瑞执政时为政治会议广西代表，后为国民革命军第七军驻沪代表、香港赈灾驻沪代表，并先后在上海中华民国制糖公司、上海金星人寿保险、广东财政厅、香港马玉山糖果饼干公司、上海马玉山公司、南洋烟草公司等单位任职。

1931年"九一八"事变后，他一面在南洋公司服务，一面与他人办理东北救济会、义勇军后援会，支援义勇军抗日。1934年当选广西立法委委员，负责起草农会法。1937年"七七"事变后，回乡经营买卖。

1944年秋，日寇入侵桂林，在家乡的严端与疏散来昭平的各民主党派、爱国进步人士和地方士绅代表商议组织成立"昭平民众抗日自卫工作委员会"，并当选为委员会主任。聘请何香凝、张锡昌为顾问。他还成立"嘤鸣诗社"，宣传抗日。全国抗战胜利后，严端赴粤经营冰块代理业务。1953年，被广州文史馆吸收为文史研究员，1956年，病故于广州。

第四章 烽烟战事

清代学者顾祖禹在其著作《读史方舆纪要·广西方舆纪要叙》中指出："桂岭左右，可飞越者不一处。伐岭峤之材，浮湘水而下，席卷衡、永，风趣长沙，湖南一倾，则湖北必动，动湖北，则中原之声势通矣。"桂岭，即萌渚岭，因在贺州境内，又称临贺岭，是古代由中原进入岭南的5条通道之一，现在又称"潇贺古道"。

贺州自古有"三省通衢"之称，其战略意义在于：西北可由平乐、恭城入广西省城桂林，南可沿贺江下西江、珠江抵广东省城广州，北可由永州、衡州进抵湖南省城长沙，进而入湖北，取中原。每当中原大乱，南岭需要设防自保，贺州地区往往就会成为重点经营之地，如汉初南越国赵佗在贺州桂岭设芜城、在封阳地区设封中王国；五代南汉时把贺州上升为军事节镇；北宋末年，大量朝官南渡进入贺州。而当中原定鼎，帝国向南用兵，需要统一岭南时，贺州则必定成为用兵之地，秦始皇、汉武帝、唐太宗、宋太祖莫不如是。随着一系列的战事在贺州展开，诸多历史名将都在贺州留下了足迹，留下了许多脍炙人口的动人故事。

三国吴将吕岱与平南将军廖式的贺州之战

吴赤乌二年（239年），岭南地区发生暴动，孙权派将军蒋秘率军进入岭南征讨。部队从零陵郡（今湖南永州）进入临贺郡（今广西贺州）后，蒋秘的部下都督廖式发动叛乱，率部攻下临贺郡城，并斩杀蒋秘和临贺太守严纲。廖式在临贺城设立平南将军府，自封平南将军，任命亲信费扬为临贺太守，希望建立一个以贺州为依托的割据势力。按照廖式的战略谋划，在控制贺州以后就要继续控制孙吴进入岭南的其他通道，阻挡吴军进入岭南，进而向西向南蚕食交州，当取得交州的实际控制权，壮大自己的实力之后，再向北与孙吴争锋。因此，发动叛乱不久，他就与胞弟廖潜率众攻打和临贺郡接壤的零陵、桂阳两郡。接着向北进入今湖南永州，向东进入今湖南郴州。随着廖式叛军不断取得胜利，交州的苍梧（治在今梧州）、郁林（治在今贵港）、南海（治在今广州）各郡也有不少人响应，叛军的人数迅速达到数万。

当时，临贺郡为荆州所辖，已是79岁高龄的荆州刺史吕岱曾任交州刺史，对交州和临贺郡的情况有很深了解，对贺州重要性的认识也十分清醒。那里民风彪悍，一旦受到某些异心人物的利用，就会成为一股强大的势力，危及东吴争雄三国的霸业。届时，不仅交州将不再为孙吴所有，就连荆州也会陷入两面受敌的险境。因此，必须尽快出兵，把廖式的叛乱势力消灭在萌芽状态。但都城远在建业（今南京），受交通影响，吴主孙权还没有收到廖式叛乱的消息，也就没能发出调兵平叛的指令。按照制度，没有吴王指示就私自调动部队是要受到惩罚的。但兵贵神速，为了不给廖式喘息时间，敢于担当的将军吕岱不顾年事已高，在尚未收到上峰指示的情况下，一面调集部队火速进发临贺郡，一面紧急向吴王孙权上书请战。

孙权是一个知人善用的人，他知道吕岱任职交州时，各项

▶ 贺街三国古墓群中出土的青瓷罐

工作都干得十分出色,在交州百姓中有很高的威望。当年,把他从交州调到荆州任职的时候,大臣薛综就曾专门上书,称岭南情况复杂,担心吕岱离开交州后,继任者能力不足,难于维持地区稳定。接到吕岱送来的出兵急奏后,他也知道,一旦放任廖式势力坐大,孙吴就要受到来自岭南交州、北方曹魏和西南蜀汉等三股势力的同时夹击。到那时,孙吴就会岌岌可危。因此,吕岱擅自调兵只是紧急事态下的权宜之计,是出于对国家的忠诚。他不仅没有怪罪吕岱,反而加授吕岱为交州刺史,让他全权指挥平叛。同时,还急调唐咨等将领率部增援。

吕岱率军赶到贺州时,廖式早已在萌渚峤今潇贺古道上的各个隘口布下重兵。好在吴军自荆州而来,他们不仅擅长山地作战,而且可以从邻地快速调集补给。但由于贺州地势险要,易守难攻,经过一年多的浴血奋战,这场叛乱才被彻底平定。

战事之后,为了增强临贺郡的防御力量,吕岱留下了更多屯军戍守。如今,在八步区贺街镇和莲塘镇发现的大量三国古墓群,就是当年吕岱南征时屯戍军士留下的。

五代时期贺州的楚汉之争

唐懿宗咸通年间,岭南东道(治地在今广州)节度使韦宙作出了一个惊人的决定:将自己的侄女许配给广州牙将刘知谦。他的妻子极力反对,因为在唐代,婚姻极重门第,讲究的是门当户对,京兆韦氏是大唐数一数二的世家大族,韦宙本人也曾身居要职,贵为宰相。想要与其联姻的望族可以说是挤破门槛,而刘知谦在当时不过是一个无名小卒,家族也没有什么背景。但韦宙主意已定,他说:"我看此人非比寻常,将来必成大器,说不定我的后世子孙还要依靠于他!"

当时社会并不安定,曾经辉煌的唐朝,经过安史之乱的动荡,本已雄风不再,黄巢起义又给大唐这匹奄奄一息的骆驼压上了最后一根稻草。藩镇割据,军阀混战,唐朝的倾覆已成定局。也正是看到这一点,韦宙才做出将侄女下嫁牙将的决定。

事实证明,韦宙没有看错人。刘知谦,又名刘谦,祖籍河南上蔡,后徙福建,因在广州经商,遂定居于此。刘谦初为广州牙将,参与镇压黄巢军有功,被封为封州(治地在今广东封开)刺史、贺江镇遏使,负责贺江流域的治

安与守御。刘谦知道，身处乱世危局，只有拥有自己的武装，才能建立不世功业。于是，他厚结当地士人，招纳流亡，很快就拉起了一支上万人的部队，并组建了一支拥有上百艘战舰的水军。

▶ 南汉乾亨寺铜钟，现存贺州市博物馆。

遗憾的是，老天爷虽然给了刘谦能力，却没有给他实现志愿的时间，他只能把希望寄托在儿子身上。临终前，他对长子刘隐说："现在天下大乱，唐朝积弱不可复振，欲成大事，要放眼天下，不要只守着贺江这个地方。"

刘隐就是刘谦与韦氏所生之子。刘谦去世时，刘隐才20岁。刘谦的一些老部下看不起这个年轻的毛头小子，趁着刘隐居丧，竟然勾结地方长老百余人谋反。刘隐得报后，紧急部署，一夜之间就将作乱之人一网打尽。这样的霹雳手段，很快就慑服了还在观望的众人。

不久，岭南节度使刘崇龟向朝廷上表，奏荐刘隐为封州刺史、贺江镇遏使。刘隐名正言顺地继承了父亲的职位。随后，刘隐利用父亲留下的那支万人武装，东征西讨，势力范围很快就扩大到广州。

在扩张势力的过程中，刘隐不仅显现出极强的军事组织能力，还表现出了敏锐的政治眼光。早在唐昭宗天祐元年（904年），刘隐就用心交好权臣朱温，成为朱温的亲密友党。后来，又率先上表劝进，请求朱温加冕。有了刘隐的运作，朱温顺势于后梁开平元年（907年）废黜唐哀帝李柷，自行称帝，建立后梁政权。作为回报，朱温加任刘隐为检校太尉，兼任侍中，并封爵大彭郡王。

就在刘隐急剧扩张广东势力的时候，北边的湖南也出现了一位豪杰，他就是马殷。马殷原是木匠出身，后来从军平叛，逐渐成为统治湖南的霸主，建立南楚政权。为了扩展楚国势力，早在唐昭宗光化三年（900年），马殷就派名将李琼攻打静江军节度使刘士政，尽取其治下桂州（治地在今桂林）、宜州（治地

打刘隐所辖的桂东地区。吕师周所率楚军与刘隐的部队接战大小十余次，先后夺取昭州、贺州、梧州、蒙州、龚州、富州等地。贺江流域本是刘隐的发迹之地，在吕师周的进攻下，刘隐在贺江流域的地盘就只剩下下游的封州。不得已，刘隐向马殷求和。恰好马殷兵力有限，无力扩大战局，也就顺势同意停战。从此，贺州划入南楚。

与楚军数战败绩，让刘隐看到了自己实力和其他军阀的差距，于是决定韬光养晦，先巩固自己的地盘，增强实力，再慢慢找楚军报仇。可惜刘隐没能等到报仇那一天，乾化元年（911年）三月初三日，刘隐因病去世，终年38岁。他的未竟事业由其弟刘䶮继承。刘䶮也是个颇有谋略的人，后梁贞明三年（917年），刘䶮建立大越国，后又改国号为汉，史称南汉。

南汉白龙四年（928年），马殷以贺州为基地，制造舰船，扩充水军，沿贺江南下攻打封州。南汉军初战失利，损兵千余人。刘䶮急派名将苏章领神弩军三千入援封州。苏章善于谋略，他事先在贺江中沉入两条巨大铁链，又在两岸各设立两个巨大的绞盘，还高筑河堤埋伏兵马。两军交战时，苏章亲率前锋驾轻舟迎战，佯装兵败逃走。南楚军随后追击，苏章埋伏在岸上的伏兵推动巨轮把铁链拉起，把南楚的舟兵截断。楚军进退不得，两岸南汉军士以强弩射击。这一战，以楚军失败告终。封州一战换来了南汉的安宁，楚汉两国重新修好，从此20年间无战事。

在今何池宜州）、岩州（治地在今贵港）、象州、柳州等地，与刘隐共同瓜分今广西境内各州县。

后梁开平二年（908年），原吴王杨行密所属名将吕师周因遭上司猜疑来投马殷。吕师周是江苏扬州人，自称三国东吴名将吕蒙之后，极富军事才能，曾率部屡次在江西方向打败马殷的南楚军。马殷接报后大喜，他亲自接见吕师周，说："我正打算攻打岭南，不知派谁领军好，现在你来了，一切都好办了。"当即任命吕师周为马步军都指挥使，率领楚军攻南汉大有十五年（942年），刘龑去世，其子刘玢继位。不到一年，刘玢的王位被弟弟刘晟取代。刘晟荒淫残暴，与诸弟多有猜忌，最后将诸弟全部诛杀。刘晟治下的南汉，政治并不清明。这时的南楚，也同样是兄弟阋于萧墙，内斗不止。公元930年，马殷去世，王位先后传于次子马希声、四子马希范，到第四代楚王七子马希广时，马殷第五子希萼起兵造反，政局相当混乱。

乾和六年（948年），刘晟派工部郎中、知制诰钟允章到南楚求婚，楚国没有答应。在这次出使的过程中，钟允章探得马希萼反叛之事，便建议刘晟趁机出兵南楚。于是刘晟派巨象指挥使吴珣、内侍吴怀恩攻打贺州。楚王马希广派徐知新、任廷晖两将率兵救援。徐、任两位楚将赶到贺州的时候，贺州城头已经换上了南汉的旗帜。徐知新等人大怒，即刻发动冲锋，准备重新夺回城池。当楚军冲到城墙根时，突然脚下一声巨响，地面开裂，楚军人马大多掉进陷阱，损失惨重。原来吴珣派人在城下开挖了护城河，还在河里设置了机关，又挖暗道通到城里，然后用苇席盖住河口，席上撒土伪装。楚军报仇心切，没有仔细察看战场。当楚军冲到城墙根时，吴珣兵从城中暗道发动机关，楚军中计，纷纷掉入护城河中。城内南汉军趁机杀出，楚军大败，徐知新只身逃回长沙。在贺州大败南楚援军后，吴珣等人又出兵攻下南楚的桂州和连、宜、严、梧、蒙五州。从此贺州又从南楚归入南汉。

南汉军攻下贺州后，重新取得贺江流域的控制权。由于贺江是南汉皇室龙兴之地，贺州又是战略重镇，南汉将贺州上升为军事节镇，以防拓、应援两支军队驻守。刘晟甚至还派亲信太监到贺州监军。于是贺州就与建武、宁远、静江、兴宁、祯州、韶州一样，成为南汉的7个节镇之一。

宋将潘美贺州战南汉

历史进入公元960年，五代十国各军阀反复演绎的吞并与反吞并之战即将落下帷幕。北宋乾德元年（963年），宋太祖智取荆南，进而夺取湖南全境，为平定南方奠定了基础。

其时，在湖南南面的广东和广西境内还存在一个割据势力南汉国。这时南汉君主刘鋹是一位奇葩皇帝。他宠信佛僧和宦官，寺庙占据全国最好的良田，朝中高官都必须先行阉割，

成为太监。他的荒淫无度和残暴昏庸使得国力大衰,百姓苦不堪言。不仅如此,他还不自量力,居然敢捋宋朝虎须。北宋乾德二年(964年),刘鋹分兵两路,一路自郴州侵入桂阳,一路自贺州侵入江华。但实力打脸,南汉的刘家兵皆为宋潭州防御使潘美击退。偷鸡不成反蚀米,九月,宋军反击,夺取南汉郴州地。南汉兵只得退往韶州。刘鋹赶紧派人屯兵洸口,阻止宋军南进。宋太祖赵匡胤原来只想教训一下南汉,没有命令宋军继续南下。刘鋹以为是宋军见到他的军队害怕了,于是又得意起来,命令南汉军队从贺州出发,继续袭扰湖南道州。道州刺史王继勋向宋太祖上表,数说刘鋹屡犯边界,请求发兵讨伐。但当时赵匡胤正向北汉用兵,还腾不出手来对付南汉。他想了个办法,请南唐国主李煜写信给刘鋹,让他归还之前占领宋朝在湖南的领地。李煜不敢得罪赵匡胤,于是连着写了两封信给刘鋹,不料刘鋹不但不买账,还扣押了使者,大骂李煜。

北宋开宝三年(970年),宋太祖从征伐北汉的战场抽身后,决定发兵讨伐南汉。九月,宋军以潭州防御使潘美为贺州道行营都部署,朗州团练使尹崇珂为副元帅,道州刺史王继勋为监军,发兵攻打南汉。

潘美率宋军由道州首先进入贺州富川,在今钟山白霞遭遇南汉贺州刺史陈守忠的部队,双方展开激战,南汉军不敌,陈守忠向南汉朝廷告急。刘鋹接报后即派自己最亲信的宦官龚澄枢前往贺州慰劳军队,并将贺州刺史陈守忠赐名刘守忠,以示恩宠,希望他坚守贺州城。贺州守军久戍边疆,连年征战,既穷又乏,听说皇帝派了大臣来劳军,以为必有金银赏赐,十分期盼。谁知龚澄枢来到后,只拿出一纸空诏宣读,并无实际奖赏,大家都很泄气,斗志全无。

宋军首战告捷,在拿下白霞后,即挥帅抢占今平桂区沙田镇芳林渡,迫近贺州城。龚澄枢听闻宋军靠近,吓得连夜出城,从贺江乘船逃回广州。9月15日,宋军抵达贺州城下,围而攻之。

◀ "白霞故址"摩崖。清代乾隆二十二年(1757年),在潘美进入贺州的第一站即今钟山县公安镇荷塘村白霞街,刊刻了此通石刻。

亏得贺州城高池深，加上陈守忠忠于职守，登城防御，昼夜不懈，宋军一时攻打不下。

贺州城被围后，局势已经非常严峻，南汉朝中一下就炸开了锅，大家众说纷纭。商议的最后结果是非名将潘崇彻不能解难。但潘崇彻因为曾受刘铤猜忌而被解除兵权，心怀怨恨，于是以眼睛有病为由拒绝领兵。刘铤只得改任毫无方略的宦官伍彦柔为主将，增援贺州。

9月20日，潘美听说南汉援军将至，一面下令退兵20里，装出害怕的样子。一面派出奇兵前往贺江下游的南乡（今八步区铺门镇）埋伏。铺门是贺江水路离开广西进入广东的最后一站，这里有停船的渡口，也有供来往行旅休息的驿站，还有重要的市集武安市补给往来所需。伍彦柔援军到达铺门后，已是晚上，他不敢贸然下船，命令泊船江中，军士一律在船上过夜。第二天拂晓，看到一夜无事，周围并无异样，伍彦柔下令船只靠岸，准备补充给养。他自己则坐在胡床上，挟着象征权力的弹弓，由士兵抬着登岸。南汉士兵都上岸后，宋军伏兵突然杀出，一身奇怪打扮的伍彦柔正好成了宋军的靶子，南汉军被打得措手不及，主帅被杀，军队折损大半。

潘美命人将伍彦柔的首级高悬在贺州城外，想以此来瓦解守军意志。但陈守忠不为所动，仍然竭力守城。这时宋军的随军转运使王明对潘美说："我军来回奔袭，已经相当疲惫，如不速速拿下贺州城，待南汉附近的援军赶到，我军将腹背受敌，那就危险了。"见众人还在犹豫，王明亲自披挂甲胄，率领部卒和数千丁夫，加紧挖土填埋贺州城下的护城河，直抵城门之下。贺州刺史陈守忠见大势已去，长叹一声，拔刀自刎。城中守兵群龙无首，大家本来早就对腐败的南汉朝廷心生不满，现在太守已死，再守下去也无意义，于是开城投降。

贺州失守后，南汉局势更加危急，刘铤只得强令潘崇彻率军5万，驻守贺江，防止宋军由贺江水路直下西江，进攻国都广州。潘美知道潘崇彻不好对付，不想硬碰硬，在率军攻下封州的开建寨后，虚晃一枪，避开潘崇彻守军，回师连克昭州（治所在今广西平乐县）、桂州（治所在今广西桂林市）、连州（治所在今广东清远市连州市）。刘铤以为宋军撤退了，高兴地跟大臣说："昭、桂、连、贺四州，本属湖南，现在被宋军夺取，他们应该满足了，不会继续南下攻打南汉了。"正当刘铤以为高枕无忧之时，潘美突然由连州攻克韶州（治所在今广东韶关），然后在广州城外击溃南汉15万大军，乘胜攻下广州。刘铤只好投降，宋朝自此统一岭南。

侬智高贺州战宋军

宋朝的广源州地在今崇左市大新县及云南和越南的部分地区，原为邕管羁縻州。侬氏历来为广源州首领，归附于宋朝。其时交趾不断东侵，广源州首当其冲。侬氏不能抵敌，悉为交趾所擒。交趾杀害了侬智高之父侬全福，却把侬智高放回，并授予广源州知州衔。此外，交趾还将雷、火、频、婆四峒及思浪州划归侬氏统领，希望侬智高能充当交趾伐宋的马前卒。而侬智高对宋朝有着极深的感情，且与交趾有着杀父之仇，他并没有轻易屈服于交趾的淫威，多次击退交趾军队，并数次上书宋朝，请求内附。宋朝对于他的请求不予理睬。为了增加筹码，迫使宋朝同意他内附，宋仁宗皇祐四年（1052年），侬智高攻破西南重镇邕州（治所在今南宁），建立"大南国"，年号"启历"。

皇祐四年（1052年），侬智高率领他的军队离开邕州，向广州进发。北宋政府对于武装部队的掌控一直采取强干弱枝政策，军队只集中在京都，地方上几乎没有驻军，一旦敌兵猝至，各州知州能够募集到的士兵不过数百人。当侬智高的军队打来时，大多数知州都只能选择弃城逃跑。侬军一路攻城略地，势如破竹，先后攻占横州（今横县）、贵州（今贵港市）、浔州（今桂平）、龚州（今平南）、藤州（今藤县）、梧州、封州（今广东封开）、康州（今广东德庆）、端州（今广东肇庆），前后只用了十多天时间，就直达广州城下。侬智高的军队离开邕州时只有5000人，到广州城时已经发展到数万人。侬智高虽然一路攻城克地，却并没有留下军队镇守，导致宋军很快就又收复了失陷的城池。

在攻打广州城时，侬智高遇到了激烈抵抗，前后57天，也没能攻下这座坚城。眼看着宋军援兵源源到来，再不撤退就会全军覆没。七月十九日，侬智高开始撤军，准备退回邕州。但原来进军的路线已被宋军堵死，他已不能沿着西江水路返回，只好选择宋军防守薄弱地带，打算由清远越过北江西行，经连州入贺州，由陆路返回邕州。

九月，侬智高部进入贺州境。宋朝发现侬智高进军贺州的意图后，一面命广东军队在后追击，一面命广西、湖南的宋军在前堵截，防止侬军由富川进入湖南，北上中原。同时，宋朝又命提点湖南刑狱李肃之带一支河西弓箭手进入贺州城增援，抢修城池。务求聚歼侬军于贺州境内。侬军渡河后蜂拥而至贺州城下，随后发动攻城之战。但贺州城高池深，纵然侬军采用了火攻战术，也一时难以得手。3天后，广东方向的宋朝援军已经迫近贺州城，侬军只得解去围城之兵，在白田和太平场阻击宋军。至此，贺州城（今临贺故城）成了侬智高横扫岭南时，继广州城之后，第二座未能攻克的坚城。

白田在今八步区至平桂区的北部某地，具体地点已不可考。当广东都监张忠的追兵与侬军在白田相遇时，双方摆开阵势决战。张忠是开封人，颇有武勇，每战必冲锋在前，立下不少军功，得到宋仁宗的器重，算是宋军里的一员猛将。侬智高围攻广州时，宋仁宗特地将他调到两广战场。张忠从京城赶到广州时，侬军已经撤退。当时，英州知州苏缄以兵8000人据守边渡村，张忠将这8000人夺过来，带着他们追赶侬智高的队伍。张忠为人狂妄，看不起侬军，临战前，他对士兵们说："我十年前一健儿，以战功为团练使，汝曹勉之。"于是骑着无鞍马就上阵了。他先派先锋大将与侬军将领激斗，先锋不敌，被侬军将领追着跑。张忠大怒，立刻拍马上前，手拉侬军将领打斗起来。不料两人的马都陷入泥潭中，张忠动弹不得，瞬间就被冲上来的侬军士兵用标枪刺死了。主帅阵亡，宋军群龙无首，纷纷溃逃，不少将领也被侬军杀死。

张忠战死白田之后，随后赶来的宋将是韶州团练使、广南东路钤辖蒋偕。蒋偕也算得上是宋军里的名将，早年被范仲淹、庞籍推荐为北作坊副使，后以武臣领知州（宋代知州多为文官），与名将种世衡戍守西北，北宋名臣叶清臣称他"沉毅有术略"，并将他与当世名将狄青并列。侬智高攻打广州时，宋廷任命他为韶州团练使、广南东路钤辖，驰援两广。

蒋偕赶到贺州后，收集张忠溃散的部卒，屯兵于太平场。太平场包括今平桂区黄田镇、西湾镇和望高镇等富矿地区，这里是北宋全国最大的锡矿场，也是北宋在贺州的重要税源地。蒋偕将军队驻扎于太平场，一方面是要保护这里的矿业生产，另一方面则是阻扼侬军北上富川进入湖南。

但蒋偕与张忠一样自大，他并没有从张忠的失败中汲取教训。侬军抓住蒋偕轻敌心理，于九月初六日，派军士假扮成贺州百姓，前去慰劳宋军。然后部队趁夜偷袭太平场，与原来混入蒋部的"百姓"里应外合，打得宋军措手不及，蒋偕也在乱军中被斩杀。

张忠、蒋偕先后战死，按照宋朝军律，大将战死，士兵也要问罪。张忠战死后，溃卒由蒋偕收容。蒋偕败亡后，士兵无处可去，他们害怕被朝廷问罪，或向侬军投降，或到太平场附近的深山里藏匿。九月初九，湖南永州人陶弼应当时两广战场最高指挥官杨畋之邀，前往英州为其参军谋掌机宜，正好路过贺州。看见宋军溃散士兵的惨状，觉得这样下去会造成大害，于是假借杨畋的名义，找来十几面旗子，写上"招安蒋团练使下败兵"，派人到各处招谕逃匿宋兵。同时在沿途村落张榜布告，许诺逃散士兵回营后可以免死。看了布告，宋军逃兵回到营地的多达1500人。陶弼又带着这些人到贺州城找知州要粮食，守将依法拒绝。陶弼晓以大义，终于说服守将，使这千余宋军重新回到前线。杨畋听到这件事后，不但没有怪罪陶弼，还十分欣赏他的应变能力。

侬智高在贺州连败官军后，由于湖南方面已经有所防备，不能北上，便转而经昭州（治今平乐）、柳州撤往邕州。

岳飞贺州战曹成

南宋绍兴元年（1131年）秋，从抗金前线败退下来的宋军将领曹成，率领散兵游勇十余万人由江西进入湖南。这股流寇打家劫舍，侵扰州县，荼毒百姓。

曹成兵马进而占据湖南道州，预备侵入两广。绍兴二年（1132年），曹成离开道州，然后兵分三路，分头进攻富川县城、贺州城、怀集县城。富川县城（今钟山县城）、临贺县城、太平场清水寨是宋代潇贺古道上的三处重要关隘，分别有砦兵（地方部队）戍守。但砦兵只不过是临时拼凑起来的民兵，人数既少，战斗力也低下，根本无法抵挡曹成军。贺州知州刘全率砦兵在富川县城和清水寨稍做抵抗后，即退回贺州城，企图依托坚城，阻击曹成军。

曹成军由河东乘牌船渡过贺江，黑压压一片迫近城下，随后架起云梯攻城。城上守军用檑石滚木击退曹军一次又一次的进攻。曹军连续两日强攻无法入城，便打算智取。双方激战正酣，突然城墙上有人大喊："不好了，贼军攻上城来了！"城上人顿时乱作一团，曹军乘势登上城楼，贺州城破。原来曹成已派细作混入城中，在双方激斗时制造混乱，贺州守军只是些没有受过正规训练的民兵，缺乏严明纪律，一旦遭遇突发事件，立刻乱了阵脚，给了曹军可乘之机。曹军攻打贺州之战，由于宋军的乌龙导致守御功亏一篑，被作为守城的反面战例写入明清时期的军事教材，如明代范景文的《战守全书》、韩霖的《慎守要录》、清代袁宫桂的《渊鉴百金方》等，都引用了这个战例，并且总结出一条经验：凡守城时，守军主帅要特别强调一条纪律，如果有人谣言惑乱人心，守城之人寸步休移，抵死莫动。只要将传播谣言与最先动摇的人斩首示众，就可以解决危机。

曹成攻入贺州城后，乱军四处抢掠，并纵火焚烧城上的敌楼与战棚，城内居民房屋也被烧着，乱作一团，知州刘全和幕僚只好打开南城门，沿贺江水路逃生。

曹成攻下贺州后，即分兵寇掠附近地区，同时重兵屯守富川谢沐关（史料记为莫邪关）与贺州界太平场，阻遏官军南下追剿。

早在绍兴二年（1132年）二月初，宋朝廷已经任命驻扎在江西洪州的神武副军都统制岳飞为权知潭州、兼权荆湖东路安抚使、马步军都总管，移驻湖南，伺机剿灭曹成匪军。三十日，岳飞率军到达湖南茶陵。为加强岳飞军力，宋廷将韩京、吴锡军及广东、广西洞丁、刀弩手、将兵、土军、弓手、民兵等一并划给岳飞指挥。但当时朝中对于招安还是剿灭曹军，还首鼠两端，摇摆不定。岳飞只得给宋高宗上书，陈述招安的坏处。他说，曹成历来反复无常，力强则叛，力屈则降，若不加以征剿，很难使其心服。

当时岳飞嫡系部队岳家军只有7000人。虽然后来朝廷给岳飞补充一些军马，但真正有战斗力的只有1000人；而曹军号称10万。湖广宣抚使李纲认为，即使除去被裹挟的流民和家属，曹成军中至少还有3万能战之兵，两相比较，官兵不占优势。担心岳飞兵力单薄，不足以与曹成抗衡。李纲主张加派神武左军都统制韩世忠率部增援,并希望岳飞等待韩世忠部到达后,再共同进剿曹军。

然而形势危急,已经容不得岳飞等待。一旦曹成率军由贺江出西江,便可直下广州,届时战乱将祸及整个岭南。兵贵神速,韩世忠的部队尚未到达,岳飞已独自率领岳家军从湖南向贺州进发。

闰四月初,岳家军到达富川北境。曹军在今富川瑶族自治县朝东镇秀水村毛公岭的谢沐关下严阵以待。谢沐关山势险峻,易守难攻。岳飞命前军统制张宪率部取关,张宪有个亲兵名叫郭进,力气极大,饭量也大得惊人,他在行军时专备一个大马杓盛饭吃,因而得一外号"大马杓"。进攻关口时,郭进与两个旗头(小军官)冒着如雨飞矢,奋勇先登,抡枪刺死敌方旗头。曹成军士气大为沮丧,队形散乱,岳家军趁机攻上关楼。首战得胜,岳飞大喜,解下自己的金束带,另加银器,赏给郭进,并将他补为秉义郎。

岳家军夺下谢沐关后,部下第五将韩顺夫得意洋洋,想好好庆祝一番。他脱掉身上的盔甲,解掉马上的鞍鞯,与部下摆了一桌酒筵,并派人将俘虏的曹军妇女带上助兴。趁着岳家军放松戒备的机会,曹军悍将杨再兴率军反扑,攻进韩顺夫营寨。仓促间,官军无法组织抵抗,只得从寨里败退。韩顺夫本人也被杨再兴砍掉一只胳膊,失血阵亡。

岳飞得报后非常愤怒,责令韩顺夫部属王副将带队生擒杨再兴。王副将哪里是杨再兴的对手!前军统制张宪、撞军统制王经和岳飞之弟岳翻只好赶来助战。然而,杨再兴武艺高强,力战四将,不仅毫无惧色,还斩杀了岳翻。但猛虎再勇,也难敌群狼,杨再兴部下已大多被岳家军击溃,他只好且战且退。

曹成失了谢沐关后,余部退守太平场。太平场是险要之地,强攻势必伤亡惨重。岳飞决定智取。一天,部下擒获一名曹军间谍,绑在帐外。恰好有押粮官来帅帐请示,岳飞便到帐外处理军务,议论兵粮等事。粮官问:"军中

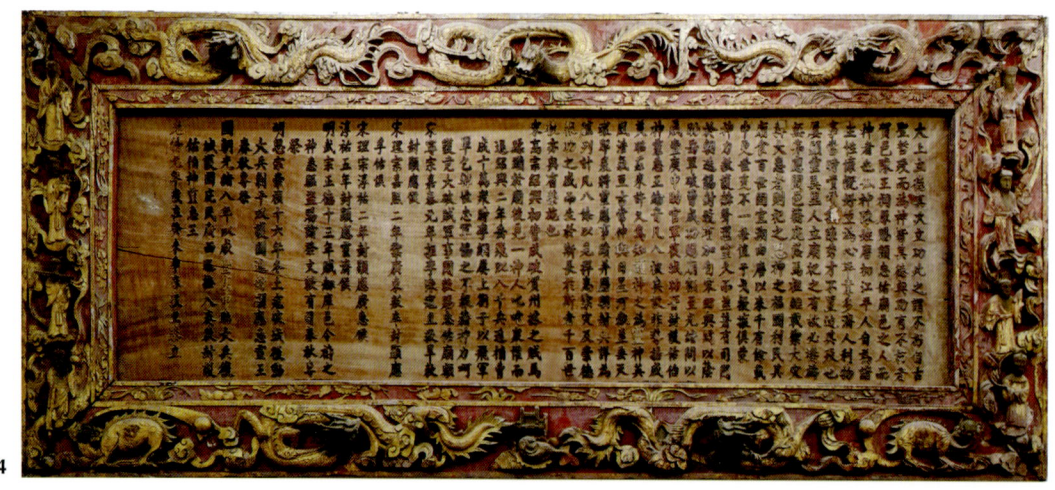

粮食已尽，怎么办？"岳飞随口回答："大军暂回茶陵筹粮。"然后命手下把间谍放走。间谍逃回曹营后，将岳军缺粮准备撤军的消息告知曹成。曹成大喜，当即放松了警惕，还琢磨着次日追击班师的岳家军。不料，闰四月初五日拂晓，岳家军悄悄绕到曹军营后，展开奇袭，很快攻破并焚毁了太平场曹军兵营。

屡屡落败，曹成大为光火。闰四月初六，曹成纠合3万部众，在贺州城北20余里的山险之地，与岳家军正面对决。岳家军气势如虹，曹军却如惊弓之鸟，一触即溃。曹成只得放弃贺州城，收拾残军，沿大宁河往东北方向的桂岭县撤退。

在岳家军智取太平场时，押粮官说军中缺粮，并非单纯为了忽悠曹成间谍，而是实有其事。岳家军进入贺州作战时，缺乏大局意识的广西地方官只是希望曹军尽快去往广东，对于岳家军的征剿行动并不积极配合，也不向岳家军提供粮草。无奈之下，岳家军人马所需补给，皆取自战胜曹军后所获的战利品。曹军从贺州城败退后，城中尚屯有大量钱粮，岳家军众将均希望进城收缴。但岳飞担心军士趁乱抢掠城中百姓，严令部队驻兵城外。恰好广西经略安抚使许中辖下统制官欧阳临、罗选等人随同作战，岳飞便让他们差兵入城点验，把这些钱粮作为地方官府日后之用。

曹成退到桂岭后，在北藏岭、上梧关及蓬头岭三处关隘设险据守，企图借助地势阻挡岳家军。闰四月十二日，岳家军进击上梧关。曹军都统领王渊率部迎战。岳飞亲自擂鼓，岳家军未及列阵即奋勇冲锋，王渊大败，岳家军顺利收复上梧关。十三日，曹成复选骁将在北藏岭迎战岳家军。岳家军再鼓神勇，击败曹军，缴获弓箭刀枪无数。十五日，岳家军攻至蓬头岭，此处离桂岭县衙不远，是曹成在广西的最后据点。曹成亲自带队把守，当时其众尚有数万，且多河北、河东、陕右之散卒，骁勇健斗，而岳家军才8000人。岳飞分兵布阵，于当日未时发起进攻，众军一拥上岭。曹军已毫无斗志，一触即溃，四散奔逃。十六日，岳家军攻克桂岭县衙。由于桂岭地跨三省，曹成溃军有的逃往广东，

◀ 记载岳飞贺州战曹成的浮山陈王祠匾。此匾现藏于贺州市博物馆。

有的逃往湖南，杨再兴则逃往桂林。岳飞派部将张宪、徐庆、王贵分三路追击。不得已，曹成在广东连州向韩世忠投降。杨再兴在逃往桂林界时被张宪追上并擒获。众将主张杀掉杨再兴为岳翻报仇，但岳飞认为杨再兴是一员难得的猛将，可以为宋朝的抗金大业出力，于是不计前嫌，谕以大义。杨再兴遂诚心投降岳飞，后来在与金兵的战斗中，屡立奇功，最终战死小商河。

岳飞的贺州之战，前后不过半月余，以八千兵破敌十万，创造了以少胜多的辉煌战例，堪称南宋初年的军事神作。而完成这份神作的指挥官岳飞这一年才30岁，他无愧于"战神"称号。

富川民团狙击三万日军一个月

1944年4月，侵华日军发动打通大陆交通线战役。8月，长沙、衡阳、桂林相继沦陷。纵贯贺州的潇贺古道北接湖南，南联广东；穿越贺州东部的桂江上接桂林，下连梧州。贺州是广西重要工矿生产区，出产的锡、钨、铁、煤等矿产品是制造军火的重要物资。贺州在日军的大陆交通线战略中具有重要意义。当时日军已是强弩之末，但为了打通交通线，日军还是从湖南、蒙山、广东三个方向侵入贺州。日军气焰虽然嚣张，但贺州军民同仇敌忾，对入侵的日军迎头痛击，直到1945年8月15日日本正式宣布投降，日军始终没能在贺州站稳脚跟。

在正面抗击日军的一年多时间里，贺州人民用他们的英勇无畏书写了可歌可泣的历史篇章。

富川麦岭街距湘桂边界仅几公里，东侧是萌渚岭，西侧是圣皇岭，故而又有圣皇岭关隘和麦岭要津之称。在麦岭圩背后的南瓜山至麦岭桥一带，历史上就是一处古战场，秦汉、明清时期的操练场、大鼓场、麦岭府都在这一两公里内。日本侵略者要进入桂东，麦岭要津是第一道关卡。9月23日，县自卫队驻防麦岭中队长陀国隆与麦岭乡乡长程林森趁麦岭圩日召开军民动员大会，下午1点多钟，界牌防线守军抓获一名日本便衣侦探，得知日军已进入界牌，动员大会立即结束，群众纷纷疏散，自卫队主力迅速进入防线。下午2点左右，日本先头部队已压境进入界牌。先行的是便衣队，随后是骑兵。当日本骑兵进入自卫队防区时，队员们立刻开枪射击，打了20多分钟，日军越来越多，其炮火也越来越猛烈，自卫队抵敌不住，只得撤离界牌，退守古笠头。日军趁势尾随而来，自卫队撤到麦岭圩，这时天色将黑，自卫队来不及开饭和布防，部分日军已追到。自卫队只好连夜撤至麦岭桥驻防，而日军指挥部当晚则在麦岭乡公所内设营驻扎。24日上午，自卫队派人侦查日军动向，下午，前往桂林领取弹药的队长白玉和班长王恩升回到了驻地，军心为之一振。根据侦查情况，大家决定，趁日军立足未稳，于拂晓前攻打麦岭乡公所日军指挥部。

9月25日凌晨，自卫队按计划分兵行动，

中队长陀国隆率第1分队一个班10名队员负责夺取距麦岭圩约500米的南瓜山战略高地。他们在摸索前进时，突然遭到日军射击。陀国隆用机枪掩护，指挥队员们以扇形队形向日军据点靠近，但日军火力猛烈，6名队员不幸中弹牺牲。

中队长陀国隆是富川城北人，1938年，23岁的他告别妻子，从城北沙子坪出发，毅然投军，考入桂林广西第六军官学校，1941年毕业后留校任教。1944年，日本侵略者迫近桂林，陀国隆所在的桂林第六军官学校奉命开赴湖南江永与广西恭城交界的龙虎关驻守。这年秋天，陀国隆回城北探望妻子，其时，日军已迫近湘桂边境，广西省参议员钟如龙、富川县长毛振华获悉富川籍陀国隆会带兵，便登门拜访，请他到由邓远瑶任总指挥的富川县自卫队任中队长。陀国隆怀着"国家兴亡，匹夫有责"的抱负，慨然应允。

作为陆军教官，陀国隆具有血战到底的顽强作风。虽然，战友们一个个倒下，但他仍奋不顾身地带着余下队员继续往前猛扑，不幸身中数弹。他强忍伤痛，对一班长王恩升说，我不行了，你替我指挥，设法抢占据点。说罢，倒在血泊里，壮烈牺牲，时年29岁。

日军的火力封锁了自卫队员们前进的道路，天又即将发亮，拿下南瓜山的战机已然失去，王班长只得率领剩下的两名队员撤离阵地。

南瓜山战斗打响后，自卫队的中路分队趁机攻击日军指挥部。班长唐圣合和队员毛伟摸进乡公所大门，准备射击日军时，被日军发现。日军立即退往后堂，唐、毛二人也立刻退出门口。此时，一个日本兵赶着猪往门口走来，唐圣合顺手一枪，将其击毙。在后堂的日军摸不清自卫队力量，不敢贸然出击，只是躲在桌椅后面胡乱射击。激战半个小时后，自卫队无法靠近，最后只得撤离阵地，退守麦岭桥。

南瓜山和麦岭圩之战，使得日军误判我方在富川有重兵驻防，不敢轻易向前，敌我双方隔着麦岭桥对峙了近一个月。这期间，麦岭自卫队又击毙一名日军小队长和一名日军士兵。击毙日军士兵的事件颇为传奇。一名自卫队员用猎枪作扁担，挑着几只鸡赶路时被一名日军发现并追赶，他急中生智，将鸡放在路边，自己躲进草丛，等日军靠近时，猛扣扳机，一枪要了日军的命。

10月25日，得到大小火炮支援的日军，突然向我方阵地猛攻，我方工事被摧毁，自卫队被迫撤离麦岭桥阵地，全线失守。10月26日，富川县城沦陷。

麦岭之战，自卫队用200多人（枪），迟滞日军3万多人28天，击毙日军3名，极大地激发了富川人民的抗日激情。他们不断偷袭敌人，使得日军在攻陷钟山县城后推进受阻。加上桂林、柳州战事吃紧，日军最后不得不放弃对贺州工矿重镇西湾、八步和商贸重镇贺街的进攻。

第四章　烽烟战事

第五章 古今寿事

中国科学院曾系统采集并检测了贺州市2区3县全部61个乡镇（街道办）的空气、饮用水、耕作土壤、农特产品和百岁老人头发等605件环境—生物样品；入户调查了99位百岁老人。在科学分析的基础上，2015年12月26日中国科学院发布了分析报告：贺州全市百岁老人259位，占户籍总人口的0.13%。85%的百岁长者介于100～104岁之间。约3/4的百岁老人能完全自理或相对自理，3/5的百岁老人无疾少痛。以这个调查指标为依据，2016年10月19日，国际人口老龄化长寿化指导委员会和国际地理联合会健康与环境委员会授予贺州市"世界长寿市"称号。

◀ 寿星老人胡月英,出生于1903年,114岁时还在采茶。

▶ 贺州东融山庄长寿阁

世界卫生组织认定,影响人寿的四大因素包括:遗传、社会环境和自然环境、医疗卫生水平、生活方式与生活习惯。

在遗传因素方面,贺州高寿者史载不绝,唐代贺州一位陈姓道士寿龄高达136岁;清代康熙年间,今贺州辖县昭平县陆氏寿龄133岁;1932年统计,昭平县百岁寿星6人;1934年统计,今贺州辖地八步区(民国时称贺县)总人口227324人,有百岁寿星9人,99岁的7人,90岁以上人口213人,平均每10万人口中90岁以上者高达97.7人。

在自然环境因素方面,2013年4月,中国人民大学环境学院发布的《中国城市空气质量管理绩效评估》报告中,贺州市列入"全国空气质量最佳的16个城市"。全市森林覆盖率高达72.92%,是全国平均水平22.9%的3倍多;空气优良率高达98.4%,是目前广西唯一一个"全国生态保护与建设示范区"。2016年10月19日,贺州获得"世界长寿市"称号。2020年10月15日,贺州成为中国首个全域长寿市。

贺州能够成为长寿市,其秘诀除了遗传基因和良好生态环境外,还与和谐生活环境、寿城人民享有的良佳康养生活及民间普遍推崇的长寿文化息息相关。

▶ 贺州龟石水库湿地生态

古代贺州长寿崇拜的四次转化

在古代,由于生命科学知识有限,贺州先民对长寿的祈盼更多表现于神话、传说甚至巫术。那时,人们或者幻想在天国仙界长生不老。或者通过对自然现象的联想祈祷起死回生。或者通过仪式表达长寿愿望,或者通过修身行德来求得生命加持。尽管这些崇拜行为中相当一部分缺乏科学性和合理性,却推动了长寿文化成为贺州社会风尚,支持人们对长寿愿景展开探索。

先秦时期追求羽化登仙

2004年3月,贺州平桂区里松镇出土一件青铜甬钟,其上刻有一个羽人画像,人物头上鸟冠正在缓缓长出,他身穿博带衣,双臂张开,臂下羽毛成丛,脚踩云朵,飘飘欲飞。汉代王充在《论衡》中说:"(羽人)图仙人之形,体生毛,臂变为翼,行于云则年增矣,千岁不死。"可见,里松的这件羽人图甬钟就是一件祈求千年不死的礼器。古人都有天地相协的观念,人们之所以要把羽人刻在钟上,一是希望祭祀时,敲响铜钟,让上天听到人们的愿望,保佑长寿。二是在举办完祭祀礼之后,把钟埋进土里,让地下神灵保佑人们长寿。事实上,贺州出土先秦的古钟上刻画长寿符号不只羽人一例,还在其他钟上发现有云纹图。云纹常与松、鹤、羽人、仙人等表达长寿的吉祥纹样一同出现,也同样具有长寿意寓。

出土的先秦青铜器证明,早在先秦时期,贺州就流行祈寿活动,人们希望通过这种活动在超越于现实世界之外的神仙世界中打破生命有限的魔咒,获得永生传续。

秦汉以蝉寓寿 祈盼起死回生

蝉蛹在地下深眠数年之后破土而出,上到地面当日即蜕化为蝉。观察到蝉的这一生命延续习性,古人认为蝉的蜕化过程就是起死回生的过程,并因此进一步认为蝉具有起死回生的能力。于是,从夏商开始,人们将蝉作为死后转生的神物加以礼拜。受先秦以来蝉寿崇拜的影响,贺州至迟在战国晚期也就是秦并岭南前

▲ 平桂区沙田镇出土的战国蝉纹铜矛，现藏贺州市博物馆。

◀ 八步区里松镇出土的战国羽人纹铜钟，现藏贺州市博物馆。

后，青铜器上已经出现蝉纹。1991年7月，贺州龙中村战国墓出土一件铜牺尊，其角上装饰有蝉纹。尊是古人祭天用的礼器，在尊的最顶部装饰蝉纹自然是向天祝佑起死回生。到了汉代，由于青铜礼器的作用退化，人们使用青铜礼器祭祀的情形已经不复多见，但民间的蝉寿崇拜并没有因此淡化，而是将蝉纹改成了蝉含，也就是把玉石雕刻成神话中的蝉，并将玉蝉塞入死者嘴中陪葬，以此来乞求殁者起死回生。1975年12月以来，贺州已在今八步区铺门镇发现了2件西汉前期玉蝉。

唐宋神养延寿

唐宋时期，贺州盛行道教，民间不仅广泛流传道教正一派首领张天师在贺州修炼并炼制养生丹药的故事，还流行八仙传说。延年益寿是道教的一项基本追求，道家养生理论特别强调神养，主张通过聚神凝息、导引行气来达到养生目的。通过道家传扬，修道养生观念得到士大夫们的热烈追捧，道家的神养之术在士大夫阶层中广泛流行。史载，唐代临贺县令郑冠卿绝意仕宦，隐居修道，延寿至104岁；富川人北宋御史林通、南宋国课御史周英纠两人晚年也都辞官回乡修道；宋代被贬贺州的人学者范祖禹有眼疾，好友苏轼更是向他推介打坐调息的治疗方法，并认为此法功效强于药物。这些参与修道养生的人都是些县官、州官甚至朝官，他们对公众有着巨大影响力，由于他们在贺州有着极高的政治地位，因此对修道养生活动的发展起到了推波助澜的作用。受修道养生观念影响，宋代移居贺州的汉族族群铺门人，至今仍保留一种称为"修花"的养生民俗。孩

第五章 古今寿事 | 93

子出世后，父母即把孩子看成是花朵，在孩子三、六、九周岁时选个黄道吉日，请来道士为孩子举办"修花"活动，此后直到孩子结婚，再为男孩举办一次"出林礼"，为女孩举办一次"于归礼"，用这些礼仪来祈求"花根坚固"，加持孩子的生命力，祷佑孩子平安成长。孩子婚后，父母不再为孩子"修花"。反过来，要由孩子来为父母举办"祈寿礼"，祈祷父母身体健康，平安长寿。这种道教仪式达成了平安长寿思想在父辈与子辈间的代际传承。

▶ 黄姚古镇新兴街梁姓人家门前的"福泽延龄"祝寿匾，匾文由清末代皇帝溥仪之师李殿林题写。

清代至民国流传德养

德养观念的形成是儒佛道3种思想长期浸染的结果：儒家"仁"的思想讲的是"仁者爱人"，儒典《中庸》言："寿必大德而始获，非徒享大年而已"；佛家轮回理念主张"善有善报，恶有恶报"的因果报应；道家经书中的《周易》主张"积善之家必有余庆，积不善之家必有余殃"。殊途同归，这3种思想都认可以德化生，在它们的指引下，清至民国时期，德养观念在贺州蔚然成风，人们甚至将长寿者分为寿身者、寿世者与寿国者三重境界。所谓寿身者，是指因美好德行而受到众人敬养的高寿之人；寿世者，是指以善举为乡邻济利施惠的寿高之人；寿国者，是指以卓越能力和巨大奉献来辅佐国家度过时艰、达成富强的寿高之人。在这3种寿高者之中，又以寿国者的社会地位最高。这个时期，德养之举还得到了朝廷和社会名流的大力推介。在昭平县黄姚古镇梁家大院，保存有一块由清末三朝元老、后担任宣统皇帝的老师、时任翰林院编修、国史馆撰修、广西提督学政的李殿林题写的"福泽延龄"敬老匾。光绪三十四年（1908年），梁家大院的房主人梁宽81岁生日。其女婿为了让他增寿，向朝廷纳捐。李殿林认为梁家人的善举有利于国，于是题匾以贺。抗战时期，爱国名流李济深流落贺州，他在送给贺县名绅伍展明的书法条屏中谈到自己的养生经："人知，言语足以彰

吾德。而不知,慎言语乃所以养吾德。人知,饮食足以养吾身。而不知,节饮食乃所以养吾身。"将言语养德与饮食养身作了联系。与此同时,养德修生的民俗活动在民间亦得到很好的推崇。晚清民国时,贺州民间送给长者的祝寿礼中一般会有一件潮绣《郭子仪祝寿图》。历史上,贺州民风多唯粤东马首是瞻,潮绣是广东著名绣品,深得贺州百姓欢迎。郭子仪祝寿故事的内容是:郭子仪80岁大寿,儿媳自恃公主身份不肯行拜寿礼,郭子仪之子驸马郭暧愤而怒打金枝。公主向皇帝告状,皇帝不仅没有惩罚郭暧,反而认为郭子仪平定安史之乱有功于国,郭暧掌掴公主不仅是为父尽孝,亦是为国尽忠,需要表彰,于是给郭暧连升三级。这个故事把养老尽孝、为国尽忠的家国思想作了很好的宣扬。

通过长时期的涵养,如今德养观念在贺州早已深入人心。民间普遍认为"日行一善,寿增一分"。为此,人们都乐意做善事,积德行,都积极参与修路架桥、捐资开办义渡、义务修建凉亭等公益活动。贺州市博物馆收藏有一通临贺故城城隍庙的功德碑,碑文记载,民国时贺街人李熙鸿在母亲80大寿时向城隍庙捐献一千银圆,用以祈祷母亲添寿。

唐宋贺州的医药盛事

人自打一出生,疾病就如影随形,威胁人的健康和生命安全。在与病魔作斗争的过程中,贺州人民积累了丰富的治疗经验。清代光绪年间贺县名医邓达亮,根据民间广泛流传的盈亏平衡理论,写就《辨真阴假阳治法论》,认为人体内脏之间、内脏与外界环境之间,既对立又统一。维持相对的盈亏平衡是健康人体维持正常生理活动的基本保证。而当这种动态的平衡因外界或人体内部某些原因遭到破坏而又不能完全自行恢复时,人体就会发生疾病。打破人体生理平衡导致疾病的原因是多方面的,诸如气候异常、瘴气疫毒、蛊毒风痰、精神刺激、饮食劳倦、先天禀赋、虫兽外伤等。为了保证人体健康,就要消除各种不利因素,为此,贺州先民通过不断总结,在保健、预防、治疗和药物配制等多方面都作了许多有益探索。与外地不同，贺州医药特别强调防治因当地特殊气候和地质环境所导致的疾病，如瘴疾、热症等。同时贺州郎中所开出的药方无论是单方还是复方，也都特别强调以贺州本地的出产物入药。

► 八步区铺门镇中华村石城《严禁山石树木碑记》拓文，原碑刊于清代光绪三十年（1904年）。

▼ 贺州喀斯特地貌八步区铺门镇中华村石城

预防

贺州先民在预防瘴气毒害、保护植被、保护矿区生态、避开有害饮用水源等方面曾列出一套行之有效的方案。

贺州地处南岭深山，历史上不仅多有毒蛇猛兽，瘴气亦非常严重，时刻威胁着人们的身体健康和生命安全。为此，古代贺州民居都建成干栏式，一防猛兽，二防瘴毒。宋代王象之就说贺州："又俗多架木为巢，以避瘴气。"

贺州地处南岭地质构造带，地质运动活跃，地底多生矿物，这些矿物又往往溶于水中。而不同的矿物质对人体健康的影响是不同的，有些有害，有些有益，这就需要人们用心甄别日常的饮用水源，以便趋利避害。事实上，贺州人至少在北宋时期就已经注意到饮用水对人体的利害关系，《舆地纪胜》记载："仙溪水，在富川县北一百四十里，……北流入灵水溪，此溪石上多菖蒲，……饮此水者获长寿。"同时，《舆地纪胜》还记载："锡溪水，《晏公类要》云在临贺，其水清冷，久饮则损人腰脚，土人多跛躄。"这些史载充分说明：在贺州的历史传统中，人们不仅

意识到了饮水与长寿之间的关系，而且在选择饮用水源上有着丰富的实践经验。

贺州喀斯特溶岩地貌发达，许多地方地底漏水严重，虽然位于亚热带季风气候区，雨水充沛，但田不藏水，许多地方亦属干旱地区，必须非常小心地保护植被，才能实现水土保持。长期的抗旱经验使得贺州发展出了保护风水山的民俗，即老百姓都把村后之山视为风水山，严格保护山上植被，严禁砍伐开采。这个民俗成就了贺州村村有山、山山有林的环境风貌。贺州也是矿区，千百年来，采矿业一直是贺州的支柱产业。但是，采矿业也会带来水土流失、农田被毁、饮用水源被污染等诸多灾难性生态后果。所以明清以来，贺州各地都会根据实际需求采取禁伐林木、禁止滥采矿物等措施。八步区铺门镇中华石城中的清代《严禁山石树木碑记》就刊刻了贺县官府颁发的保护山石树木公文。久而久之，这种长期以来养成的环保意识深深地植根于贺州百姓的潜意识中，这为贺州至今仍能保持高水平的森林覆盖率和优美的生态环境打下了牢固的群众基础。

保健

所谓保健，就是通过激活人体潜在内生机能，提高抵抗力，防止外在不利因素侵入，阻断疾病发生。贺州传统的保健办法集中体现在食疗养生上。在阴阳平衡、五行相宜这一基本医理的指导下，无论是普通百姓还是传统医术传承人，均把食物分为补品、温品、热品、寒品和湿品等五品，把人的体质分为虚体、热体、寒体、湿体和平体等五体。五品与五体阴阳互补，体阳时用阴品食物平衡，体阴时用阳品食物平衡。而大多数人的大多数时间都是健康的，也就是身体的品性是平衡的，为了不打破这种平衡，就要求食物的品性也必须是平衡的，为此，贺州人准备的每餐食物在品性上一定是平衡的，既有长时间煲煮的老火汤，也有根本不下锅见火的凉拌和水果；既有热气十足的煎炸品，又有凉汤凉茶备用降火。

随着平衡理论的深度应用，发展至今，百姓的膳食结构中还非常讲究营养平衡。贺州食材丰富，人们总是想办法通过一日三餐提供各种营养以满足生长、发育和保健的需要。每个家庭饭桌上的食物都是荤素搭配、粗细均衡、生熟相济、酸碱相宜。既有提供蛋白质和脂肪的动物性食品和豆制品，也有提供纤维、淀粉和维生素的蔬菜、粮食，更有提供矿物质、维生素和糖分的水果。

为了达到食疗养生目的，贺州百姓在进餐时还非常强调食物的进入速度与肠胃机能的相互匹配。先喝汤是贺州人的普遍饮食习惯，民谚说："饭前喝汤，胜过药方。"进餐前，先喝汤让流质或半流质食物进入食道，让肠胃有一个提前的"热身"准备，就能更好地适应接下来的普食进餐。

在贺州的保健饮食中，饮和食是分开的，其中保健用的饮品主要是凉茶。贺州气候炎热，水汽较重，受这种湿热之气的阻遏，人体易伤津液，产生上火、发热、心烦、口渴、咽喉肿痛、牙肉疼痛、四肢困倦、胸闷、恶心、腹泻等病症。为了除湿去热，贺州百姓总结出了喝之有效的保健饮品——凉茶，一种用复方或单味土产草药制成的保健饮料。不仅四时可服，而且还没有伤肝害肾的毒副作用。一些民间高手配制出来的凉茶不仅能明目、散结、消肿，还对目赤头痛、头晕耳鸣、疔疮肿毒和高血压等症状有明显疗效。

治疗

所谓治疗，就是为了让病体恢复健康所采取的有效措施。贺州民间临床治疗方法多样，有扎针放血、针刺、汤蒸、温泉浴、蛋疗等法。

扎针放血法主要用于治疗中暑。患者中暑致脑袋昏沉、浑身发热、四肢软弱无力、吃不下饭时，就用缝衣针刺入背部上方督脉的"大椎穴"，以及左右两边肩窝上"肩井穴"，然后从针

▶ 无边际温泉泡池

▶ 八步区南乡镇西溪温泉

的刺口中挤出血来，之后，让患者喝下一些温开水，休息一两个小时，症状自解。

针刺法主要治疗儿童疳积。如儿童出现食不消积，食欲不振，且无事咬手指、晚上睡觉磨牙等症状时，民间称之为疳积。治疗此症的办法是：将缝衣针烧红，冷却后，在患儿无名指根部关节向上一寸处的四缝穴上扎一针，从针孔中挤出黄色液体，再用针将原来扎出的针孔拨开扩大，然后反复挤压伤口，直到伤口流出来的不是黄色液体而是淡淡的血水。接着用同样的办法扎刺另外一只手的无名指四缝穴。经过针刺治疗之后，一般在第二天，少儿就会有明显的饥饿感，胃口大开。

汤蒸法主要用于治疗感冒。感冒初起，头昏发热。此时，采摘重约3至5斤的鸭脚木，配一桶水，于锅中煮沸。将鸭脚木连同沸水一起倒于桶中。让患者赤身坐于桶边，用一件雨衣将患者与汤桶一起遮盖严实，用药汤熏蒸患者。至药汤变温，热气不发时，褪去雨衣，再让患者洗一个热水浴，症状立解。

温泉浴可治皮肤病。贺州出产温泉的地方很多，昭平县、八步区、平桂区都发现有温泉。由于温泉水中含有硫黄，通过洗浴能治疗疮疖、癣疥等症。至迟在宋代，贺州先民已经利用温泉治病，《舆地纪胜》记载："清塘水，在桂岭县北五十里，泉口如甕大，深千丈，不可测，水长清且温，可愈疮痍。"

在各种特色疗法中，又以蛋疗的应用最为广泛。贺州不同地区和不同人群蛋疗方法不尽相同。在南部地区，人们普遍使用蛋疗法治疗烫伤。遇火烧及沸水烫轻微伤时，将生鸡蛋穿一小孔，把鸡蛋清淋于伤口，或用棉签蘸蛋清涂于伤口，数日后伤口自愈且无疤痕。

在贺州中部和南部地区普遍流传银蛋疗法。幼童患感冒或因风热、风寒引发发烧、头痛等症时，将一枚鸡蛋清水煮熟，剥壳后去掉蛋黄，在蛋白中放入一枚银戒指或一块银毫之类的银器，用手绢或纱布将蛋白和银器一起包好，然后在患者额头、胸部、背部、颈部等处反复刮擦。要求银器必须包在蛋白之中，以免刮动时银器太硬划伤人体。每刮擦约一分钟，打开布包，检视银器，若银器变黑，说明患者为风寒之症。若银器变得晦黑且其中隐隐显出炉火红或炉火青等颜色，说明患者为风热之症。银器变色越浓，说明病情越重。每检视银器一次，用草木灰或面粉清洗一次银器，至银器变白后再次包入蛋白中刮擦。反复数次后，银器变色越来越淡。此法一日之间早中晚各施治一次，一般两三天后，病情即自行痊愈。

富川瑶族自治县北部地区比较流行滚蛋疗法。这种疗法是通过使用鸡蛋在身体上来回滚动以达到治疗或缓解病情的做法。此法对伤风感冒、肌肉酸痛、关节肿痛、皮肤肿胀、痢疾、寒腿、风寒湿痹等症都有较好的疗效。

药品

贺州物产丰富，有许多动植物和矿物可以入药，加上百姓又熟知药性，历史上贺州先民不仅开出了一些具有全国知名度的经验良方，贺州出产的许多药品亦都名闻遐迩。

史载最早入药的贺州产物是锡。贺州之锡纯度冠绝天下，南朝梁国学者陶弘景在注疏我国的第一部药学专著《神农本草经》时就说，先秦时期贺锡已经入药。隋唐以后，贺州之"贺"在医学著作中已经成了锡的代名词。

到了汉代，贺州百姓已经开始采用酒疗的办法来防治瘴疾。八步区铺门镇曾出土一些汉代铜桶和陶桶。在广州出土相似汉桶上有墨书"藏酒十石，令兴寿至三百岁"题款。这说明，汉代两广地区的陶桶和铜桶具有储酒养寿功用，即当时的人们把酒当作长寿养生食品。酒之所以具有养生功效，主要是适当饮用能帮助行血气、抗瘴疾。民国《贺县志》记载："瘴生于山岭阴凝之气，……患此，惟朝夕略饮烧酒，以助血气，可免此患。"后来，在长期的用酒防病治病过程中，贺州民间还衍生了将具有药效价值的动植物泡成药酒饮用的民俗。当前，贺州民间药酒的品种仍然非常丰富：常见的植物类药酒有用于强筋壮骨的千斤拨酒、九牛藤酒；用于防治风湿病的半枫荷酒、鸡血藤酒。动物类药酒中有蛇酒、毛鸡酒、乳鼠酒和蜂蛹酒等。

唐代，用作药品的贺州产蚺蛇胆成为贡品。按《旧唐书》载，唐文宗太和二年（828年）前，每年全国进贡朝廷的蛇胆干为4两，其中永州1两、贺州2两、泉州1两，也就是说天下进贡的蛇胆总额贺州占了一半。太和二年（828年）以后，因为唐文宗认为当政者应该仁慈为怀，对待生灵要有好生之德，生割蛇而取其胆过于残酷，于是指示将进贡蛇胆的数量减至每年1两，并由贺州、永州和泉州三州轮流上交。即使如此，贺州进贡蛇胆的数量仍然占据全国的三分之一。蛇胆的功效是"主小儿八痫，男子下部蛋疮"，除宫廷外，民间亦有较大需求。为解决野生蚺蛇货源不稳的问题，唐宋时期的贺州百姓还人工畜养蚺蛇，使药源从不可控的野生阶段迈入人工培养的可控阶段，这是贺州在药源获取途径上取得的一项重要成果。

唐代，贺州在药材的使用上也颇有自己的特色，同一种动物，贺州用药的部位往往与其他地方不同。觜蠵龟在全国很多地方都有出产，作为药材，外地都是使用龟壳，唯独贺州使用龟血解毒。

宋代是贺州发展处方药的一个高峰，其时贺州名医王承务已经总结出抗衰老的养生方剂"神妙六逸圆"，并且，其实用效果的先进性具有全国意义。宋代学者洪遵在著作《洪氏集验方》中说：服用它的效果是"老换少壮，轻身强记，驻颜悦色，发白变黑，开心中迷忘，聪明耳目。……服至一百日，老却少容；服至一年，发如漆过；二年颜如童子；三年骨髓坚实；四年鬼神自散，精神爽清"。又说，当时全国在药效上能与这个方剂匹敌的只有湖州杜助教所传的"葛仙翁六神圆"。

宋代贺州所产药物亦是中原人渴望获得的特产，他们对贺州出产药物的疗效有着迷

之信任。北宋熙宁年间，宰相毕仕安之子河南郑州人毕仲达出任贺州知州。其弟毕仲游在北方任高官，但久病不愈。仲达贺州任期满，行将告老还乡，仲游在盼望兄长早日平安归家的同时，也盼望兄长能够为他捎带一些贺州特效药。宋代贺州还出产一种保健饮料"黎母汁"，黎母亦称"黎朦子"，是一种果实相对较小的柠檬，它外形像橘而味道极酸。由于柠檬汁富含柠檬酸，具有抗菌、提高免疫力、协助骨胶原生成等多种功效，既能养肝和胃，又有益于安胎助孕。为此，宋太祖赵匡胤于北宋开宝四年（971年）御批贺州产黎母汁成为贡品。

明代，贺州出产的一些药品继续风行全国。其中用于解毒、治内伤、恶疮、热毒痈肿、赤白游风、瘘蚀疮等病症的良药大硼砂（特蓬杀）全国仅有贺州出产。清代，贺州所产何首乌成为药中上品。到民国时，贺县一地出产的主要药用植物多达40余种，动物亦达11种。民国时期，贺州民间还流行系列特效验方，如肥儿草治疗小儿诸疾和痧胀；接骨草即土牛膝、四季花治疗跌打骨伤；臭虫与夜合花煲水服用治小儿急惊风；茶花瓣晒干研末调茶油搽患处治烫伤。

尊老养老成为贺州社会共同推崇的传统美德

在尊老、养老思想的指导下，贺州的传统社会中已经建立了一套社会普遍认同，个人、家庭、宗族、官府共同参与并自觉遵守的敬老礼俗。

社会充分肯定老人的存世价值

贺州人世代尊崇"子孝家和、尊老爱幼"的传统美德，孝道文化源远流长。2016年11月，贺州市铺门镇出土了一件汉代青铜鸠杖首，鸠对幼鸟的哺育无微不至，民间俗称其为"不噎鸟"，古人在杖头饰鸠鸟，就是希望老者食时防噎，同时也希望晚辈们不要忘记老人们的哺育之恩。古人寿命普遍不高，有"人生七十古来稀"的说法。在汉代，70岁以上的高寿老人已是罕见，为此汉代就颁布《王杖诏书令》《礼记·王制》等律令，规定70岁以上的

◀ 八步区铺门镇出土的汉代青铜桶

老人由官府颁发一根鸠杖,每年给600石大米,出入官府衙门不受限制。官吏和百姓有敢欺凌挂鸠杖者,以蔑视皇帝罪论处。因此,汉代鸠杖是尊老敬老之物。鸠杖首的出土,说明汉代贺州曾有老人因长寿而得到朝廷赏赐。

民国时,贺州民间普遍认为"寿者,人中之瑞,天赐之福"。客家民谚中有"家有一老赛过一宝"的说法。同时,受儒家文化的影响,人们还常常把尊老与尽孝等同起来,强调子女必须报答父母的养育之恩。所以,当母亲过世,一定要举办一个叫"过血盆"的仪式,感恩母亲对儿女们的生养之苦。而当父亲过世时,则会举办"牵牛吃草"仪式,纪念父亲的田力之累。正是在这些思想的指导下,使得全社会在养老的价值取向上均认为养老敬老就是德行善举。

社会普遍流行敬老礼

宴席之上,每道菜上桌后,必须由同桌长辈或尊者先下筷夹菜,称为"开筷",然后大家才能食用。如果晚辈或地位稍次的人动筷先食,会被认为没有家教,不懂礼节。围桌吃饭,开席敬酒,主人必定先与长辈碰杯,以示尊敬。客人造访,入席时晚辈一定要给长辈让座上位……

事亲至孝,尊老敬老的习俗甚至延伸到民居建筑的布局。客家围屋和铺门庄园两类建筑主要由祠堂、走廊、横屋三部分组成,其中祠堂是核心,走廊和横屋紧傍着祠堂而建,一层一层地向外扩展。长辈一定住在靠近祠堂的横屋中,晚辈则只能入住距离祠堂相对较远的横屋。如此分配住房的目的:一是兵荒马乱年代,一旦遭遇匪众围村,被破坏的房屋首先是外层也即晚辈的住房,而里层的长辈住房会相对安全。二是因为一座围屋或者庄园,往往就是一座由同一家族组成的村庄,面积非常大,往往占地面积都在6000平方米以上。而为了敬老尊老,每当有客人到访,人们又都要邀请客人到祠堂上向长辈敬酒。如此,让长辈

靠近祠堂居住，也可方便寿高者进出祠堂，省去往来行走路程。

在宗族事务中，寿者的年岁越高，获得的礼遇规格也会越高。八步区铺门镇的"铺门人"在清明节时要举办春祭活动，这天，众族老齐集祠堂，祭拜历代祖宗，并在祠堂摆下酒筵，把赴宴称为"饮福"。族中年登59岁者，"饮福"一餐；登69岁者，早、午"饮福"各一餐；登79岁者，除"饮福"外，得宗祠赏钱二元八角；登89岁以上者，除"饮福"外，得赏钱五元八角，还可携带一名孙子到祠堂同饮。

作为施政者的各级官员，不仅给高寿者以荣誉，对特别高寿者甚至给予一定的政治待遇。黄姚古镇的郭家大院悬挂有一块清代道光十八年（1838年）状元钮福保题写的"稀龄举案"敬老匾。其时，钮福保任广西学政，兼管广西养老事务。恰逢郭家大院的郭际康及夫人古氏81岁生日，按照清律，到了这个年岁，只要其子女向朝廷交纳一定的捐献，就可以获得"登仕郎"荣誉职位，享受九品官员待遇。

在郭家子女履行完手续后，郭际康不仅获得职官待遇，还获得了钮福保的亲题荣誉牌匾。此外，凡是寿高者向官府提交诉讼案状，官府往往会给予案件较高的重视。为此，只要有可能，民间的公私诉状都尽量署写高寿老人的名字。铺门镇中华石城光绪年立的《严禁山石树木碑记》刊有贺县官府根据村民诉讼请求，颁发公告，严禁盗采山石树木等事宜。其中就讲到，代表村民在诉状中署名的是一位官方的公职人员和三名耆民。

早在五代时期即开设官办专职养老机构

我国最早兴办官办老机构的是唐代，叫"悲田养病坊"，也称"悲田坊""普救病坊""病坊"，专门收容贫穷患病、老而无依、乞丐、孤儿。也就是说，当时，官办养老机构都是兼有多个职能的综合性机构，其所救助的老人主要是鳏寡无依者。就全国普遍情况看，直到宋代，官方才开始推行专职养老机构"居养院"和"养济院"，但它所救助的对

◀ 清代道光年间,广西学政钮福保为黄姚高寿老人郭际康题写的"稀龄举案"匾。

象仍然局限于无人赡养的孤寡老人。贺州至迟在唐末五代时就已建立了官办专司养老的督办机构,领先于全国其他地方整整一个时代。现悬挂于贺州市体育路留趣山上的乾亨寺铜钟铸造于南汉大宝四年(961年),钟上刻有铭文2158字。据民国《贺县志》引用清代谢启昆《广西通志》所录铜钟铭文,早在南汉时,贺州所辖桂岭县、临贺县、富川县等三县均任命有专司养老的行政官员"都行耆寿"。"都"是"都督""督促"的意思,"行"是"推行"的意思,"耆寿"是"养老""长寿"的意思。"都行耆寿"其实就是督促大家养老敬老,因而这是一个推行贺州地方全民养老的专职机构,其理念之先进,全国罕见。到了清代,贺州的养老行政机构与救助机构分开设置,其中推行全民养老的行政职能设于学宫之中,施行养老行政的官员由文庙学宫中的教政官兼任。实施救助职能的"孤老院"在贺州各县均有设立,为官民合办的福利机构,但仅仅救助孤寡老人。每座孤老院都设有专项基金,基金的本金一方面来于源官方拨款,一方面来自社会捐助,全部押于存典,而存典所产生的利息则用于救助孤老。

第六章 仕林政事

贺州有县级以上行政建制的历史十分悠久，早在汉元鼎六年（前111年），汉武帝即在今贺州境内设富川、临贺、封阳三县，主政者称令或长。三国东吴黄武五年（226年），孙权分苍梧郡立临贺郡，最高行政官员为郡守；到南北朝时，临贺郡成为一些宗室藩王的封地，并一度改称临庆国，实际管理者称为内史；隋朝后，原临贺郡改称贺州，职位最高的官员称为刺史，一直延续到唐末五代；进入宋朝后，虽然仍然保留有刺史一职，但只是作为武将阶官品级使用，实际管理者称为知州。明代撤销贺州设平乐府，到清代，今贺州域内共设置有贺县、富川、昭平3个县。民国时，平乐府改为平乐行政专员公署，简称平乐专署，并迁署八步，今贺州境共设有贺县、富川、昭平、信都、钟山等5个县。公署主政者称为专员，县的主政者称县长。各朝历代，为了配合州、郡、县等各级行政组织和藩王封国的管理，这些组织中又都设立了许多部门机构，机构中配备吏员。

从民国上溯至西汉，2000余年间，在贺州各级行政组织及其机构中服务的官吏多不胜数，他们中的绝大部分人员由于史料散失，生平事迹已无从考究追寻。只有少部分人员或是因为参与重大历史事件而声名远播，或是因为品德高尚而成为后人的学习标杆，或是因为功勋卓著给人们带来长期福祉，从而载入青史被人铭记。贺州的文化底蕴也因为他们增加了厚度。

李郃出守贺州

唐代贺州刺史李郃是一位颇具传奇色彩的人物。他从小就是学霸，5岁能念诗书，9岁时能做文章，举止气度，与众不同；15岁时，便有济世安民的志向。唐敬宗宝历二年（826年），27岁的李郃被乡贡荐举进士科考试，在县一级的考试中，他文压流辈。在随后的京兆府府试中，又因成绩优异，得到主考官的推荐。但在进一步的礼部考试时，因为试题中有词句与他先辈名字相同，他认为这涉及家讳，冒犯先祖，便毅然走出考场，放弃考试。虽然主考官极力挽留，但他还是坚持弃考。唐文宗太和元年（827年），李郃再次参加进士常科考试，所作《求友诗》和《观民风赋》深得考官赞赏，被列为第一，成为该科状元。

唐朝的科举考试分为常科和制科两种。常科登第者只获得做官资格"进士出身"。要想获得职位还必须经过吏部选试，合格者方可获得官位，落选者只能到节度使那里去做幕僚。制科考试的参考人员既有"进士出身"者，也有已经获得职位的官员。考试一旦通过，进士出身者可马上获得官职，已有职位的官员则可加升一级。

太和二年（828年）闰三月，李郃又参加制科考试，成绩依然优异，其策论甚至得到唐文宗赞许，再被列为第一名。但这次考试中发生的一场风波改变了他的人生轨迹。唐文宗之世，宦官专权，朝野虽有不平，但无人敢言。与李郃一同考试的考生中有一个很负才华的人，名叫刘蕡，他性格耿介，借考试策论文章，冒死进谏，指斥宦官乱政误国，痛陈兴利除弊之法。考官冯宿等人深表折服，但因为怕得罪宦官，不敢将刘蕡的策论上交，刘蕡因此落第。只是刘蕡的策论实在写得太好，人们争相传抄，不到10天，就传遍京师。宦官势力强大，到处遍布耳目，刘蕡针砭宦官专政的事很快被侦悉，于是谋划捕杀刘蕡。李郃想救刘蕡，急忙向皇帝上书，说刘蕡的策论"敢空臆尽言"，而自己的策论写

▶ 八步区贺街镇瑞云山上纪念李郃的沸水寺

得不如刘蕡，却得了第一名，深感惭愧，请求皇帝将自己考试的等第和所得官职让给刘蕡。他想用这样的办法让皇帝知道这件事，阻止宦官对刘蕡下黑手。

士子寒窗苦读，目的就是要考取功名获得一官半职，现在居然有人愿意把自己到手的官职让给别人，这是亘古未有之事。当文宗接到李邰的奏疏，甚是诧异。于是询问宰相处理之法，宰相回答说不能开此先例。于是文宗指示不许李邰让第，不授刘蕡职务，不究刘蕡刑责。刘蕡总算得救，李邰也因此名满天下。但李邰破坏了宦党阴谋，被降职到河南府任参军。河南府尹韦弘景赏识李邰才能，治内大小事务均委李邰处置。后来韦弘景升任东都留守，又将李邰署为推官，并奏为大理评事府史。河阳节度使温造也看中李邰，把李邰请到幕府中任节度使掌书记。太和八年（834年），温造升任御史大夫，李邰也被他奏请为监察御史。太和九年（835年），温造去世。李邰由监察御史贬为端州（今广东肇庆）员外司户。开成四年（839年），岭南节度使卢钧保奏李邰为副经略使，本已得到皇帝同意，但开成五年（840年），却突然把他改任为贺州刺史，理由是李邰在南方待的时间久，熟悉当地风俗，适合在岭南任职。

李邰主政贺州期间，勤政爱民，关心百姓

疾苦。同时，作为文化名家，他为贺州留下了许多文化雅事。刚到贺州时，李郃发现城外的幽山有五色彩云缭绕，经旬不散，他认为这是祥瑞之兆，于是将幽山改名为丹甑山。"丹甑"寓意"丰收"，借此，李郃表达了他希望贺州百姓丰衣足食的美好愿望。到了宋代，贺州知州邓璧根据李郃巧遇祥云的故事，又把"丹甑"山改为"瑞云山"。此后，一直延续至今，"瑞云山"这个地名仍在使用。

公事之余，李郃常与歌妓叶茂莲泛舟贺州城东的贺江游玩。舟行寂寥，为了消遣时间，李郃就和叶茂莲玩"叶子戏"。每次游戏之后，李郃都悉心揣度游戏中的奥妙，并不停地修改游戏玩法，最后，他还把游戏心得加以总结，编成《骰子彩选格》一书。这本书使得叶子戏的玩法更加灵活多变，游艺中的竞争程度也更加激烈。李郃概括出来的叶子戏新玩法迅速在全国各地推广，后来就演变成了现在的纸牌和麻将。

会昌二年（842年）农历十二月十五日，由于积劳成疾，李郃病逝于贺州官邸，年仅45岁。他在贺州的时间虽短，只有2年，但留下的史迹却不少。宋元祐三年（1088年），诗人郭祥正出为端州（今广东肇庆）知州。端州也是李郃曾经为官的地方，也留有他的一些遗迹。为了表达对先贤的敬意，郭祥正派人专程赶往贺州凭吊李郃，还作了一首《寄题贺州甑山亭》，全诗如下：

贺州城西丹甑山，一亭遥插紫云间。
龙犨让策名犹在，鹤驭凌风去不还。
善政再应来瑞物，胜游安得伴酡颜。
元戎词翰镂金玉，千古长如碧涧潺。

丹甑亭原迹现已不存，但为了纪念李郃，今人又在亭的原址上兴建了沸水寺飞瀑亭。

清官简世杰

简世杰，江西靖安县人，进士。初授左迪功郎、辰州（治在今湖南怀化）录事参军。后调为静江府（治在今广西桂林）司理参军时，恰遇南宋知名学者范成大出任静江知府兼广西经略安抚使。范对简的出众才干颇为赞赏，二人既是上下级关系，亦是至交好友。淳熙二年（1175年），范成大调任成都府知府兼四川制置使，简世杰跟随入川，成为范成大首席幕僚。淳熙四年，范成大从四川离任，向朝廷推荐简世杰，希望他能得到重用。但朝廷只是任命他为鄂州蒲圻县知县。简世杰不以为意，他脚踏实地，在艰苦的岗位上干出了政绩，终于得到宰相赵雄等人的赏识，被推荐为贺州知州。

绍熙元年（1190年）冬，简世杰到达贺州官所，到任伊始，即倡修文庙与郡学。知道新太守着意于教育，贺州百姓奔走相告，相率追随。当时广西官府垄断盐市，盐价奇高，百姓深受其苦。简世杰将不合理的制度逐一废除，百姓负担减轻不少。

简世杰还厉行节俭。著名文学家杨万里在给简世杰撰的墓志中称他"斋厨不炊,宾筵生尘,佐吏服其清苦云",就是说他平时与衙役一起用餐,自家的厨房很少生火,官府里也很少宴请宾客,餐桌都生满了灰尘,下属官吏也都以他为榜样。

朝廷派人来考核政绩,简世杰因动人事迹被列为第一等。消息传来,简世杰却已身患重病。绍熙二年(1192年),简世杰在贺州衙署病逝,享年66岁,贺州市民为之罢市巷哭。

▲ 简世杰曾经修理过的贺州文庙今已塌毁,这是按原貌修复的新文庙。

第六章 仕林政事 | 111

岳飞高登结友贺州

高登遭贬入贺州

高登,字彦先,号东溪,福建漳浦县杜浔乡宅兜村人,南宋知名廉官、爱国者、词人。高登出身贫寒,11岁时,父亲去世,母亲勉力供他上学。他读书勤奋,潜心钻研,20岁时,考入太学,与太学生陈东、张元幹、徐揆等结为至交。

宣和七年(1125年),金兵进犯京师,高登与陈东等太学生联名上书,请诛蔡京、王黼、童贯、梁师成、李彦、朱勔等奸佞,得到不少大臣的响应。

靖康元年(1126年),李邦彦、张邦昌等人主张全部接受金兵提出的议和条件,尚书右丞兼东京留守李纲不仅极力反对,还积极赞成姚平仲夜劫金营的建议。不料劫营风声走漏,姚军反为金兵击败。事后,李纲被罢黜。2月4日,高登与陈东在宣德门上书,请求罢去李邦彦太宰职,再用李纲,城外军事交给种师道。京城军民听说太学生上书,主动赶来声援,一时数万人汇集于宣德门,打死宦官数十人。开封府尹王时雍急忙调数万骑兵,欲行镇压。高登与陈东等太学生屹立人前不动。钦宗怕出事,迫不得已宣布再用李纲。

之后,高登又多次上书,力褒忠良,怒斥奸邪,提出强国、强兵、强民诸多良策,力主"内修政事,外攘夷狄"等主张。他的激进开罪了不少当权人士。宰相吴敏怕高登危及自己,教唆学官虚构罪名,诬陷高登。高登只得告别太学,负冤返乡。

绍兴二年(1132年),高登考中进士。在廷试时,他知无不言,毫无隐讳。吏部官员厌恶他正直忠谏,先任他为下州文学,后来又改任广西贺州富川县主簿。

广西宪司董棻知道高登是不可多得的人才,提拔他负责广西6个郡的司法工作兼贺州学官。高登到贺州任职,为贺州的教育办了许多好事。贺州学宫本来就有田地,也有房屋,通过收取这些不动产的租金,可以较好地维持教学活动。后来,贺州太守把学田划给买马司,用于购买战马。高登知道后,据理力争,请求太守退回学田。太守质问:"买马和培养人才,哪一件事更急?"高登答:"学校是礼义之地,是培养人才的地方,当然比买马更重要。"太守恼怒,质问他:"你敢顶撞上司?"高登毫不怯让:"治理天下的最大依仗是礼义与法度,两者都不可以抛弃!如果没有教育培植思想,我们这些在朝廷之上的官员与贩夫走卒就没有什么区别?"太守辩论不过,最终还是把学田退回给了学宫。

在审理案件这方面,高登秉公执法。有一件多年前的刑事案件,长期不能结案,被害人家属意见很大。该案被告卓犯是个土财主,见被害人徐大之妻貌美,欲占为己有,便指使仆人将徐大杀害。卓犯被拘后,其家属行贿贺州太守,太守便想上奏朝廷赦免卓犯,说这样做是积阴德。高登抗辩道:"阴德不能存心去积，杀人的人可以免死，今后杀人的案件就会时常发生。卓犯为富不仁，见色杀人，是主犯。此人不杀，天下无可杀之人。"太守无奈，只好改判卓犯死罪。

高登辞金离贺

高登在贺州任职的时候，恰好岳飞到贺州平匪，两人都是主战派，惺惺相惜，岳飞专程拜访高登，两人相谈甚欢。平匪战事胜利结束之后，岳飞离开贺州继续他的征讨生涯。而高登则继续留在贺州办学、审案。

转眼几年过去了，高登在贺州的任职期满，即将返乡，贺州百姓十分不舍，纷纷上书请求让他留任，但是没有得到批准。高登是廉官，连回乡的川资都很紧张，士绅们便暗地筹集了五十万金，委托郡守转赠给他。这些捐赠者知道高登一定会坚拒，便有意隐去自己的姓名，只是对太守说："高君为官清廉，去官之后，恐怕生活没有着落，请太守劝他接受我们的心意。"当太守找到高登时，高登果真死活不肯接受。但他始终推辞不掉，于是就将这笔钱全部用来买书赠给贺州学宫，用以感谢贺州百姓。

返乡途中，才到广东，高登的路费已经告罄。恰好广东转运使连南夫与他相熟，他只好应聘到连南夫手下当差，赚取盘缠。连南夫派高登主持新会县的赈灾工作。他秉公办赈，数以万计的灾民免于饿死。当地百姓也纷纷请求留任他。

高登岳飞同遭陷害

绍兴八年（1138年），朝廷征诏高登从福建老家入京论政。说来也巧，恰好岳飞也从抗金前线回京述职，高登便先到岳府拜访。久别重逢，二人倍感亲切，从国事到家事，他们促膝长谈，直至深夜。除了感叹奸臣当道，国事艰难，双方还议定成为儿女亲家，将岳飞的女儿岳银瓶许配给高登的儿子高拂（一名桴）。为了纪念这一对忠肝义胆的友人，现在高登的老家，福建漳浦县杜浔镇宅兜村还设有高岳庙纪念他们。

入京论政，高登一共上呈"时议"奏疏六篇。由于文中有抨击权臣秦桧的内容，秦桧把高登贬到静江府古县（今桂林市永福县）任县令。

秦桧的父亲也曾任古县县令，秦桧本人就在永福出生。广西经略使胡舜陟想巴结秦桧，就下令高登在古县为秦父建祠堂。高登断然拒绝。胡舜陟大怒，不仅免去了高登的职务，还诬陷高登杀人，将高登拘押在静江府狱中。或许是上苍有眼，害人的胡舜陟却因为自己的违法事情败露，被入狱处死。

高登昭雪出狱后，受友人推荐，到归善县（今广东惠阳）代理县令。那年秋季，高登为试院出考题，让考生直言时弊，指责闽、浙水灾的根源。秦桧知道后，连同前事加罪，取了特旨，把高登编管（除去在朝中的名籍，编入受贬地军籍监管）容州（今广西容县）。在容州，无论多么贫困，对于家事，高登还是一如

从前,毫不介意,但一旦发现国事、政事哪怕是只有小小的错失,他都会愁容满面,唉声连天。如果发现朝廷政策有重大失误,他甚至会恸哭不止。

绍兴二十九年(1159年),高登这位正直无畏、廉洁奉公、忠贞爱国之士,在穷困交加中病逝于广西容县。但是,人间自有正义在。绍熙二年(1191年),大理学家朱熹向宋光宗上奏了《乞褒录高登状》,请求为高登平反,获得批准。同年,福建安抚使、福州知府赵汝愚批准兴建高东溪祠,朱熹亲自为祠观题写对联,称赞高登:"忠孝两全""百世师表"。

知州吴安朝门前无客

吴安朝,字元镇,安徽歙县人,进士,元初被任命为贺州知州。元朝贵族善于骑马打天下,却不善于下马安天下,以致官场腐败横行。吴安朝到任贺州后,想以一己之力营造清廉世界。他

▲ 新修的贺州文庙

清退吏员中的贪婪之辈，只留用一些名声较好的从属。他推行廉政从自我做起，凡登门办私事的，一律谢绝，闭门不见。久而久之，与过往州官门前车水马龙的景象不同，他家门前竟然门可罗雀。

有人举报贺州辖下怀集县巡检贪财扰民，吴安朝派人前往查治。怀集巡检畏罪潜逃，过了几个月才回来。吴安朝将其降为怀集县主簿，以示惩戒。

吴安朝主政期间，贺州政治清明，百姓安居乐业。广西宪使张镇祖嘉许他的做法。无奈朝中由宰相桑哥把政，全国上下贪黩之风盛行，入贿求官者络绎不绝。吴安朝不愿与世俗同流合污，于是干脆弃官归隐田园。

活在百姓心中的知县杜俊彦

杜俊彦，号筠围，河南开封扶沟人。清康熙二年（1662年）被任命为贺县知县。

明朝末年，贺县是南明永历朝重要抗清据点，清兵进入后，贺县百姓人心惶惶，一时社会动荡。杜俊彦一到任，就着力做好百姓的安抚工作，他派人用地方方言向群众解释清朝皇帝的谕旨，有时甚至亲自到山间向群众宣讲政策，山民听后都感动得泪流满面。贺县终于趋向稳定。

在贺县南部铺门地区，有一支曾参与抗清的明末武装力量，首领是罗金鼐，他表面上归顺于清朝，实际上仍有复明之志。清兵在平定明朝皇族后裔朱盛浓之乱后，侦悉罗金鼐有异志，打算趁势进军贺县镇压。杜俊彦担心兵灾祸害百姓，只身前往清营拜见统领，以身家性命作担保，促使统领打消进兵贺县的念头，成功化解一场迫在眉睫的战事，贺县百姓也由此逃过一场祸乱。罗金鼐听到消息后，感动不已，终生不复反叛。

杜俊彦勤于政事，不仅采取了轻赋均徭、清狱赈穷等一系列事关百姓福祉的有效措施，还把各种施政情况据实记录下来，形成著作《临贺政略》二卷，总结施政得失。明末农民战争以来一直动荡不安的贺县社会走向繁荣。

杜俊彦也是一位甘于淡泊的清官，贺县百姓都敬重爱戴他，尊称他为"贺侯"。但一些惯于徇私舞弊的官吏认为杜俊彦阻碍了他们的发财之路，就向上司打小报告诬告杜俊彦，致使杜俊彦被革职查办。当时，杜俊彦因为积劳成疾，已经身患重病，贺县百姓纷纷为他烧香祈祷。一位避居瑞云山沸水寺几十年未曾下山的高僧也破例来到县衙，为杜俊彦祝祷，可惜杜俊彦已病入膏肓。康熙四年（1665年），年仅51岁的杜俊彦病逝于贺县县衙。由于他一生清贫，去世后竟然连入殓的资金都没有。好在他原来的上司同情他，施以援手，这才得以入土为安。康熙五年，其子杜之昂从河南赶来贺县，为亡父扶柩回乡，瑞云山上的老和尚特地派出一位徒弟，千里迢迢跟随杜之昂一同扶榇北去。

杜俊彦去世后，贺县百姓筹资为他修设专

祠。后来，即使是他已经迁骨北归，在数十年的时间里，贺县百姓依然在每天进餐之前行祭祀礼，以示对他的纪念；哪家有红白喜事，也一定到他的专祠来祭拜；遇有瘟疫、洪涝、天旱等灾情，十里八乡的人们亦会来到祠馆向他祈祷。

由康熙追授重奖的富川知县刘钦邻

康熙十二年（1673年）某天，北京紫禁城的大殿上，康熙皇帝召集大臣开会商量撤藩之事。原来，平南王尚可喜为了试探朝廷对藩国的态度，上书康熙，假意请求撤藩，让自己告老还乡。耿精忠、吴三桂亦附和上书。镇守云南和贵州的平西王吴三桂，镇守广东的平南王尚可喜，镇守福建的靖南王耿精忠，一直拥兵自重，不断壮大势力，被称为"三藩"。康熙即位后，为了防止三藩割据，巩固清朝统治，一直在暗中准备削藩。正愁找不到借口的康熙收到三藩的上书后，决定答应他们的请求，趁机解决藩乱之事。

但撤藩之举事关国运，万一三藩起兵反叛，必起战祸。为了稳重起见，康熙召集大臣希望广泛听取他们的意见。事关重大，担心不

◀ 罗金鼐拱卫南明的驻点八步区铺门镇中华村石城

良后果危及自身,大臣们都闭口不语。好在户部尚书米思翰、刑部尚书莫洛和兵部尚书纳兰明珠等人打破了沉默,他们表态坚决支持撤藩。于是,康熙明示:"吴三桂等人蓄谋已久,如果不尽早除掉,将养虎为患。如今撤藩会反,不撤也会反,不如先发制人。"随即同意撤藩奏疏。

朝廷同意撤藩的驿报送达时,吴三桂当即起兵,正式宣布反叛。耿精忠、尚可喜之子尚之信亦举兵响应。他们一面发布《讨清檄文》,制造舆论,聚附民众;一面兵出云贵,进军湖南,屡次大败清军。在此形势下,广西将军孙延龄叛于广西,罗森、郑蛟麟、吴之茂叛于四川,提督王辅臣叛于宁羌,台湾郑经渡海进兵福建漳州、泉州和广东潮州,形势对清廷很不利。

清军在前期的平叛行动失败后,朝中以大学士索额图为代表的一批人为了争权,便请求处死包括纳兰明珠在内的一批倡议撤藩之臣。康熙断然拒绝了他们的请求。但他们继续制造舆论,攻击撤藩之策。如果任由他们的意见继续发酵,瓦解了康熙撤藩的决心,形势对纳兰明珠等人将会相当不利。

就在纳兰明珠苦苦思考对付索额图等人的对策时,康熙十三年(1674年)秋,广西报来一份奏折,里面提到一批殉难官吏,还辑录了富川知县刘钦邻的绝笔诗。

说起这刘钦邻,他是顺治十七年(1660年)举人,第二年又中了进士。父亲早亡,他从小就孝顺母亲。中了进士就要远赴外乡做官,但刘钦邻担心母亲一人在家孤苦无依,一直不愿远行。

康熙七年(1668年)冬,朝廷急需用人,下旨刘钦邻为富川县知县。这时刘钦邻的母亲年事已高,富川县僻在岭南,如果带上母亲到富川上任,恐怕母亲适应不了那里的环境和气候。如果自己只身前往,又害怕母亲无人照顾。忠孝难两全,他徘徊了好几个月,一直不肯动身。无奈当时的广西省、府两级再三写信敦促他早日到县赴任,他只好把妻子安排在老家照看母亲,自己则带着儿子刘孚嘉一起赶往富川。

第六章　仕林政事 | 117

富川县在广西东北部，这里山多田少，经济并不发达。清初改朝换代的战争已经使得这里满目疮痍。康熙八年（1669年），刘钦邻抵达富川县衙。任上，他率领民众建造时字廒、大有廒两座粮仓，以备荒年；重修北城望楼，加强城防；重修文庙，促进教化。经过他的悉心治理，富川人民生活逐渐安定。

康熙十二年（1673年），吴三桂叛乱，危及广西。康熙十三年（1674年）正月十三，广西提督马雄、巡抚马雄镇共同签发檄文，要求广西各县招募乡兵，守土御敌。刘钦邻坚决执行抗敌之策，会同千总李尚成招集县中绅士父老，号召大家勠力同心，共卫家园。富川士民素来爱戴钦邻，纷纷表示听从刘知县的安排。正月十八，广西提督马雄把千总李尚成调往庆远防守；二十二日，再把贺县营千总杨虎调往富川补任李尚成留下的职缺。二月十九，广西将军孙延龄在桂林扣押广西巡抚马雄镇，起兵响应吴三桂，派兵四处攻打不愿附逆的广西州县。四月初一，叛军攻打平乐，富川危在旦夕。初五，孙延龄部将伍标到达富川城下劝降。刘钦邻拒绝，命人捆了伍标。初八，孙延龄再派人持檄逼降，刘钦邻再次拒绝，并派人向提督马雄请兵救援。援兵一直未到，刘钦邻只得亲率家丁和乡勇昼夜登城巡警。僵持了一个月，

▼ 刘钦邻曾经维修过的富川瑶族自治县文庙，现在成了国学传承基地。

形势已经非常危急，刘钦邻决定舍生取义。五月初一，他领着儿子刘孚嘉拜谒了县城里的文庙，然后回到县衙，命令儿子说："我身为朝廷臣子，誓当固守县城，与城池共存亡！但我只有你一个儿子，我刘家不能无后，况且你祖母年迈，需要有人奉养，你赶快离开这里，回到老家去！"刘孚嘉大哭不从，刘钦邻帮他擦干眼泪，正色道："你回去好好奉养祖母，就是孝顺我了，不要为我悲伤。"军情紧急，叮嘱完儿子之后，他又转身去了城上。

五月初二，孙延龄叛军正式向富川城发动攻击。刘钦邻率家丁乡勇开城迎战。叛军不意守军竟敢开城，害怕有埋伏，急忙退兵。十九日凌晨，叛军突然急攻富川城西、城北两门。刘钦邻正在部署守军御敌，不料千总杨虎等人已经被收买，他们打开城门，叛军蜂拥而至。此时，刘钦邻只得率亲丁刘侯官等40余人及新募士兵与叛军巷战。无奈敌众我寡，刘侯官战死城中，刘钦邻也被叛军俘获。

潜伏暗中的刘孚嘉子身孤弱，不能往救，他想起父亲的再三叮嘱，只好含泪逃离富川，前往邻近的湖南省江华县避难。

刘钦邻被带到叛军大营，他仰天闭目，岿然不动。叛军将领李秀发大声呵斥："手下败将，还不跪下？"刘钦邻昂然回答："我堂堂大丈夫，岂肯跪贼！"叛军又问："为什么不睁开眼？"刘答："我不想看见你们这些乱臣贼子胡作非为。"叛军想要羞辱他，刘钦邻说："刘某并非怕死之人，要杀要剐，请随君便，岂不闻张睢阳、文天祥其人耶？"叛军见刘钦邻一心求死，觉得他忠心可嘉，并不想加害他，于是将他押至省城桂林，由孙延龄亲自处置。孙延龄想拉拢刘钦邻，亲自授以官印，被刘钦邻掷之于地。孙延龄知道不能让他屈服，就派人严加看守。囚禁期间，刘钦邻写下《绝命诗》和《殉难诗》。康熙十三年（1674年）六月初三，趁守卫松懈，他解下腰带，悬梁自尽，兑现了他为国尽忠的誓言。

刘钦邻的两首绝笔诗描写了他为国捐躯的决心和不能侍奉母亲的矛盾心理，读来让人充满悲愤。纳兰明珠觉得刘钦邻是一个忠于大清为国捐躯的汉人忠臣，如果把他树为典型，一来可以激励官兵，二来可以尽量争取汉族士大夫的支持，于是让人誊抄好诗句，交给儿子纳兰性德。

纳兰性德文采甚是了得，有"满洲第一词人"之誉。在汉满各族文人之中有着崇高的地位。他虽然醉心诗词，厌恶政治，但理解父亲的困境，而且刘钦邻的绝命诗，也确实打动了他，于是挥笔写下一首五言古诗《挽刘富川》。他的诗作传出之后，先是在朋友圈中有不少唱和。接着，又把刘钦邻的事迹传到了朝堂。诗坛领袖王士祯，户部侍郎魏象枢，翰林院侍读学士、日讲起居注官陈廷敬，翰林院侍讲李天馥，日讲起居注官叶方蔼等人，纷纷作诗悼念刘钦邻。

朝野上下的诗歌悼念活动收到了极佳的政治宣传效果，不仅传颂刘钦邻为国殉难的英雄

▲ 刘钦邻战斗过的地方——富川古明城北门城墙

壮举，也向人们传播了这样一个舆论：在三藩之乱中，汉人士大夫已经不再反清复明，而是自觉地站到了叛军对立面，和刘钦邻一样坚定支持清廷维护国家统一。

不久，清朝的平乱之战形势开始逆转。为了鼓励更多忠勇之士，康熙十三年（1702年），康熙下旨追赠刘钦邻为太仆寺少卿，其子刘孚嘉送入最高学府国子监读书。

康熙四十二年（1703年），康熙巡视山西平定州。恰好平定知州是刘钦邻之子刘孚嘉。接驾之余，刘孚嘉又上书为父亲请封谥号。依据清朝定制，只有一品大臣去世后，才能按例请求皇帝授谥。刘钦邻生前只是七品小官，依例是不能授谥的。然而康熙毕竟是一代明君，他认为刘钦邻忠勇可嘉，乃慨然赐予刘钦邻"忠节"谥号，对刘钦邻为国尽忠给予了最大肯定。

平乐知府唐鉴在富川瑶区办学

历史上，瑶民族大多生活在大山之中，以过山游耕为主要生活方式。他们居无定所，与平原地区交往不多，再加上封建统治者的歧视，瑶族子弟一直得不到良好的教育。直到清代康熙时期才打破陈规，允许瑶族地区兴办"瑶学""官学"和"义学"。但由于各种条件的限制，康熙鼓励民族地区办学的政策长期以来只能在熟瑶和平地瑶地区得到执行，而在深山老林或偏远地区，办学之举一直难于落实。

唐鉴是晚清著名理学家，曾国藩和名儒倭仁、吴廷栋等人均师出其门。道光元年（1821年）到四年（1824年）、道光九年（1829年）到十三年（1833年），他两次出任平乐知府。作为儒学大师，他遵循儒家有教无类的教育方针，对富川瑶区教育事业的发展倾注了不少心血，也收到了良好成效。

平乐府是明清两代贺州在州级建制上的延续，因明代将贺州治所从贺街迁往平乐而得名，民国时府治再迁至八步。今贺州全境在清代均为平乐府辖地，其中富川县境（今富川瑶族自治县）瑶族分布密集。道光年间，尽管富川县内已有部分纳入民籍的瑶家子弟能够入学，但富川东部的三辈源、龙窝源、倒水源、平石源、沙母源等东五源之地因距离县城路远，又生活穷困，儿童入学问题只能是个梦想。

唐鉴任职平乐府时，常轻车简从，只身深入富川、贺县等地瑶区，了解民情，化解矛盾。他与百姓打成一片，对民众疾苦体察深刻。调研时，他发现富川东五源的瑶胞们普遍不能断文识字，十分渴望子弟能有入学机会。于是，他一方面号召平乐府全境瑶族村落增建书院、义学，延请文艺通晓、行谊谨厚者讲经训课；一方面又与富川县训导朱德铗商议，决定在五源地区的宋塘、三辈等地设立义学。没有办学经费，他就与同僚带头捐款，带动民间乐捐，共得资金千余贯。有了这些经费，东五源瑶区史上第一座学校——宋塘义学很快就盖好了。这里的瑶家子弟也终于可以跨进学堂了。刚开始时，没有师资，他亲自到学校讲课。唐鉴虽贵为一方大员，但平易近人，富川瑶区群众都把他看作自己人，关系十分融洽。唐鉴每次到义学巡视，学童们都绕膝而嬉，捧书而诵，并不因为唐鉴是高官而生分，而是把他当成和蔼的老师和亲切的长辈。有了良好的就学氛围，百姓纷纷把子弟送入学校。

宋塘、三辈等地成功开办义学极大地鼓舞了倒水源瑶民的办学热情。倒水源距离宋塘有70里地，学童往返不便，无法到宋塘义学就读，家长们都希望能就近再办一所义学。了解到这一情况，唐鉴迅速行文向省里申报，请求支持。不久，得到批准。唐鉴带领众人再次筹捐，建造学舍，购置学田，延请蒙师教习儿童们"四书五经"。很快，倒水源蒙泉义学（旧址在今莲山镇鲁洞村附近）也办起来了。

▲ 道光十四年五源书院捐书碑拓片

义学只做启蒙教育，毕业后，许多学子还想得到更高级的教育。为了满足这一需求，唐鉴又带领大家在宋塘义学的基础上扩建五源书院（旧址在今富川瑶族自治县新华乡黄土坝村后山）。书院设山长一名、掌教数人，负责管理与教学工作。教授的课本有"四书五经"、《尔雅》《朱子春秋》及《陈文恭五种遗规》等。书院的学生全部从五源地区各私塾优秀学童中选拔。此外，书院还购置有一定数量的学田，作为师生日常学习生活所需的"膏火之资"。书院比义学高级，学生们在课余时间还需查阅文献资料，但书院没有图书，不能满足学生们的学习之需。为了保证教学质量，道光十三年（1833年），唐鉴告知平乐府学官署"五源地方风气初开，士子未必广有书籍"，要求府学为书院解决藏书问题。得到唐鉴指示，府学旋即表示："本院先捐廉银一百两，即交该训导着人往省城购买经书子史及濂洛关闽诸书，送至本院署中印发该处，分贮五源书院、蒙泉义学，俾士子互相诵习。"道光十四年（1834年），经唐鉴申请，翰林院编修、广西学正池春生又拨藏书39部凡822本给五源书院，供师生诵读。五源书院的藏书就此丰富起来。

书院建成后，五源地区瑶民群情鼓舞，大家纷纷送子弟进入书院深造。为了鼓励瑶区办学，广西巡抚祁贡也送来亲题"修文阐化"牌匾一通，以示奖励。

按照清朝科考制度，每三年举行一次岁贡考试，学子们只有通过考试获得县学生员资格方能进一步考取功名、步入仕途。五源地区的学生统一由五源书院教师择优推荐到富川县学参加生员科考。但是由于瑶区办学条件简陋，五源地区能够考入县学的瑶家子弟十分稀少。为鼓励瑶家向学之风，在唐鉴的努力下，道光十五年（1835年），富川县学专为五源瑶区每届添设"新童二名"额员，专招该地区的瑶族学童。后又在富川县学员额中再增"瑶学二名"。

唐鉴在瑶区建立学校、鼓励入学，通过推行教育，在瑶区普及以"诗书礼乐"为核心内容的学校教育，极大地推动了瑶区文化教育事业的发展与社会风俗的改良。清祁寯藻《题唐镜海方伯〈五源学舍图〉并序》云："广西富川十三源，皆瑶人耕作之地，近日尚衣冠、重礼义，以民籍入庠序者有之。……方伯时奉檄守富川，为创立义学，置师教读，其俗丕变。"

第七章 考古奇事

贺州有文物出土的历史比较悠久，早在北宋初期修建桂岭县城护城河时就发现了大量珠玉宝器。并且当时的人们通过考证认为，这些出土物为西汉早期南越王赵佗在贺州设立军事营垒留下来的。到了明隆庆年间，富川县令周笃棐在今钟山县碧云岩中发现一件秦汉时期的南越国铜钟。1933年秋，在贺县里松发现了周代铜甬钟。新中国成立后，1963年，广西文物工作队到梧州专区的今贺州三县两区开展考古调查，发现了大量古遗址。1974年至1976年，自治区文化厅三次组织专业队伍到贺州进行野外考古调查并开办文物培训班，再次发现了从旧石器时期到民国时期的大量文物古迹，并对部分发现的古墓葬进行试探性发掘。近年来，随着生产建设的展开，贺州考古又有多次重要发现。一系列的考古探索使得贺州古老文化的神秘面纱不断揭开，贺州文脉的真实面貌日益清晰。

贺州最早人类化石的发现

迄今贺州发现最早的人类文化史迹,是8万年前的龙潭角洞穴遗址,它位于钟山县清塘镇河东村赤马自然村。

2009年3月,贵广高速铁路贺州段准备开工建设。按照规定,建设重大工程必须先考古。广西自然博物馆承担起洞穴考古这项任务。时任广西自然博物馆办公室主任的黄超林带领两名考古队员沿着高铁工程选址路段来到钟山县,进行洞穴考古调查,沿途发现了一些动物化石。根据这一线索,2009年6月,广西自然博物馆会同钟山县文物管理所对该县有可能存在史前遗迹的洞穴作了一个多月的进一步调查。功夫不负有心人,6月下旬,队员们终于在清塘镇河东村赤马自然村的龙潭角岩洞发掘出了一批牙齿化石。其中不仅有大熊猫、剑齿象、熊、鹿等动物牙齿,还有17颗疑似古人类牙齿的化石,它们与现代中国人的牙齿极其相似,这个发现令大家惊喜万分。

为了进一步证实这17颗牙齿为人类化石,2009年7月,考古人员把它们带回南宁研究。自治区自然博物馆还从这些牙齿化

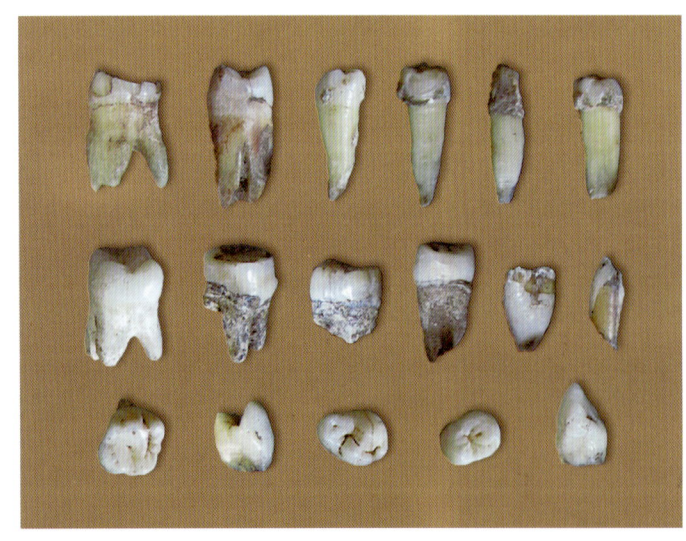

◀ 钟山龙潭角岩遗址发现的17颗5至10万年前人类牙齿

石中挑选了5颗标本先后送到北京古人类研究中心和澳大利亚昆士兰大学进行铀系测年和激光鉴定。经过对牙齿本体和与牙齿伴出的同文化层碳元素的检测，两家检测单位都得出了相同的结论，即这批牙齿化石距今约8万年。

龙潭角岩洞发现的17颗人类牙齿化石不仅填补了贺州人类考古学的空白，也为研究现代中国人的人种起源提供了实证。2011年至2013年，中国科学院古脊椎动物古人类研究所又在湖南道县福岩洞发现了47颗与钟山龙潭角牙齿化石相似的古人类化石，测定年代在8万年到12万年之间。它们都与现代中国人牙齿相似，是我国已发现有确切年代的最早现代中国人的牙齿化石。

关于现代中国人的起源，学术界一直没有定论，目前主要有两种理论。一种认为源于非洲，大概在10万年前，一批古人类走出非洲大陆，向其他大陆迁徙，他们最终演变成现代中国人。另外一种观点认为，现代中国人起源于华夏大地。支撑这种理论的典型物证是内蒙古萨拉乌苏河流域的河套人文化遗存。河套人距今约10万年至3.7万年，属于智人，具有较多现代中国人的特征，但又保留着一些较为原始的特征。河套人很有可能就是中国人直接的祖先。但要证明这个观点正确与否还有许多事要做。比如现代中国人和黄色人种发源地在什么地方？再如他们是如何迁徙分布的？而要回答这一系列问题，寻找更多距今5万年至10万年前的古人类化石就变得更加重要。钟山龙潭角发现的古人类牙齿化石与河套人具有相似特征，它们的出土无疑为研究打开了一个新窗口。

遗憾的是，龙潭角古人类牙齿所出土的文化层是一个洪水挟带泥沙在洞里沉积的堆积层，无法证明龙潭角岩洞就是古人类生活的原始地。因为不知道这些牙齿是洪水从哪里卷来的，龙潭角附近文化层的考古信息并不能对牙齿的进一步研究提供有力的证据支持。从2009年开始，广西自然博物馆原馆长王颋邀请澳大利亚古人类学家一起多次前往钟山，在龙潭角岩洞四周对其他洞穴展开考古调查。可惜的是，与出土牙齿化石同时期的原生人类文化遗迹一直没能找到。科学的探索是艰辛曲折的，相信随着考古发现不断的增加和考古探查范围不断扩大，或许有一天，贺州会带给我们更大的惊喜。

贺州最早陶器的发现

贺州最早陶器出土地是富川瑶族自治县新华乡先锋村旱塘面新村的狗公山。1973年，广西文物工作队会同富川县文物工作人员在狗公山的大山岩内进行考古调查，采集到河卵石打制石器2件，还在岩内发现厚达1米的文化堆积层，内含螺壳及碎骨化石，同时意外发现了少量破碎陶片。通过对出土文物的考证，该遗址属于旧石器时期遗址，距今约1万年。

狗公山大口岩离地5米，洞口宽10米，高6

米,进深17米,在岩口东北面有一处地下泉水可供饮用,是古代先民理想的生活场所。大口岩陶片的出土,说明贺州先民在旧石器时代已经能够烧制陶器。

陶是人类先祖第一次按照自己的意志创造出来的神奇材料,是泥与火的巧妙结合,在人类文明史上具有里程碑的意义。陶器方便取水,可促使先民远离水边定居,因而陶器的出现也同时传递着远古先民的另外一个信息,即定居生活。为了对大岩口遗址做进一步研究,2014年3月,广西自然博物馆和民族博物馆的专家会同富川文管所人员对大口岩洞穴再一次做了考古勘探,不仅发现了一些陶片和旧石器,同时发现了两颗古人类牙齿化石。随后,这两颗古人类牙齿化石联同地层中出土的碳素

◀ 大口岩遗址发现的1万年前陶片

◀ 大口岩遗址中出土的1万年前人类牙齿（右一、二）

一起被送到美国贝大实验室进行检测。而陶片则被送到北京大学和南京师范大学进行检测，这些机构测出的年代与1973年的考古鉴定年代高度重合，均是距今约1.1万年。

陶器、磨制、穿孔、弓箭这4项技术都是人类进入文明时代的重要标志。因此，狗公山发现贺州史上最早的陶片，第一次勾画出贺州文明史的时间轴。

两件陶器从废品到国宝的华丽变身

很多文物成为国宝之前，都有着传奇的故事，贺州出土的两件陶器也不例外。1961年春天，贺县桂岭公社进民大队燕子岩村的巫资振到屋后的猪肝山脚开荒种地，无意中挖出了大大小小好几只陶罐。小陶罐没多大用处，巫资振便用锄头敲碎重新埋回地里。最大的一只陶罐被挖烂了，巫资振也丢弃了。另外两只大陶罐看着还挺结实，应该有一些用处，巫资振的父亲巫远回便把它们带回了家。

1963年秋，广西博物馆的巫惠民、黄增庆两名专家被派到贺县进行文物普查。巫惠民是贺州人，老家在黄田镇新村。一天，他和黄增庆到桂岭公社进民大队进行文物普查，发现村民地里有一些残破的夔纹、云雷纹、方格纹陶片，这些陶片都具有春秋时期陶器的特征。同姓就是宗亲，在燕子岩村调查时，巫远回热情招呼巫惠民两人到他家休息喝茶。闲聊时，巫惠民拿着从地里捡到的陶片询问巫远回，是否在生产中发现有类似的东西。巫远回告诉巫惠民，他家就有两只这种陶罐子，一只口大的被用作潲水桶，另一只口小的被用作夜壶。巫远回带着两人来到厨房探看角落里的那只潲水桶。但见陶罐古朴厚重。征得老乡的同意，巫惠民两人倒掉潲水仔细清洗，陶罐露出了它的真容，表面有雷纹、方格纹和夔纹，两人知道这只陶罐是出土文物，初步判断是古越人使用的印纹陶瓿。于是，巫惠民向巫远回宣传出土文

◀ 大口岩遗址

物属于国家的政策，建议巫远回把两件陶器上交国家。巫资振是退伍军人，政治觉悟比较高。巫远回以前也不知道这是文物，不懂文物保护法，父子俩听了这位远方"亲戚"的一番话后，马上爽快答应把文物全部上交国家。他们把用作夜壶的另一只陶器也进行了清洗，这件陶器是一只越式印纹陶釜，表面更加精美，布满了夔纹和方格纹。

两件文物被带到南宁后，在广西考古圈内引发了热议，因为当时两广地区所出土的同类器物中，以这两件最为精美。不久，陶瓿被评为国家一级乙等文物。而陶釜是当时春秋时期同类出土文物中唯一完整无缺者，被评为国家二级珍贵文物。由于这两件文物均是春秋时期南方百越文明的典型代表物，当它们在广西博物馆展出后，立即引起了国内博物馆界的极大关注。1969年，中国历史博物馆落成，夔纹雷纹陶釜被征调到该馆展出，此后一直珍藏在北京。

白狐带领人们发现千年青铜麒麟尊

麒麟尊是贺州市博物馆的镇馆之宝，为国家一级文物，其价值之高可与全国顶级国宝媲美。然而，它的发现却是因为一只白狐。

1989年春夏之交，贺县沙田镇龙中村村民陈海贵发现自家在村东红珠山脚的花生地时常被一些野生动物糟蹋，他几次夜间巡查均无所获。随着巡查次数增多，他发现，有一只白狐时常穿过他的花生地。经过反复追踪，他终于发现红珠山的山腰处有一个洞穴，白狐时常在洞里出没。陈海贵便和小儿子陈盘有在洞口布置了铁夹。但是连续几天，铁夹都无收获。

或许是日有所思夜有所梦，自从发现白狐出没山洞之后，陈海贵就经常梦见白狐，并且那只白狐在进洞前还会狡黠地看着他。在当地农村，老人们都传说梦见动物就会发财。甚至有人说梦见白色的动物就是银子，梦见黄色的动物就是金子。于是，

▲ 燕子岩出土的夔纹陶瓿
▲ 燕子岩出土的陶釜
▶ 红珠山出土的麒麟尊

第七章　考古奇事 | 131

陈海贵把自己梦见白狐的事告诉了大儿子陈盘松，并说那个洞中可能藏有土匪的金银财宝，让陈盘松去探一探。

1991年7月23日，农历六月初二，是当地的一个节日，大家不下地干活。得了空闲的陈盘松便邀请同村的陈裕锋、陈庆忠两人去挖掘洞穴。他不敢告诉两人父亲的怪梦，怕两人笑话。只是说这个洞穴可能很深，藏有宝物。3人很快来到洞口，没几下就撬开了几块乱石，一个幽深的洞口呈现在他们面前。首先由陈盘松爬入洞中，洞内宽阔幽深，走到洞尾时，仍然没有发现狐狸。但是，借着电筒光，却在洞内的二层台上发现一个有头有角、闪着绿光的怪物。陈盘松有些胆怯，他慌忙爬出洞外，向陈裕锋和陈庆忠两人介绍洞里的怪物。陈裕锋和陈庆忠都有些胆量，他们并不信邪，于是两人一起爬进洞里，同样发现有东西闪着绿光，便也连忙爬出洞外。

3人回到村里，找来陈盘有、陈南先、陈德兴、陈运山、陈庆义、陈刚、陈石友7人，拿来手电筒和铁钎等工具，把洞口扩得更大。洞中的能见度也比先前好了一些。人多胆气壮，他们人手一只电筒，一起拥进洞中探查。发现怪物原来是一件似狗非狗、似羊非羊的青铜器。当即大家就明白了，这是一件宝贝。在场的人都兴奋不已，他们继续挖掘，一口气挖出了青铜器和贝币、陶器一共33件文物。

众人把这些宝贝搬到陈南先家统一保管，准备寻找买家。龙中村发现宝贝的消息不胫

而走，一些文物贩子蠢蠢欲动，前往龙中村淘宝。无奈村民要价太高，辗转1年有余，这批宝贝仍然没能出手。贺县文化局和公安部门也得到了消息，知道村民正在联系售卖一批文物。于是派人前往调查，并动员群众上交。几经工作，这批文物悉数收归贺州市博物馆收藏。

龙中村出土的青铜器，是有史以来贺州市出土等级最高的青铜器，都是战国时期的大型青铜礼器。1994年，国家文物局组织专家赴广西鉴定一级文物，贺县博物馆推荐了龙中村出土的战国青铜麒麟尊和虺纹铜瓴、铜盉等3件文物参加评定。结果在场的鉴定专家一致认定麒麟尊和铜瓴均为国家一级文物。

广西第一枚西汉金印在贺州出土

1976年6月，贺县铺门公社群众在山坡上种瓜，无意中挖到了一座古墓。公社领导闻讯

◀ 红珠山出土的虺纹铜瓿

赶往现场,保护好现场后,立即把情况上报。不久,自治区考古工作队来到铺门,根据群众在生产中发现的线索,从6月到11月连续发掘了9座古墓。它们都是土坑墓,有的无墓道,墓穴呈四方形;有的有墓道,墓穴呈刀形或"凸"字形。墓坑上半部是红黄色夹砂土,下半部填黑色黏土,墓道填白膏泥。这批墓葬共出土文物325件,都具有西汉前期的特点。根据出土的文物判断,初步认定这些墓葬都是西汉南越国时期的古墓。

4号汉墓出土了一枚刻有"如心"字样的虎钮方形金印、一枚刻有"须甲"字样的方形青色玉印。"须甲"印是墓主人的私印,说明墓主名叫"须甲"。"如心"印是墓主人的赏玩印。

汉代制度规定,只有天子的玺章可以用玉;只有皇帝、皇后的玺章可以使用螭虎钮;只有太子及诸侯王的印章可以称为"印",材质为金,印钮为龟。玺和印的印面均为方形,其他臣民不能使用这些材质、钮形、称谓和印面形状治印。"须甲"印为方形虎钮金印,"如心"印为玉印。且覆斗状"须甲"玉印的形制与南越王"赵眜"印形制相同。这也充分说明4号汉墓的主人虽然不敢称玺,也不敢称职官,但在礼仪规制上却仿效南越王,同样僭越为一方土皇帝。

▶ 铺门出土的"如心"金印和"须甲"玉印

贺州发现的最大汉代王侯墓

1976年,广西区文物工作队在贺县金钟村开展野外调查。这个村之所以称名为"金钟村",是因为村北有一个高大的土堆,形如金钟。深厚的职业知识让调查人员知道,这应该是一座汉代古墓。

1979年12月,有村民在这座土堆上取泥建房。因担心村民的生产活动危及大墓安全,1980年6月,广西区文物工作队对金钟古墓作了抢救性考古发掘。随着发掘的深入,这座古墓逐渐露出了庐山真面目。这是一座凸字形土坑木椁墓,墓室长15.2米,宽8.8米,斜坡墓道。墓室四周填满黑膏泥和白膏泥,墓穴分前后两室,前室葬男主人,后室分东、西两棺,陪葬着他的左、右两位夫人,是一座夫妇合葬土坑竖穴木椁墓。由此,这座古墓也就成为考古界公认的广西第一座有文物佐证的汉代诸侯夫妻合葬墓,也是迄今为止贺州境内发现规模最大、等级最高的西汉古墓。

遗憾的是,这座大墓早年已经被盗,墓中文物大都已经无存。但即使这样,考古人员通过修补墓中散落的器物残片,仍然获得具有完整形状的陶器、铜器、铁器、玉器等各类文物124件。

最难能可贵的是,墓后室的东穴出土了一枚玉印和两件戳印"左"字纹陶罐,在西后室又出两只戳印"右"字纹陶罐。玉印的印面字迹清晰,有阴刻篆体"左夫人印"4个字。根

据东后室"左"字罐是左夫人陪葬物这一情况推断,西后室"右"字罐这应该是右夫人的陪葬物,由此可知,西后室中葬着右夫人。"左夫人印"玉章与广州象岗山南越国第二代君王赵眜陵墓出土的"左夫人印"规制极其相似。按照南越国例制,左、右夫人既是墓中男主人的夫人,也是男性墓主人生前行使行政管理职权时的左右副手。而且从"右"字罐相对于"左"字罐体量更大、陶质更好的情况推断,右夫人的职位应该高于左夫人。

根据考古资料和史书资料记载,在南越国,无论"左夫人"的"左",还是"右夫人"的"右",都是爵位。说明墓室中的男主人应是王侯一级的官员。

◀ 金钟大墓中出土的玉蝉
▼ 铜人吊灯

金钟大墓中也出土了一枚铜印，应该是墓中男主人的印章，可惜，由于严重锈蚀，印文已经看不清楚，因此关于墓中男主人的身份至今仍是一个谜。

大山深处发现国宝东汉铜人吊灯

昭平多山，八山一水一分田。北陀是昭平的一个乡镇，虽然桂江由西北向东南贯穿镇域，但由于大山横亘，北陀的对外交通仍然十分不便。然而，就是这样一个大山深处的小镇中，居然发现了一件国宝级文物——东汉铜吊灯。

1963年，全国文物普查中，考古专家们得知北陀镇桂江沿岸的一些村庄不时有汉代陶片和五铢钱出土，于是断定这里分布有东汉古墓。

为了对广西汉代历史展开研究，1976年至1978年，广西文物工作队先后在北陀镇发掘了汉代古墓24座。其中22座为土坑墓，另有一座石室墓和一座砖室墓。令人痛心的是，这些古墓大都曾经遭到盗掘。工作队发掘到第七座古墓的时候，终于找到了一座未遭受盗扰的完整墓葬。也就是这座古墓葬，出土了一件精致异常的铜灯。灯盘口径9.5厘米，高2.8厘米，内有一乳钉，便于缠绕灯芯或插蜡，底部有蹄足。灯盘由一铜人双手捧着，铜人双膝跪地，脚尖着地，与灯盘蹄足形成三足鼎立之势，维持灯身稳定。铜人高13.5厘米，上身赤裸，下身穿短装，头戴莲花形小帽，额顶上连着一条带钩铜链，链长16.5厘米，后脑勺处有一个钮眼，可以插入链钩。

这件铜灯构造十分巧妙，可以一物三用。高挂起来是一盏吊灯，将链条钩入后方就变成了提灯，还可以利用三足之势，化身为台灯。北陀出土的铜人吊灯造型罕见。对比全国已发表的考古资料，除1974年在湖南收集到一件造型不同但形制相似的人形铜吊灯外，迄今国内没有再发现过类似的铜制灯具。

第七章 考古奇事 | 135

北陀铜人吊灯的出土，为揭开广西"铜鼓王"的身世之谜提供了思考方向。1955年，广西文物专家在北流发现了一面巨大的铜鼓，面径约165厘米，重299公斤，是迄今为止世界上发现的最大的一面古代铜鼓，被誉为"铜鼓王"。但是，这件铜鼓是什么时代的物件，由于没有明确史载，一直不能判定。铜人吊灯出土后，铜鼓研究专家蒋廷瑜注意到两件文物上的云雷纹特征极为相似，这足以证明，"铜鼓之王"与铜人吊灯同属于东汉时期。

► 牛车人物俑

也正因为铜人吊灯的珍稀性和在史学研究上的独有价值，1995年11月，被国家文物局文物鉴定专家组评定为国家一级文物，如今收藏在昭平县文物管理所。

那么，为什么在北陀这样的偏远山区能够发现高等级的汉代文物呢？原来，汉代交通两广主要依靠水路。而广西与广东最大内河水路就是桂江，恰好桂江贯穿北陀。北陀靠近桂江边有一片小平原，在这里屯军一来可以守护桂江航运，二来可以开辟水田，耕种庄稼，自食其力。因此，东汉就在这里设置了半军事性的屯守所。在北陀发现的汉代墓葬应该就是这些屯垦将士留下来的。

将军山下发现国宝

在贺州市城区边缘的莲塘镇新莲村，耸立着一座高大的山峰，山似一位挺立的将军，因此得名将军山。传说很久以前，这里曾埋葬着一位将军，也埋葬有一笔可观的陪葬财宝，吸引着无数想一夜暴富的人前来寻宝。然而，传说毕竟是传说，财宝始终没有发现。2007年12月，两件1500多年前的青釉瓷骑马人物俑和青釉瓷牛车人物俑在将军山脚下被发现，让这个传说再次成为市民茶余饭后的谈资，宝藏的传说甚嚣尘上。

时间回到2001年，贺州军分区在将军山脚下的建设工程正式开工，这里是一片荒地。一天，一位谢姓群众到工地上寻找废

品，希望捡获一些被推土机和钩机司机丢弃的矿泉水瓶。在一座泥堆里，他意外发现了一些泥塑小人像，还有陶碗、陶罐等器物，更多的则已被碾压成碎片。谢某有些文物知识，知道这些东西有可能是文物。于是，他在泥土中搜寻，一共找到9件形状完整的东西。因为是白天，他不敢拿回家，便不动声色地把这些东西就地掩埋。到了晚上，他才悄悄地返回工地，把这些东西取了出来，并带回家收藏。

转眼到了2007年，贺州军分区大院早已建成使用，将军山脚下也早已高楼林立，成了繁华的市区。这时期，黑市上的文物价格也暴涨起来。谢某于是准备把手中的文物出售换钱，经过几拨文物贩子看货，将军山下出土文物的消息不胫而走。12月4日，为了探明情况，1名专业人员和1名热心人士假扮成古玩商，与销售者接触。确定情况真实后，即报告了公安部门。在公安干警和博物馆工作人员的说服下，谢某很快意识到买卖出土文物是违法行为，于是将全部9件文物上交国家。

这9件文物都是两晋至南朝早期烧制的青釉瓷器。其中3件是人物俑，6件是碗壶之类的盛器。3件人物俑中的青瓷牛车人物俑和青瓷骑马人物俑特别珍贵。

青瓷骑马人物俑的主人似骑士，健壮高大，满脸胡须，跨坐马鞍上。马前两位侍者站在左右两侧，双手扶住马笼头。马后亦有两名侍者，双手执杖。用捏塑手法真实地记录了六朝时期贵族骑马出行的生活情景。

青瓷骑牛人物俑由"一台一牛一车一主五侍从"等部分组成，整件文物保存完美，形象生动。底座为长方形平台，台上有一长方形车厢，厢后置一门，供上下车使用。车的双轮高大，每轮十辐。车上有一尊者和手持牛绳的车夫，车厢前置一小案台，主人俑双手放于台面上。牛车边有三位仪仗护驾。车前厢前右侧坐着车夫，他拉着缰绳。牛的两侧各站一侍者，左侍从俑头戴笼冠，神情严肃。右侍从俑双手执杖。车尾立一俑，双手执杖。拉车的陶牛体形肥长粗壮。

西汉初年，由于秦末战乱，马匹稀缺，"自天子不能具钧驷，而将相或乘牛车"，尽管牛车在汉初是比较低档的交通工具，但因战争刚过，民生凋敝，将相上朝也只能乘坐牛车。到东汉后期，牛车规格升级，士大夫已喜乘牛车。东汉灵帝、献帝以后，风气为之一变，牛车变得尊贵起来，魏晋时期的士人崇尚无为，喜欢清淡，他们觉得乘马车有武夫之相，而牛车安稳洒脱。乘坐牛车快速成为士人清流和社会风尚，连皇帝赏赐大臣都是四乘牛车。将军山发现的牛车人物俑用捏塑手法真实地记录了六朝时期牛车的运行情况和人们的日常出行情况。

两件瓷器造型生动，鲜活地反映了六朝时期的生活气息，具有相当高的艺术价值，但由于它们不是通过科学的考古发掘出土，有许多伴出信息已经遭到了破坏，这又使得它们的科学价值打了不少的折扣。后来，它们被评为国家二级文物。

一件瓷器指引人们寻找一座城

1972年5月30日，昭平县走马公社庙㭙大队小学兴建校舍，工人们在清理地基时，在距离地面一米半深的土坑中，偶然看见一件露出耳部的青瓷器。庙㭙小学教师崔丹红闻讯连忙叫工人们暂时停工。她独自用竹签轻轻地清除表土，慢慢把器物完整地从土里取出，然后又用一张报纸把这件宝物包起来，带回学校办公室，锁在公文柜中，小心翼翼地保管了近3年。

1974年秋，时任昭平县文化馆干部的李兆宗被分配到走马公社庙㭙大队蹲点支教。李兆宗是位画家，曾参加过广西文物工作队在荔浦、平乐和合浦等县的考古发掘工作，具有粗浅的文物知识，他经常利用大队的宣传栏，宣传文物保护。崔老师看到这些内容，便把自己保护的青瓷壶拿给李兆宗看，李兆宗大喜，他用笔为这件器物画了一张写生稿，寄到自治区博物馆。

一周后，自治区博物馆派出两名专家来到昭平。当他们看到青瓷壶之后，非常高兴，因为这是一只唐代长沙铜官窑烧制的青釉褐彩绘花鸟纹壶，而在此之前，唐代铜官窑器物在广西一直没有发现。他们向崔老师说明了出土文物应交国家的政策，崔老师积极响应，爽快地将这件青瓷壶交由自治区博物馆收藏。

走马公社庙㭙村这个思勤江河畔的小盆地，为何会出现长沙窑的文物？这个谜团一直悬在李兆宗心头。时光转眼过了10余年，这时，李兆宗已经担任昭平县文物管理所所长。在检索昭平文管所藏品档案时，他发现庙㭙村附近居然还出土有汉代盘口壶，这让他对庙㭙村有了更为强烈的好奇心。1988年，庙㭙村再次有古墓被发现，这是一座东晋石室墓，墓中出土的青瓷冰裂纹壶被评为国家二级文物。随后，又发现南朝和宋代古墓群。这些发现说明，从汉代到宋代，这里一直有人居住，一个地方延续这么长时间都有人类活动，必然一直处于重要位置。

遗憾的是，李兆宗心头的谜团一直到他退休时也没有解开，他把这个揭开谜底的任务交给了文物管理所接任所长肖继光。肖继光经过长时间考察和翻阅史料，在昭平镇的江口村发现了一座古城遗址，后经研究发现，这个古城遗址有可能就是南朝静州、唐代富州和后来的龙平故城遗址。

沿着城址研究的线索，肖继光继续查阅史书。宋《太平寰宇记》中的一段记载引起了他的注意:"废安乐县,在县东北五里。"这里的县是指龙平县,如果龙平县城址在今昭平镇江口村,那么"东北五里"的地方就应该是安乐县城址。因为,庙桁村就在江口村东北五里。有了这个发现,肖继光继续查阅资料,发现《大清一统志》《广西通志》、民国《昭平县志》均有"安乐废县,在县东北五里"的记载。

安乐县始建于南朝梁普通元年(520年),到隋炀帝大业三年(607年)第一次废止,并入龙平县,存续87年。唐武德四年(621年)重设安乐县,武德九年(626年)再次撤销,实际上又存在了4年。也就是说,安乐县前后共存在91年。安乐县的存在时间与庙桁村出土文物的历史时间正好吻合,这更坚定了肖继光关于安乐县城址可能是在庙桁村的猜想,如果猜想属实,则东晋青瓷壶和唐代长沙铜官窑陶壶何以会出现在这里的历史之谜也就迎刃而解了。直到退休,肖继光也没能在庙桁村附近找到古城遗址。难道古城遗址在历代开荒耕种中破坏了?又或许当时根本没有设置城池?

范文澜撰写的《中国通史》记载,南朝梁武帝开始大量增设郡县,512年梁境内仅有23郡。至540年,迅速增加到107郡。郡按大小共分五品,下品郡多设置在边地,这些下品郡县有的甚至只是一个村落。范文澜的这种记述或许就为庙桁村找不到安乐县城址给出了一个合理解释。隋初,兵部尚书杨尚希向隋文帝杨坚进表也说:"郡县繁多,或地百里数县,户不满千二郡分领,谓民少官多,十羊九牧。"其实这种增设郡县造成官多民少的措施都是为了加强边境管理,提高镇守戍边将士地位和待遇而采取的临时措施。也正由于这些新设置的郡县城池过于简陋,有的甚至可能只有官衙而无城池,因此城址很难寻到踪迹。

▼ 昭平出土的长沙窑釉下彩青瓷壶

岁月留痕——简介几件贺州纪年铭文物

纪年铭是古代器物或器皿上所铭刻、书写的确切年号及月、日等铭文，它的发现直接指明了文物所处的年代，往往会成为同类器物考古断代的参考坐标，因此极其珍贵。含有纪年铭的实物资料有碑碣、墓志铭、墓砖、简牍、青铜器、古钱币、陶器、瓷器等。除钱币和墓砖外，历年来，贺州发现的纪年铭出土文物数量极为稀少。

西晋"永嘉"墓砖

1986年11月，钟山县红花乡财政所准备建楼房，民工在开挖地基时发现了一座砖室墓。文物部门闻讯赶到现场，遗憾的是，此墓封土早年已被削平，近年在建设中又遭到不同程度的破坏，墓葬形制也因反复破坏而变得无迹可考。现场唯一可以考证的是残存的墓室铺地砖。砖朝上一面饰网格纹，一侧印有铭文。部分砖铭经拓片可以清晰辨认，记有"永嘉六""富且贵""日已卯化"等文字。墓中遗存的完整文物仅有一件瓷碗和一件瓷碟。这两件文物的历史年代均可由墓砖铭"永嘉六"判定。

"永嘉"年号历史上共有3个，分别是东汉冲帝刘炳的年号、西晋怀帝司马炽的年号、大理国宪宗宣仁帝段正严的年号。大理国与贺州无关，其年号很明显可以排除。汉冲帝刘炳于公元144年八月庚午即位，到公元145年正月戊戌去世，在位不足半年，卒年仅3岁，也不存在永嘉六年纪年的可能性。因此就只有西晋怀帝司马炽的年号了。司马炽是晋武帝司马炎之子，光熙元年（306年）即位，次年（307年）改元永嘉。但他在位期间，东海王司马越专权，无所作为。永嘉五年（311年），前赵将领刘曜攻破洛阳，司马炽被俘到平阳。永嘉七年（313年）春，前赵国主刘聪在宴会中命亡国之君司马炽著青衣行酒，晋旧臣当场悲愤号哭，刘聪觉得司马炽还有一定的号召力，担心他联合众人造反，于是把他杀害。永嘉六年（312年）时，晋怀帝司马炽已成傀儡，已是亡国之君，但地处岭南的贺州，仍然不知道朝廷发生的政变，所以仍然使用"永嘉六年"年号。出土的两件瓷器因此也就被断代为西晋文物。

南宋"德祐二年"城碑

临贺故城是一座千年古城址，从汉元鼎六年（前111年）开始到1952年，一直是临贺县、临贺郡、临庆国、临贺国、贺州、贺县等县、郡、诸侯国、州等行政建制的治所。城址内历史遗存非常丰富。早在1970年代，贺州文物工作者就在临贺故城古南门遗址中发现了一块极其珍贵的铭文碑，上面有"德祐二年，岁在丙子，三月三日，郡守陈士宰重建，郡人毛迈监"的字迹。

据清代修编的《贺县志》记载，这通石碑

▼ 南宋"德祐二年"城碑

原来镶嵌在临贺故城的南门墙上，它的出土重新唤醒了人们对临贺故城城墙的记忆。

"德祐"是南宋恭帝赵㬎的年号，他是南宋第七位皇帝，即位时年仅4岁，南宋正受到元兵的攻打，形势危急。第二年，也就是德祐二年（1276年），元军包围南宋皇都临安，宋恭帝在临安皇城投降，宣布退位。南宋群臣张世杰等人后来扶持其兄赵昰即位，即宋端宗，时年仅有10岁。1278年，赵昰因落水受惊病逝，其年仅7岁的弟弟赵昺即位，即宋末帝。1279年，南宋最后据点崖山被元军攻陷，左丞相陆秀夫背着赵昺投海自杀，南宋灭亡。

德祐二年（1276年），贺州重新修筑城墙，这是贺州郡守陈士宰为抵抗元军而提前加固城防所实施的一项重大工程。临贺故城历史非常悠久，它始建于元鼎六年（前111年），故城的土城墙修建于汉代，六朝时开始包砖，此后历代都有维修。德祐二年（1276年），具体负责修城工事的领头人是监工毛迈，他是贺街籍进士毛铿的儿子。他对城墙的修筑质量要求非常严格，经

费不足,他就带头捐金三百。等够了资金,他不仅把内外墙及墙顶全部包砖,并新增内外墙的砖砌女儿墙。为了把城防修筑成经得起时间检验的坚城,他还把一块纪年铭碑镶在了南城门的墙头上。物质的城墙易修,而精神的城墙难筑,当元军到达贺州城下时,郡守陈士宰投降了元军。

  1938年,日军第一次入侵广西,日机时常飞临临贺故城上空狂轰滥炸。向外疏散的群众被堵在狭窄的城门里,进出不得,导致踩踏事件不时发生,甚至出现伤亡事故。迫不得已,当时的贺县当局只得于1939年下令拆毁城墙。一夜之间,曾经被宋代文豪苏辙描述为"攀堞莽不见"、被清代诗人汪全泰赞为"临贺故城天半高"的雄伟史迹——临贺故城城墙,最终被夷为平地,给后世留下了巨大遗憾。

▶ 永和二年青瓷格盅

东晋"永和二年"青瓷格盅

  2001年9月,贺州市(县级)莲塘镇一位刘姓群众在自留地里开挖池塘,准备蓄养泥鳅。不料挖出一些古砖,他意识到可能是一座古墓,连忙到贺州市博物馆报告。市博物馆当即派出专家到场发掘,除了发现一些青瓷碎片外,还发现了一件青瓷格盅。当清洗完毕后,人们惊奇地发现,格盅底部居然刻有阴纹"永和二年丙午岁"7个字。

  格盅是古人盛装点心的日用品。这件青瓷格盅共分九格,内心为一圆形格,圆格外有8个相等的方格。

  "永和"年号在我国历史上共有3个皇帝使用过,即东汉顺帝刘保、东晋穆帝司马聃、十六国时期后秦国君姚泓。但是东汉顺帝永和二年是丁丑年,后秦永和二年是丁巳年,都与"永和二年丙午岁"不符。东晋皇帝司马聃的永和年号共计12年(345年至356年),永和二年(346年)正是丙午年。一般来说,由于缺乏科学的检测设备,专家们在判断文物的年代时,更多依靠与有确切年代的同类器物即标型器进行对比,凡是一件器物的器形、

质地、纹饰和加工工艺正好与标型器相同，则这件文物与标型器同属一个年代。依靠这种对比法来判断年代，误差较大，往往只能判断属于哪一个时代，而不能精确到具体的年份。而这件格盘由于有准确年款，它的历史年代就可以精到年，因此，也就成了判断贺州出土东晋瓷器断代的坐标性器物，其科学价值自然不菲。后来，它被广西壮族自治区文化厅组织的专家鉴定组评为国家二级文物。

南宋"淳熙"青釉碗模

2018年9月，为了配合富川瑶族自治县修筑县城至朝东镇二级公路，广西文物保护与考古研究所对项目所经过的富川瑶族自治县城北镇马山村宋代古窑址作了考古发掘，2019年1月发掘活动结束。

此次发掘共清理出龙窑两座，每座窑的窑床长30多米，宽2.5米，出土了碗、壶、罐、盏、碟及窑具共300余件。器物多施青釉或酱釉，造型精美。在这批出土文物中，以一件刻花碗模和一件刻花茶盏模价值最大，这两件模具上均刻有"淳熙拾年夏孟月周十七置用"等字。"淳熙"是南宋孝宗赵昚的年号，共使用了16年。乾道九年（1173年），宋孝宗祭祀圜丘，大赦天下，次年（1174年）改元淳熙。此后，一直到宋光宗二年（1190年）改元绍熙，才停用淳熙年号。之前，富川各大窑址地表亦能采集到大量古瓷片和窑具，由于缺乏断代依据，只能粗略地断定这些窑址为宋代遗址，至于是北宋还是南宋，一直不能肯定。这两件模具出土后，富川窑址的历史年代即被准确地判定为南宋。

西晋"元康"纪年砖

2019年9月6日，在八步区大宁镇湖广岭拆旧复垦工程中，施工人员发现了一个穹形坑道，上面砌有许多花纹古砖，于是马上停工并上报。接报后，考古人员抵达现场开展古墓发掘。可惜，这座砖室古墓已经被盗，墓室里只有一些陶片和已脱釉的青瓷碎片。幸运的是，在墓壁上有一些刻有文字和花纹的青砖、红砖。经过清洗，有些墓砖上可以清晰辨认出"元康四年十二月"字样。

历史上有两个皇帝用过"元康"年号：一个是汉宣帝刘询，他是西汉的第十位皇帝，是孝宣之治的开创者，他的"元康"年号从公元前65年到公元前61年，总共使用4年有余。第二个是西晋惠帝司马衷的第三个年号，从公元

291年到公元300年，共使用9年。由于汉宣帝的元康年号只用了2年多时间，而出土的墓砖铭文为"元康四年十二月"，显然，这些墓砖制作于西晋时期。

潇贺古道

南岭横亘于云贵高原和武夷山之间，自古为阻隔五岭南北的天然屏障。历史上共有5条大通道交通五岭南北，它们分别是萌渚岭古道、越城岭古道、都庞岭古道、骑田岭古道、大庾岭古道。萌渚岭陆上古道通过连接潇贺两江水路形成的水陆联运大通道称为潇贺古道，这条古道又分东西二线，东线走向是：潇水—湖南道州—湖南江华—广西贺州市八步区桂岭镇—贺江；西线走向是：潇水—湖南道州—湖南江永—广西富川—贺江。

潇贺古道的历史十分久远，4000多年前的舜帝沿着这条古道南巡，使得这条古道首次进入史料，这次也使得潇贺古道成为五岭5条大通道中史载最早的一条道路。

到战国时，楚相吴起沿着这条古道向南统一"洞庭"和"苍梧"等地，潇贺古道的道路交通系统进一步完备。秦始皇三十三

▲◀ 穿过富川瑶族自治县福溪村的潇贺古道

▶ 穿过八步区桂岭镇七里村的潇贺古道

年（前213年），潇贺古道首次作为国家战略设施得到修筑。自此，从潇水到贺江之间长约110公里的萌渚岭峤道被建设成为能快捷通行的"驰道"和"新道"。从这时起，潇贺古道成为具有全国性战略意义的"国道"或者"官道"。

秦末汉初，以萌渚岭为界，岭北的古道由西汉封国长沙国占据。岭南的古道段由独立的割据政权南越国占领。双方隔岭而治，均倾力强化古道建设，以便在军事上取得优势。由此，今江华县城沱江成为古道在岭北的交通枢纽。而岭南则沿着贺江形成了芜城、旧县肚、封阳城、江台城等城市中心。西汉武帝统一全国后，汉越对峙期间在今贺州域内所建城池大部分被改造成县城，其中旧县肚成为临贺县城，封阳城成为封阳县城，江台城成为富川县城。芜城在三国时成为桂岭县城。

在五岭的5条大通道中，越城岭古道尽管在秦始皇时代已经开通灵渠，但由于工程复杂，事实上秦汉之时其通航性能一直不佳，直到唐代的鱼孟威把灵渠工程作了全面完善，才能够正常交通。也就是说，受制于灵渠这个瓶颈，唐代以前越城岭古道并不能较好地发挥功效。大庾岭通道也是一直要到唐代才在宰相张九龄的主持下修通。都庞岭和骑田岭两道因地形复杂、地势险要，唐代之前亦是难于发挥作用。潇贺古道由于沿途山势最为平坦，与王都长安又距离最近，道路的通达性最好，因而在唐代之前，5条古道中以潇贺古道发挥的作用最大。

潇贺古道北经潇水、湘水和汉水可连长安、洛阳，南经西江、南流江、北流江和珠江可连合浦、珠三角，并可经徐闻出海。中国最早的海上丝路"合浦丝路"，在汉代的时候事实上亦是通过潇贺古道完成与中原的对接。因而，历史上的潇贺古道，在推动岭南地区的发展、促进岭南文化与中原文化的交融、维护岭南地区版图完整和防止割据独立等多个方面都发挥了不可替代的作用。

第八章 农工轶事

至少在6000至1万年前,贺州就开始进入文明时期。从那时起,贺州先民已经采用磨制和穿孔两项技术制作石器,使之成为生产工具和生活用具,在富川鲤鱼山发现的穿孔磨制石刀器形规整。贺州先民还能够通过采集、捕捞、狩猎等技术手段获取生活必需品,在八步区仁义镇寺平山贝丘遗址中发现有大量古人采集的田螺壳、在八步区桂岭镇发现有这时期的捕鱼用石网坠、在八步灵峰山洞穴遗址中也发现有古人丢弃的动物骨骸。这个时期,贺州也能够通过高温烧制使泥土发生化学变化制作陶器。在贺州的每一处新石器时代遗址中都能发现陶片。贺州先民还能建立城池作为居住和防御之所。在八步区信都镇王寨,发现有新石器时代的古城。

到青铜时代，贺州先民已能采选并冶铸锡矿、铅矿和铜矿，还能够用这3种矿物混合制造青铜合金，并能通过调节合金的成分比例，制造不同用途的青铜器，如兵器的锡含量接近1/4，礼器的锡含量接近1/5。在贺县沙田镇出土的国宝麒麟尊，就是春秋至战国时期的大型青铜酒器，被定为国家一级甲等文物。这时期，贺州所开采的锡矿除了用于铸造之外，还用于中药治病，战国时的一些医药典籍对贺州锡矿入药的事情已有记载。此外，这时期贺州还能加工制作玉器，在平桂区望高镇犁头镇发现有春秋时期的高领玉璧。贺州沙田龙中山还出土了两件原始青瓷擂钵，钵上覆盖有一层薄釉。这时期，贺州已能造船，沙田出土的青铜鼓上就绘有船的图案。

汉代贺州是一个涌现新技术的高峰时期。这时候，人们已能凿井取水，在铺门镇发现有东汉的井壁砖；能烧瓦盖房，在铺门镇发现有汉代瓦当；能广泛制造使用铁器，在八步区、平桂区、昭平县、富川瑶族自治县和钟山县的东汉古墓群中都发现有铁器；能提炼并使用水银，在平桂区黄田镇新村古墓群的汉墓墓底大多会铺设一层水银；能制作使用漆器，在贺州的汉代古墓中，所陪葬的铜镜大都存放在漆盒之中；能使用矿物颜料作画，在铺门汉墓群中出土的汉代彩陶坊、大宁赖村汉墓群中出土的陶盒都使用矿物颜料在陶器表面作画；采用犁田技术，汉墓中出土铁犁颇多；使用弩机增强弓箭的发射力量，钟山县汉墓中出土有青铜弩；到东汉时，还能烧制砖块，砌造墓室。这时期，贺州的清酒酿造技术全国领先，所生产的苍梧清酒为全国最好的清酒，其酒品甚至超过了当时宫廷用于祭祀的玄酒。汉代贺州还出现了制金与鎏金技术，在铺门汉墓群的一些大墓中常陪葬一些鎏有金粉的鸡蛋和一些黄金饰片、扣金玉饰等器物。这时的家畜、家禽饲养业也较发达，八步、钟山、昭平三地出土有较多的各式汉代畜圈。贺州汉墓中券拱顶出现概率较高，说明当时券拱技术已经成熟，为后来贺州建设拱桥打下了技术基础。三国两晋南北朝时，

▶ 在八步区贺街镇发现的东汉鸡俑

贺州已会制作使用牛车,还会用牛来代替人力拉犁耕田,在八步区的贺街镇和莲塘镇的一些古墓中发现有车俑、牛犁耕田俑。

唐代,贺州刺史李邰发明彩选游戏,为后来的麻将与纸牌游戏雏形;贺州利用本土所产黄蜡石制成的"临贺石斑笔"闻名全国;贺州已开始使用烧制出来的红砖和青砖砌造城墙。

宋代贺州出现了另一波技术高峰。这时期,朝廷在贺县设立钱币铸造厂,工匠们使用铁锡合金制造夹锡钱。宋代贺州的制瓷工艺亦有较高的技术水平,能够仿制当时全国绝大多数名窑出产的陶瓷产品。富川和钟山县迄今仍保留有宋代瓷窑。宋代贺州酿造技术在岭南亦独树一帜,所生产的瑞露酒畅销于岭南乃至湖广地区,后来因为成为广西帅司公务接待的指定用酒,全部技术被帅司府垄断,这种酒也就被称为帅司瑞露,成为广西的公厨官酿。宋代贺州已能架设浮桥,连接临贺郡治所在地贺街河东码头至河西东门码头的宋代浮桥铁链至今仍保存在贺州市博物馆。宋代贺州的瑶族同胞还能制作芦笙,能对纺织品进行蜡染。

明代贺州的水利技术较为成熟,在今八步区贺街镇西球村和今富川瑶族自治县城北镇栗木岗村修建的两处石坝,都采用筑坝拦江提高水位,再从河侧开渠引水进入农田进行灌溉。明代富川县修建的回澜风雨桥,不用一钉一铁,全靠木榫连接而成,至今保存完好。在官员黄仲拙的带领下,明代昭平的思勤江和府江都进行了平礁除险、疏通航道的工程。

清代贺州民间普遍实行轮作技术以提高土地的肥力,还发展养蜂、培植香菇等特色产业,信都至八步的红瓜子成为贺州出口的大宗产品。

从民国时期开始,贺州的技术管理、利用、研发等环节都告别了历史上一直以来主要以行业、作坊甚至家庭独立进行的分散管理模式,地、县两级政府部门都开始设置专业机构进行技术管理,由建设科管理工程技术和农业推广,还开办工业技术学校。民国十六年(1927年),贺县开始引进矿山机械和冶炼设备;民国三十二年(1943年),贺县光明化工厂兴建一处水头230米、装机容量108千瓦的引水式水电站,为广西第一座水电站。

为在半桂区东水村水岩坝矿区筹设模范采矿场,1927年,时任富钟贺三县矿务整理处处长莫剑衡从马来西亚引进英国人开采锡矿的全套设备和开采方法,此为广西使用现代技术开矿的发端。此后,机采公司在广西和贺州迅速普及。

富川瑶族妇女在风雨桥下表演民族歌舞

农工生产沿革证明，史上贺州在农业和工业生产、科学发现、技术发明等方面都有不俗表现。

贺州宋瓷

贺州陶瓷制作生产业的历史十分悠久，2014年，富川瑶族自治县狗公山遗址发现了1.1万年前的陶片，说明贺州早在史前时期即有了陶瓷生产。到先秦时期，贺州不仅能够烧造在长江以南地区普遍流行的几何印纹硬陶，而且与中原地区和江南地区一样，还能够烧制原始瓷器，在平桂区沙田镇龙中山出土的原始瓷擂钵釉层从内到外均匀地分布在钵之上。从西汉中晚期开始，汉式陶已经普遍使用，这种陶器尽管胎质较几何印纹硬陶疏松，吸水率也较高，但产量较大，生产成本要比印纹硬陶低许多。从贺街寿丰村古墓群出土的器物看，到东汉末年，贺州民间已经开始使用绿釉陶，这种陶器表面布满一层较厚的翠绿色釉质。南朝至隋唐，贺州不仅广泛使用酱彩或梅青色的原始青瓷，而且湖南生产的长沙窑瓷器开始流入。到宋代，贺州的瓷器生产进入一个大爆发时期，迄今贺州已发现3处宋代窑址，共计100余个窑口。

其中钟山县红花镇有窑址一处，尽管未做考古发掘，但地面观察已能发现一个窑口。红花窑的瓷种以青瓷为主，偶见青白瓷。青瓷的瓷胎灰褐色或者灰褐色中夹红色，胎质疏

松，有较强的吸水性，胎釉色黄，像沤熟了的梅子，且釉层较薄，开细片裂纹，胎釉结合不好，极易脱落。由于在窑址中采集到的青白瓷标本太少，尚不能肯定是否为窑中所出。器形上，红花窑青瓷器主要生产碗和罐两类产品。

在八步区铺门镇白鹤村也发现有一处宋代窑址，由于窑口位于江边，长期的流水冲刷和人力耕种，在地表已找不到窑口的具体方位，但可以发现大量碎瓷片。

富川瑶族自治县是目前贺州发现宋代窑址最多的地方，主要分布在朝东镇，共计有窑口100余处。宋代富川窑口出土的瓷器从颜色上看主要有两种，一种是青色釉，另一种是褐色釉。瓷器的型制很多，有碗、碟、盏、罐、壶、钵、盂7种基本型制，在此基础之上，各个品种的瓷器又通过对纹饰、形状、流、把、盖、底等配套附件的改变，可变换出几十种不同的品

◀ 八步区莲塘镇出土的绘花青瓷罐

种。从胎体的厚薄程度看，富川宋窑生产厚釉青瓷和薄釉青瓷二类瓷种，其中薄釉青瓷的胎体较薄，白色，胎质疏松，易碎。胎上均有刻花，花的题材有莲花、折枝花和缠枝花3种。瓷器表面施较薄的青釉，青釉色如绿琉璃，有一定的透明度，玻璃感较强，且开片。由于釉薄透明，刻花的浮凸仍然呈现胎体的白色。厚釉青瓷为单色釉瓷种，胎厚且呈灰褐色，制胎用的瓷土选料精细、胎体结实。而且釉层肥厚温润、外表晶莹；釉层外有形似蚯蚓爬行的痕迹，仿似钧窑器上的"蚯蚓走泥纹"。这种走泥纹是器物入窑素烧后，再经重复施釉入窑烧造形成的。这说明当时富川的窑口对器物釉色和釉质的品质均有较高的追求和成就。富川各窑口的器物主要有碗、魂坛、罐、瓶等。器物烧制时的装窑工具有匣钵、支钉、垫圈和垫饼等。

在对贺州宋代陶瓷考古研究时，会发现一个非常有趣的现象，就是在窑口中发现的瓷片和古墓中出土的瓷器质量普遍不高，或者瓷胎疏松，或者器形不美，或者釉色不润，或者纹饰粗放。但在临贺故城外围、莲塘镇上寺村钱监遗址中出土的宋代瓷器和瓷片却非常精美。究其原因，在于一方面墓葬出土的都是冥器，为了节约成本，用作随葬品的陶瓷器自然都是价低质次者。另一方面，钟山红花窑和富川窑址都位于欠发达的偏远地区，这两个窑口出土的瓷器不仅质次，而且报废率高。而非墓中出土的瓷器都是人们日常的生活用具，其质量才真正是当时生产水平的代表。可惜，或许是由于历史变迁的原因，这类日用瓷烧制窑址一直没有被发现。但这并不能掩盖宋代贺州瓷器真正的生产水平。从出土器物看，宋代贺州一些瓷器的烧制工艺已经进入当时全国的先进行列。

1990年在八步区莲塘镇发现的一件宋代绘花青瓷罐，高19.5厘米，腹径17厘米，罐身胎体上绘有缠枝花。绘花颜色为红褐色，像铁锈。一般认为，铁锈画花瓷器是宋代名窑磁州窑的产品。据考证，磁州窑的铁锈花是用磁州特有的斑花石作为色料，在釉下绘成纹样，经高温氧化焰烧而成，呈黑色或褐色；而且磁州窑的"铁锈花"，采用中国画写意手法，开辟了中国运用毛笔绘制陶瓷装饰的先例，开创了中国釉下彩绘瓷技艺的先河。贺州的这件宋代铁锈花罐青釉褐花，明显带有南方青釉瓷的风格。但遍数中国南方已发现的宋代各窑口瓷器，均无同类产品出现。当时交通不便，商品流动性不大，贺州出土的瓷器以贺州出产的为主，因而，史家一般认为这是贺州的地方产品。从铁锈花的绘画装饰技艺上讲，贺州的这件器物与磁州窑的产品站在了同一水平线上。

此外，贺州还从遗址中发现黑釉瓷、黑瓷、影青瓷、青釉刻花瓷和白瓷等5种日用瓷。其中以黑釉瓷的工艺成就最高。从瓷胎上看，有部分黑釉瓷所使用的瓷土十分细腻，胎色灰白，具有宋代名窑汝窑的香灰胎特征，有部分瓷器漆光黑亮，釉层润泽肥厚，釉上有兔毫般的细丝，这是宋代名窑建窑的"兔毫"工艺。兔毫纹理效果的形成，缘于釉的液相分离和析晶。在釉的结晶过程中，当温度高达1300℃以上时，就会流淌出色彩深浅不一、形如兔毫的条纹。这说明当时贺州的陶瓷烧制温度也能够达到1300℃以上的高温。有部分黑釉瓷碗的口沿部分会出现一圈不规整的白色釉，这是因为烧制时器口向上，釉下流，口上的釉极薄，露出了瓷胎上的白色化妆土。而这种露胎的现象又与宋代官窑晚期窑口内窑的"紫口铁足"工艺有同工异曲之妙。因而贺州黑釉瓷可谓是汝窑、建窑、内窑等几大名窑工艺的"集大成者"。

贺州出土的宋代日用瓷不仅有白、黄、青、绿、黑、红、酱等丰富的色彩，而且陶瓷器胎体硬实，敲之锵然有声；烧制方法多种多样，匣钵装烧、支钉支烧、垫饼和垫圈垫烧等各种手法都有；装饰手法多种多样，捏塑、堆贴、刻画、绘花，手法繁多，争奇斗艳。同时，贺州的本土窑口还特别喜欢仿制当时全国各大名窑的产品。在贺州出土的宋代瓷器上可以看到均窑的窑变和蚯

▶ 2009年8月11日，对洛湛铁路进行试验的客车驶入贺州火车站。

蚓走泥纹、建窑的兔毫、耀州窑的剔刻刀法、湖田窑釉色的冰清玉洁、内窑的涩胎碗口等名窑的瓷器特征。

民国贺州的"铁路遗梦"

自古以来，潇贺古道、湘桂古道都经由贺州连通桂粤湘三省。贺州是三省交界处的重要交通枢纽，畅通贺州交通，无论对粤西北、桂东、湘西南及其所辐射地区的资源开发及国防建设都具有重要意义。

早在1932年，粤汉铁路即将通车的时候，为了连通粤桂，广东军政首脑陈济棠即与广西新桂系主政人物黄旭初、李宗仁、白崇禧等人商定，共同筹资建设三贺铁路。

双方认为，广东、广西自古是唇齿之地，为发展实业、开发矿源，必须加强联系。而要加强经济联络，又以建成便利的铁路交通最为重要。为此，双方同意携手修筑由广三（广州至三水）铁路终点站三水河口衔接广西桂林市的铁路，商定从三水河口经四会、广宁、怀集、连山一段由广东省兴建，贺县至桂林段由广西省负责，全线近600公里。其中三水至贺县段称为"三贺线"。如果这条铁路建成，对于广东，它将大大缩短由广州沿京广线北上湖南经衡阳入桂的路程，有利于两广物资的交流，对开发广东省西北部广阔山区丰富的林产、矿产资源，改变山区贫穷落后的面貌具有极其重要的价值。而对20世纪30年代的广西，当时的工业还很幼稚，但矿业却有相当的发展，其中又以富贺钟矿场最大，这里的水岩坝模范矿场甚至已用机器开采钨矿。模范矿场本系政府经营，时由贺成公司承租，所得纯利按四（政府）六（公司）分成。富贺钟是广西当时最有名的矿区，公司林立，如三贺铁路修成，则富贺钟出产的锡矿、钨矿、煤矿及八步、黄田、英家等地的商贸物资，湖南西南部的大宗农产品均可由铁路直达广州。鉴于以上意义，时任国民政府西南政务委员会委员的邓泽如极力赞成这一计划，支持从速开工建设。

可惜，因财力的限制，1932年这个项目并没有能够得到实施。后来，粤汉铁路如期于1933年6月通车。为了完成粤汉铁路与西南铁路网的对接，1933年两广又重提三贺铁路建设之事，认为三贺铁路不仅事关粤桂两省经济的发展，还有利于巩固国防。1934年，拟建的三贺铁路正式开始测量。不料，5名工程测绘技术人员中，有3人在今广东省广宁县东乡镇扶赖管理区的绥江河段遭遇洪灾身亡。经

▲ 高铁动车公交化开行，贺州已成为湘粤桂重要的交通枢纽城市。图为动车穿梭在贺州美丽的田野。

此变故，三贺铁路的测绘工作只得后延。而当时的粤桂两省与蒋介石集团把持的国民党当局芥蒂颇深，为了限制粤桂发展，防止粤桂两省联动反蒋，国民党当局财政对三贺铁路的建设一直未予支持。1936年6月1日，粤桂两省发动"六一"事变，联合倒蒋。这次事变使得陈济棠下台，最终导致拟建的三贺铁路胎死腹中。1946年6月，国民党新桂系召开的广西省参议会成立大会暨第一次大会上仍然通过了议案——《拟请交通部迅予修复三贺公路，准备建筑三贺铁路案》。但战事纷乱，条件有限，这个议案最终也没能得到落实。

然而，贺州人的铁路梦却一直没有破灭，2009年9月28日，贺州火车站顺利落成，经由贺州的洛湛线修筑成功，贺州不通火车的历史也终于结束。

天下锡都在贺州

贺州地处萌渚岭南缘，地理构造复杂，成矿地质条件有利，矿产种类繁多。以至于《实用大字典》说，因贺州产锡最盛，锡也称为贺州的"贺"。

最早记载贺州产锡的文献是我国第一部药学专著，即成书于战国至西汉早期的《神农本草经》，其中有"锡生桂阳山谷"之句。"桂阳"一词现在一般指湖南的桂阳县，即汉初以来的"桂阳郡"。如果这本著作成书于战国，则先秦尚未有"桂阳郡"这个行政建置。那时候，"桂阳"是指桂岭之阳，即今天八步区桂岭镇南面的大片山岭；如果这部著作成书于西汉早期，则南朝梁学者陶弘景在他的《本草经集注》中就已经明确阐释了贺州与桂阳的关系，他说：《神农本草经》指锡产自桂阳，是因为汉武帝元鼎六年（前111年）设临贺县之前，尽管贺州实际上由割据政权南越控制，但西汉朝廷不予承认，在西汉的行政版图中，贺州仍被划入桂阳郡。也就是说，贺州是从桂阳郡拆分出来的。

先秦之后，贺州锡矿一直都在大规模开采。南朝医学家陶弘景在《本草经集注》中说，南朝全国之锡主产于贺州。唐朝苏恭则说，贺州所产之锡"惟此一处资天下用"。甚至在唐朝的时候，贺州之"贺"已经成了锡的代名词。唐朝大医学家苏恭在他的医学专著《本草图经》中就说，唐代称锡为"贺"。宋代元丰元年（1078年）全国产锡232.2万斤，其中贺州87.9万斤，占全国总量的37.9%。南宋乾道年间，贺州平均每年外运铸钱的锡占全国的62%。可以毫不夸张地说，在那个时代，一天没有贺州锡矿的供应，全国就没钱用。

贺州出产的锡品之所以能够冠绝天下，除了产量高之外，另一个重要原因是精锡品位高。在古代，贺州之锡不仅满足了青铜铸造业、钱币制造业、手工业等方面的需要，还被用来入药。也正由于贺州之锡最为精致，医家只用贺州所产之锡作为药引，一些医家为了称呼方便，干脆就将贺州之锡简称为"贺"。渐渐地，贺州之"贺"也就成了锡的别称。明代科学家宋应星在《天工开物》中称："凡锡，中国偏出西南郡邑，东北寡生，古书名锡为贺者，以临贺郡产锡最盛而得名也。"明代著名医学家李时珍在他的著作《本草纲目》金石部第八卷中也说："（锡），方术家谓之贺，盖锡以临贺出者为美也。"民国以后，贺州更是以所炼锡块的高纯度而闻名。1944年，贺州精锡纯度高达99.8%，居世界首位。这种纯度的锡块敲之即发出清脆响声，尤其受到国际市场的欢迎，"贺州响锡"成为国际品牌。新中国成立后，1951年4月，平桂精锡被批准使用"五星SN"商标。1958年，西湾选炼厂用火法炼出了我国第一批含锡99.96%的特号锡。1979年，在国家首次评审和颁发优质产品奖时，贺州精锡继荣获广西名牌产品称号后荣获国家优质产品金质奖，这是广西当时唯一获国优金奖的产品。1980年贺州所产"飞碟"牌精锡荣获冶金工业部优质产品称号。1984年，贺州首次炼出含锡99.99%的高级锡，"飞碟牌"精锡再次荣获国家优质产品金质奖。1987年，"飞碟"牌精锡被评为中色总公司优质产品。1989年，"飞碟"牌精锡锭在北京首届国际博览会上荣获金奖。

历史上，产锡业一直是贺州地方经济的一大重要支柱。清代康熙至乾隆时期，由于大量广东资本注入贺州采矿业，又在贺州催生了路花、西湾、黄田、牛庙等许多贺州现存的圩市。贺州锡矿产业也是整个民国时期广西财政不可或缺的重要支柱。民国之前，广西财政缺额由清廷从外省调拨"协饷"补充。辛亥革命后，广西独立，"协饷"断绝，广西财政十分困难。旧桂系为培育财力，采取了官办民营或民营等多种手段吸纳民间资本进入矿业，贺州锡业快速发展，成为广西重要经济支柱。也正是由于贺州锡业的丰厚利润解决了军饷所需，驻扎贺州的军阀沈鸿英成为旧桂系中实力最强的一支。二战时期，锡为军火制造必需品，锡贸易存在巨大利润。新桂系于1927年至1931年间采取放开开采、统一提炼的政策，吸引了大量资金，也引入了国外先进技术投入到贺州的锡矿生产，由此推动了冶锡业的发展。1934年，广西年产锡200万斤，其中贺州192万斤，占整个广西锡产量的96%。为此，新桂系代表人物白崇禧于1932年4月提出了将贺州锡矿业建设成为广西工矿业"保姆"的计划。从1938年10月开始，贺州锡业由平桂矿务局统一管理。新中国成立后，1952年，平桂矿务局开始履行广西矿务总局的职能，管辖全广西的有色金属工业企业。迄今，因矿产资源枯竭，贺州的锡业生产已经大大萎缩，但以锡业生产为主业的平桂飞碟公司，仍是贺州产值最大的一家工业企业。

进入近现代，贺州锡业生产创造了一系列广西乃至全国第一。1907年，广西巡抚在贺州设西湾官矿局，这成为广西官办有色金属矿冶业的开端。1927年3月，贺州从马来西亚引进英国人的全套锡矿采选设备，用柴油机发电供应动力，这成了广西使用现代技术开矿的发端。1938年，为供应锡业生产的八步电力分厂建成，装机容量2×1600千瓦，是当时广西装机容量最大的火力发电厂。1941年2月，坐落于平桂区西湾镇的炼锡厂建成广西首座8.5平方米粗炼反射炉。1982年，冶金部在平桂局召开锡选矿会议，由平桂冶炼厂与冶金部试验所共同制定的锡精矿化学分析方法被列为国家标准。1988年，经国务院发展研究中心、国家统计局评定，平桂矿务局被列为中国50家最大经营规模工业企业之一，居全国有色金属矿采选行业第7位。

由于贺州锡业生产在全国乃至全世界都有着重要地位，新中国建立后，各级各部门领导十分关心贺州的锡业发展，多次到贺州锡业生产企业平桂矿务局视察。1951年，广西省委代理书记陶铸到平桂局视察。1955年，重工业部部长王鹤寿视察平桂。1957年10月，广西省委书记兼省长韦国清视察平桂局。1958年，中共中央委员、共青团中央书记胡耀邦视察平桂局。1962年，冶金部部长吕东、中南局第二书记王任重在广西区党委书记覃应机的陪同下也先后视察了平桂。

贺州发现中国核工业"开业基石"

贺州矿藏十分丰富。来自贺州市钟山县花山乡三叉村西法山的一块被誉为中国核工业"开业基石"的铀矿标本，证明了中国不仅不是贫铀国，而且蕴藏有丰富的可利用核资源。因而坚定了以毛泽东为首的党中央走中国独立发展核工业道路的决心。

新中国成立的第二年，即1950年，朝鲜战争爆发。为反击西方阵营对我国的核讹诈，1954年，毛泽东对来访的苏联领导人赫鲁晓夫提出了中国打算制造核武器的想法，希望苏联给予援助。要制造核武器首先要解决核原料的供应问题。当时，美国为了垄断核技术，到处散布中国是贫铀国的谣言，想借此打消中国制造原子弹的决心。但是以毛泽东为首的党中央不信邪，于同年成立了铀矿地质普查办公室，赫鲁晓夫也派来了一批苏联专家顾问，协助我国普查铀矿。

其实，早在民国时期我国就已经发现了铀矿，找到第一块铀矿标本的地质学家是南延宗和吴磊伯。南延宗于1931年毕业于南京中央大学地质系，先在北平地质调查所工作，1940年任江西省地质调查所技正，1941年兼任当时的中央研究院地质研究所研究员。由于业绩突出，1942年中国地质学会授予他"赵亚曾先生纪念奖"。吴磊伯于1938年毕业于北京大学（西南联大时期）地质系，曾任当时的中央研究院地质研究所助理员、助理研究员、副研究员。新中国成立后，1950年至1951年，任中国科学院地质研究所副研究员。1952年至1953年任长春地质学院教授。1956年起到地质部地质力学研究所工作，他还是第五、六届全国政协委员，是我国著名的地质学家。

1943年5月，南延宗应邀到钟山县花山乡黄羌坪作锡矿分布地质调查，在矿区石壁上发现有很多极其鲜艳的黄色粉末状矿物，同时还伴生一种红色矿物。当时，他怀疑黄色的为钒钾铀矿，红色的是钒铅矿。他用小刀刮掉外层后，又发现有黑色矿与黄色矿附生一处，极似沥青铀矿。于是，他采集了全部样品带回桂林。之后，他邀请吴磊伯一起用显微化学分析法、定性分析比较法、放射性试验之照片感光法以及显微镜光性鉴定法等多种手段检测标本，最终确定这些矿标为磷酸铀矿、脂状铅铀矿和沥青铀矿的复合体。同年8月，南延宗、吴磊伯随时任民国中央研究所所长、著名地质学家李四光到矿点复查，他们的结论得到确认。这是中国人第一次发现铀矿，也是铀矿在中国的第一次发现。当时，世界上许多国家都在奖励发现铀矿，他们的这次发现在世界地质科学界引起轰动，受到了极大关注。南延宗由此被人们誉为"中国铀矿之父"。后来，南延宗根据铀矿与钨、锡共生在花岗伟晶岩脉中的规律，预测广西、江西、湖南都有发现具有经济价值铀矿的可能，为新中国铀矿资源的寻找指明了方向。

1946年，当时的民国政府成立专门的铀矿探勘队，到贺县、钟山一带探测找矿。地矿专家谢家荣重新调查钟山县花山铀矿，认为铀矿的生成可能与硫化矿脉有关，属热液矿床。同年5月，广西第一区矿务局管理处秦崇晓等人再一次来到花山调查，并认定钟山县花山铀矿为次生磷酸铀矿和沥青铀矿。但当时国家正值战乱，无法组织核工业生产，对核矿的调查和研究也无法继续深入，只得半途而废。

根据前人的调查结果和发现线索，1954年8、9月间，苏联专家拉祖特金在地质部普查办副主任、北大副教授高之研的陪同下，来到富钟县（1953年至1964年富川县和钟山县合并成一县）黄羌坪（地在今钟山县）再次勘探。苍天不负有心人，很快，他们就在这里发现了一条次生铀矿带。不久，又在同一岩体附近的杉木冲找到了云英岩化锡石脉中的铀矿，含铀浓度很高，且局部富集，原生矿残体和次生矿也很发育。他们连忙挖了几个大坑，最终获得了一块使用价值极高的矿石样品。拉祖特金非常兴奋，一再向高之研等人竖起大拇指，说是难得的发现。他高兴得当晚就上山搞荧光探测，还亲自参加编录、详测、部署揭露工程。拉祖特金叮嘱说，这是非常重要的实物资料，要把这件极为理想的标本送回北京，作为中国富藏铀矿的见证。

对于这次铀矿勘探，今钟山县花山乡三叉村大和自然村的一些村民至今仍记忆犹新，他们说：1954年下半年，深山里来了一支队伍，队伍中有几名外国佬，人高马大。开始只有几十个人，后来人员不断增多，还有解放军站岗，连山上开的那个窿口也有人看守。开矿的工人都是外面请来的。挖出的东西都用木箱包装，外面还用黑色纸包上一层，然后运走。至于开的是什么矿，就连当地人都不知道。

10月，拉祖特金将这块铀矿从钟山带到北京。他向地质部党组书记、副部长刘杰及苏联专家组组长库索奇金汇报了调查情况，还出示了那块带回的矿标。很快，刘杰就将在广西富钟县已发现可利用核矿的消息报告了毛泽东主席和周恩来总理。接报后，两位领导人都非常高兴，在详细询问勘探情况后，都表示要看一看标本。

1955年1月14日下午，标本被刘杰郑重地带进了中南海周恩来的办公室。第二天，根据周总理的建议，毛主席在北京中南海丰泽园书屋主持召开中央书记处扩大会议，专门听取李四光、钱三强、刘杰等人关于原子能的汇报。这块铀矿标本被刘杰再次带进中南海，毛泽东、刘少奇、朱德、陈云、彭真、彭德怀、邓小平、李富春等党和国家领导人都亲睹了这块宝贝。这次会议作出了一个具有里程碑意义的决策：发展中国原子能事业。1956年4月，毛泽东在中央政治局扩大会议上信心满满地说："我们现在还没有原子弹。……在今天的世界上，我们要不受人欺负，就不能没有这个东西。"

在发现铀矿标本大约半年后，中央组织了一支名叫"309地质队"的采矿队伍约1000多人对钟山县的铀矿进行了大规模开采。直到1964年中国第一颗原子弹爆炸成功后，这座矿山才告下马。

1960年7月16日，中苏关系破裂，赫鲁晓夫撕毁合同，撤走全部在华专家。8月23日，在核工业系统工作的200多名苏联专家全部撤回苏联，重要的图纸资料全部被带走，原来承诺供应的设备也中断了。为了不受制于人，中央果断决定，自力更生，自己动手搞原子弹。核武器研究院很快组成三大部：理论部、试验部、总体部。排列出制造原子弹的各项技术攻关项目，将任务分解到各研究小组甚至每个人，开始全面攻关。其中，从贺州挖取的原矿中提炼出可用的浓缩铀则是十分关键的一步。在一份已解密的中国核工业总公司当年的绝密档案里，有这样一份记载："铀235研制过程是一件了不起的系统工程，从南方的矿山开挖、选矿，由粗加工到细加工，再到精加工，一步一步筛选，一步一步提取，将半成品送到北方某工厂，再由北方某工厂加工后送到西部多家工厂，最后提纯。整个工艺流程要经过大半个中国，缺少一道工序也不成。"而这个"南方"的矿山，就是指贺州钟山县西法山矿场。

迄今，当年挖取我国第一块可利用铀矿石标本的那个窿口，仍然封存在三叉村西法山上。而那块最早发现的铀矿石标本，则作为国宝珍藏在中国核工业总公司北京地质研究院。

开辟府江的明代土司黄仲拙

广西的桂江下游平乐至梧州段古称府江，明清时期这条江是连接广东首府广州与广西首府桂林之间唯一的水上通道。府江滩险水急，两岸山岭陡峻，难于发展生产，迫于生计，沿岸一些居民常常劫掠过往船只。为了稳定局势，明朝加强府江两岸的屯田生产，从外地调来多支屯垦军队沿府江两岸屯住，既为兵又务农。明万历三年（1575年），武州（今广西天等县）世袭知州黄峭之孙黄仲拙接受广西巡抚郭应聘和总兵李锡的指派，率部到府江沿岸屯田。到达贺州后，他先被授韦垌（今钟山县英家镇）巡检司巡检，在英家一带筑城戍守。黄仲拙认为，府江一带之所以动荡不安，是因为两岸居民生活清苦，而导致贫困的直接原因则是山区交通不畅。为此，他建议朝廷下大力气疏通府江水陆两道。为了将自己的主张早日付诸实践，明万历八年（1580年），黄仲拙主持疏辟从自己治理辖区穿过的府江支流思勤江。思勤江是钟山县沟通桂江最为重要的水路通道，由于长期洪水冲刷，河沙淤积，河道峡窄，通航艰难。山洪暴发时两岸田园皆成水乡泽国，百姓深受其害。疏通工程的资金一时没有着落，黄仲拙就自己带头捐出帑金三百两，号召大家共同筹集经费，用这些筹来的款项招募工匠，修凿险滩，疏通河道。工程完工后，英家一带无论是农事灌溉还是水上运输都方便不少，百姓纷纷称善。

明万历十二年（1585年），黄仲拙因治水有功被敕封为将仕郎，同时兼任古眉（今昭平仙回）和韦垌巡检司巡检，准予世袭，成为土司。府江支流归化江直接从仙回穿过，仙回又有大面积的田土可以耕种，在仙回屯兵，可以加强对归化江过往船只的保护，黄仲拙于是将土司衙门直接设在仙回，筑城设署，屯兵据守，同时疏通归化江航道。仙回土司城造得很是坚固，清康熙年间编撰的《昭平县志》记载："仙回城……明万历十三年大征，土舍黄仲拙捐造，高一丈七尺，周一百八十丈，为门三。"

万历十六年（1588年），明朝大中丞蔡应科从梧州溯府江北上平乐，其所乘官船撞上了暗滩，船只解体，好在跟随的亲兵船将其救了上来，方才保住性命。有鉴于此，他嘱咐平乐府郡守疏通治水。郡守知道黄仲拙有疏通思勤江和归化江的经验，于是委任黄仲拙负责开辟府江航道。

然而，府江毕竟是干流，各方面的工程条件比仅是支流的思勤江和归化江要复杂得多。首先，这里的水流量大，江流湍急，施工难于展开。其次，河床中遍布嶙峋礁石，来往舟船与礁石相撞造成的沉船事故时常发生。再次，百姓思想不通，认为河道由天生成，有孕育之灵，一旦开凿会伤及龙脉，不得安宁。但是，已72岁高龄的黄仲拙不信邪，这一次，他带头捐出帑金3000余两，率5个儿子黄九德、黄九孝、黄九明、黄九昭、黄九赞，并领韦垌、古眉诸兵，全力投入府江的开滩工程之中。不顾年事已高，他同大家一起风餐露宿，一道架木悬艇，除礁削石。滩礁坚固，难于摧毁，他独具匠心，发明三角船、千斤飞撞、五龙爪、蜈蚣铲等开江工具。据明朝文献记载，他所发明的各种工具在开滩过程中发挥了重要作用。"横空下系，角舟所峙，无湍不分；飞撞所催，无坚不破；龙爪所擎，无根不拔；蜈蚣所铲，无峭不平。"历经三个春秋的艰辛，他们一共修平险滩48处。从此，舟行府江航道如履平地，府江成为黄金水道。为此，广西巡抚翁汝进亲笔为他写下《开辟府江险滩记》，记载工程壮举。

思勤江、归化江和府江疏通之后，他于古眉和韦垌之间建了13个哨堡，调集治下两个巡检司的兵丁联手沿江巡防。在他的精心治理下，从明正统年间到明万历年间持续100多年动荡局势的府江一带终于逐步走向稳定，往来商旅终于可以安心贸易，两岸百姓也终于可以安居乐业。

毛主席接见贺州瑶族代表盘少明

贺州地处亚热带季风气候区，境内崇山峻岭，海拔800米左右的高山上常年云雾缭绕，这种气候和地理环境，使得贺州出产的茶叶茶多酚和儿茶素等有效成分含量高，茶味足，贺州产茶叶成为优质品。早在乾隆时期，茶叶已是贺县市贸上的大宗产品，大宁、沙田、南乡、贺街等地都有大型茶园。当时，贺县每年产茶高达1万担左右，与横县、岑溪、苍梧为广西四大产茶县。今平桂区沙田镇、八步区贺街镇、南乡镇等地，在清代中期是贺州重要产茶区域。

清道光年间，随着客家人的到来和本地人的不断迁走，刘亚洪、刘龙飞、刘朝海等3位刘姓客家人继承了今沙田镇狮山、冷水等土瑶地区山场，大力发展种茶业，逐渐成为当地的种茶大户。尽管后来清末到民国时期的战乱使得全国茶业大面积减产，但贺州迎难而上，创出了狮山"冷水茶"这一知名品牌，畅销广州口岸。抗战期间，疏散八步的何香凝和驻八步的平乐区民团指挥部指挥官胡天乐还不时到沙田看望茶户，鼓励他们发展茶业，为抗战出力。

到新中国建立初期，种茶业已成沙田冷水一带土瑶村寨的重要产业。土地改革使得土瑶群众分得了自己的田园，成了茶园主人。1951年，国家又在广西主要产茶区收购茶叶支持外贸，换取外汇，每公斤茶叶可以换取6～7公斤粮食，茶农收入较解放前提高了约1倍，这些政策很好地激发了土瑶百姓种茶积极性。1955年，全国茶叶会议上，国家提出"以互助合作为中心，大力发展茶叶生产"的号召。1958年，毛主席在安徽省舒城县舒茶人民公社发表讲话："以后山坡上要多多开辟茶园。"受此鼓舞，全国产茶区都大力发展茶叶生产。

土瑶村民盘少明是今平桂区沙田镇新民村马窝自然村人，出生于1932年，1950年担任贺县狮峒小乡民兵中队长，1952年出任新成立的狮峡瑶族自治乡乡长，1955年任乡党支部书记。这期间，他响应号召，带领瑶胞组成互助组，开荒造园，大力发展茶叶种植。很快狮峡乡的茶叶种植面积回升到1万亩，占据全贺县2万亩种植总面积的半壁江山，每年为国家带来约40万元的收入，很好地解决了土瑶群众的温饱问题，这在当时是一个十分了不起的成就。为此，盘少明被评为全国劳动模范，1957年2月光荣地出席了在北京人民大会堂召开的全国劳动模范表彰大会。不仅如此，在出席会议的全国1070位劳模代表中，他还被推选为7名代表之一进入中南海接受党和国家领导人的接见。广西参会代表中，他也是唯一一位拥有这一殊荣者。

◀ 国务院奖给沙田人民公社的先进单位奖牌

盘少明还在世的时候，曾经回忆道，毛主席对他的亲切接见，让他永生难忘。进入中南海的当天上午，盘少明在驻地换了一套新衣，与其他6名代表被专车送到中南海。下车后，他们首先在会客室等候。然后，每人几分钟，轮流见毛主席，盘少明排在第五位。走到办公室门口时，只见毛泽东、周恩来、刘少奇、陈云、邓小平、朱德、彭德怀、邓子恢等中央领导人都在里面坐着。毛主席一边向他招手，一边起身向他走来，紧紧握着他的手说："民族团结万岁！"然后，主席又招呼他坐下，问他："你是哪里人？"盘少明说："我是广西贺县沙田瑶族人。"主席又问："你是做什么的？"盘少明回答："我是种茶叶的劳模。"毛主席又说："种茶叶好啊，争取明年再来哟！"与毛主席交谈后，工作人员向他介绍在座的其他中央领导同志，各位领导都与他亲切握手，然后，他由工作人员带领退出主席办公室。

　　第二年，即1958年，在盘少明的带领下，沙田又获农林双丰收，盘少明再次被选为林业劳模代表，随广西壮族自治区劳模代表团进京参加表彰大会，又一次幸福地见到了毛主席。

宋元时代贺州产御冬神器汤婆子名震江南

　　汤婆子是一种取暖用具，其制成材料有锡、铜、陶瓷等多种，但以锡为主。汤婆子器形类同矮胖扁壶，无足，有嘴，嘴在壶顶上。秋冬寒夜入睡时，将热水注入壶中，外边再套上布套，放在脚边，人便温暖一整晚。在没有空调的古代，这是人们御寒的绝佳神器。古人名热水为"汤"，而其暖被功能又如睡在床头的老婆，体贴有加，于是人们就形象地昵称它为"汤婆子""锡夫人""暖足瓶"。

　　至迟在宋代，汤婆子已进入寻常百姓之家。黄庭坚在《戏咏暖足瓶二首》中就称："千金买脚婆，夜夜睡天明。"贺州自古出产精锡，所产之锡其白如银，其润如玉。在空气中氧化生锈

▶ 汤婆子

▶ 狮子岗农业生产合作社社员在田间劳动

后，只要在热水中冲洗，就又银光闪烁，用作汤婆子，颇受人们喜爱。

元代，贺州产锡质汤婆子在全国市场上占有极高份额，即使是远在江南一带，人们也知道锡质汤婆子主产于贺州。元末江南著名诗人陈基寓居今张家港市专心著书，其著作《夷白斋稿》曾设专章以拟人手法为汤婆子立传，开篇即称："汤婆子者，临贺人也，其先姓锡氏。"说明元代的江南，人们对锡质汤婆子产自贺州耳熟能详。

受到毛主席接见的贺县劳模缪隆恩

缪隆恩，贺州市八步区拱桥村狮子岗人。他积极响应党中央号召，于1952年10月带领乡邻组建平乐专区贺县第一个互助组，接着他又组建了平乐专区第一个农业生产合作社——黄田区安塘乡狮子岗生产合作社，与全州县蒋在球、岑溪县莫寿全、宾阳县滕文径带领的互助

社一起，成为广西农业合作社的四朵金花，光荣出席了广西省第一届农业、林业、水利劳动模范大会，成为20世纪50年代闻名广西的劳动模范。

1959年9月，作为广西劳模代表，他接到从北京发来的请柬，光荣地参加了中华人民共和国国庆10周年庆典活动。9月29日下午两点半，他在北京人民大会堂受到毛泽东等党和国家领导人的亲切接见。

民国贺州锡矿股票史话

民国时期，贺州是广西重要的锡矿生产地，发行了大小几十家公司的锡矿股票，对贺州的经济社会起到了极大促进作用。

贺成锡矿有限公司股票

朱赤霓是广东江门人，1910年加入同盟会，奔走于南洋各地发动华侨捐款，筹集军费支持广州起义和讨袁运动，成为孙中山的挚友。1922年在广州先后被委任为大元帅府顾问、国营实业管理委员会委员、两广盐运使署省河督配局局长。1933年，朱赤霓正式到贺县主办矿务。当年12月，他引进南洋华侨黄隆生、邓泽如、潘海雪等企业家共同集资，组成了合营性质的贺县水岩坝"贺成锡矿有限公司"。董事黄隆生、伍志仲、谭泉，总经理邓泽如，副经理朱赤霓，司库招次周。

公司的大股东实力都比较雄厚。董事黄隆生是广东台山籍越南华侨，兴中会会员、孙中山得力助手，1923年孙中山在广州重建大元帅府，他被任命为会计司司长。1928年至1929年又出任中央银行行长。1934年出任国民党中央革命债务调查委员会委员，并设计了第一套中山装。总经理邓泽如是马来西亚富商、同盟会元老，南洋知名实业家。1907年加入同盟会，任马来西亚分会会长，数次筹款，支援孙中山革命。1912年回国开发矿业，1920年担任广州军政府内政部矿物局局长兼广东矿务处处长，这期间为孙中山讨伐袁世凯、陈炯明大力筹款。

但由于"贺成锡矿有限公司"矿区面积约400余亩，是广西当年最大的锡矿公司，又需要引进国内第一套机械化采锡设备，仅靠几位创办人仍不能筹足办矿所需的启动资金。为此，公司于1933年12月开始发行股票，共招揽资本广东通用毫银10万元，分为1000股，每股计股本银一百元。

大成锡矿办成后，每月约产纯锡砂80吨，自炼、自运、自销，1934年就获利10余万元，股东当年就收回本金。

1935年底，贺成公司在八步水岩坝的矿源逐渐枯竭。朱赤霓再向黄隆生、潘海雪、潘海云等华侨筹集资金19万元，在钟山县水洲寨组建"钟山锡矿股份有限公司"，朱赤霓任董事长。1938年，矿场遭受水灾，加上日寇侵陷广东，石油供应短缺，矿场被迫停产，朱赤霓避居澳门。

商办志和矿业股份有限公司股票

今桂林收藏家保存有一张伍文秀、伍齐秀的"商办志和矿业股份有限公司"彩印股票。股票标明该公司创建于1937年12月,矿区位于钟山县红花区三江乡花山洞,常务董事是伍展明、杨坚白、伍仲和,董事是岑剑泉、陈南山、韦超庸、詹雁峰。这张股票上所注明的人物都是民国时代贺县知名矿企业主。

其中伍展明是广西容县人。展明是他的字,伍朝燮才是其名,他的胞弟伍朝检是地下党员。伍展明被老八步人尊称为"矿王",他把大量资金投入锡矿开采行业,又把锡矿开采赚来的钱投入扩大贺县实业经营和兴办公益事业上,他和伍仲和、伍有容等人还积极支持广西建设,购买湘桂铁路股票和梧州抚河口山场股票等,是一位致力于实业救国的爱国民族企业家。他是推动贺州锡矿产业发展的重要人物。伍展明在1923年任北流县知事,1926年任平乐统税局长,1927年升任桂林饷捐局长,是年应召赴邕辞桂林饷捐局长职,随后任广西建设厅总务处长兼代行厅务。1928年因病辞职回里,1930年任苍梧县县长,1932年

▶ 志和矿业公司股票息折

第八章 农工轶事 | 169

任玉林六属禁烟局长，1933年任柳州饷捐局长，是年6月因该局奉令撤销，卸职来贺就任普益、钟宝两矿业公司经理10余年。

伍展明不仅履历丰富，而且在广西有着极广的人脉。他是容县黎村乡良村人，与当时的广西省主席黄绍竑是同乡兼戚友，在黄的引导下，他加入了广西陆军模范营，并成为新桂系的一员。伍展明还是伍廷飏的堂叔，伍廷飏曾任国民革命军师长、广西省政府代主席、主席及广西、湖北、浙江等省建设厅厅长、国民党第一届全国国民代表大会代表等职。

伍展明到贺县后，先后召来了一批容县籍富商和工人来贺县开发锡矿，同时利用黄绍竑和伍廷飏的关系，引来广东和香港的商人伍仲和、伍汝康等富商以及桂系旧官员秦焰、广西矿务局局长陶绍勤等人投资贺州锡矿产业。他亲自创办了商办"志和"公司，在志和公司担任第一常务董事。参与可达等大小10多家矿业股份有限公司，在矿业股份公司里担任财务主管，管理资金。

伍展明的贡献除了引资投入贺州锡矿业，还引资投入八步的其他产业，著名的八步火柴厂、陶瓷厂、私立临江中学、八步医院等实业都是他与人投资合营创办。特别是1943年，他与余和湘、封鲁、韦冠英、郭奕龙等人合股筹集10万元创办光明大东公司（后改光明化工厂），生产氯酸钾化工产品。其中归国华侨余和湘是广东台山人，台山很多人在南洋做技工，掌握了很多当时先进的工业技术，余和湘带这些人来建厂。光明大东公司甚至建成了贺县第一座水力发电站，引进了广西第一台（组）德国西门子水力发电机。这座发电站由经理余和湘等人自行勘测设计建成，年发电67万千瓦时。

抗战期间，伍展明不仅把流落到八步的马师曾、红线女一家人接到自家居住，接济他们一家人的生活，还发动矿商建成八步戏院，交给马师曾、红线女所率抗战演出队公演各种抗日舞台剧。李济深、何香凝等社会名流也多次拜访伍展明，共商八步桂东抗日大计。1945年，伍展明任平桂矿务局总稽核、广西省政府

▶ 1938年，贺州矿商伍有容购买的商桂铁路股票。

矿业顾问。1949年新中国成立后,平桂矿务局军事接管各矿场和企业,他任贺县光明化工厂协理。1963年10月在八步病逝。

据贺州离休老干部曾贵平回忆录记载,伍展明秘密支持革命,利用影响力指示弟弟伍朝检在家里设立地下党秘密联络点和印刷点。当时伍朝检不到20岁,很多事情都是伍展明协助他完成。

"商办志和矿业股份有限公司"另一位大股东伍仲和是广东新会人,仲和是其字,名叫伍有容,其故居老房子至今还在向阳路62号。伍仲和于1936年应伍展明邀请来到八步定居,是"商办志和矿业股份有限公司"的第三常务董事以及海华、兴有等其他锡矿公司的大股东。他与伍展明等人还创办了南乡的丽水金矿、信都的群安水晶矿,是这两家公司的第一大股东并担任董事长。1940年在八步不幸因病逝世,年仅48岁。

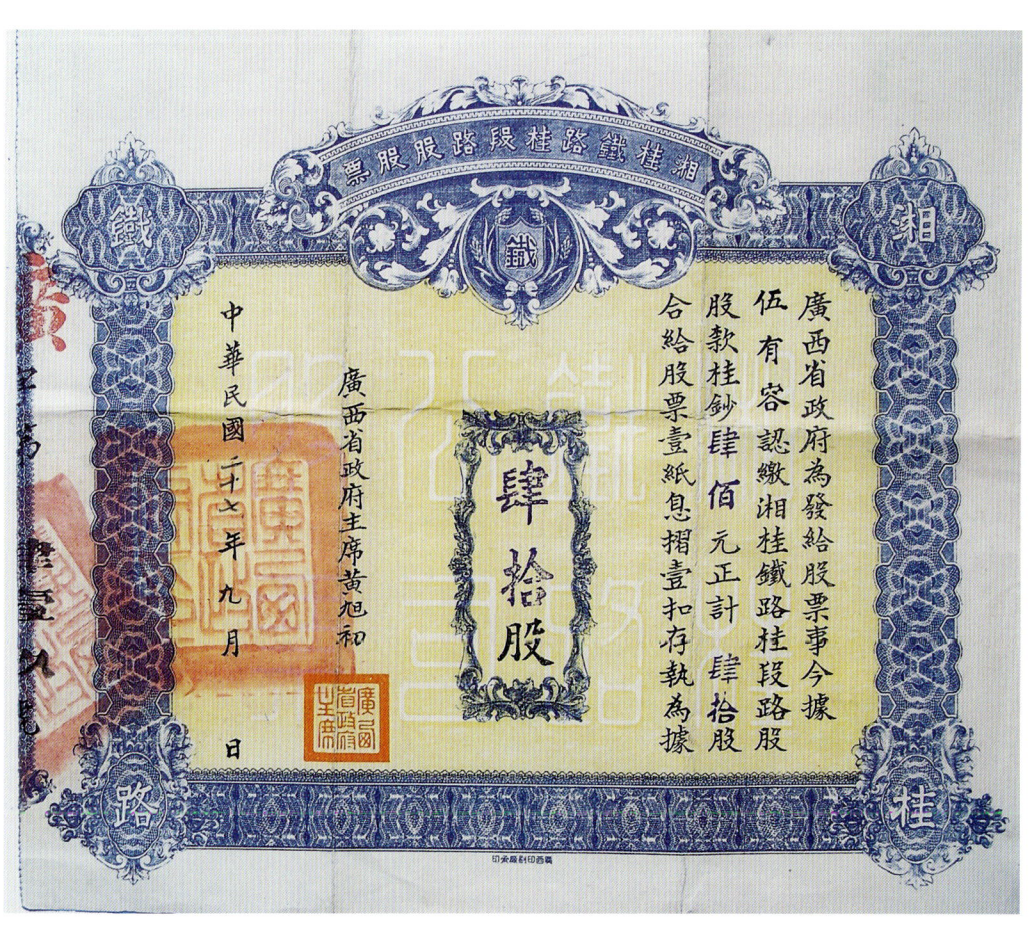

大中矿业股份有限公司

贺州市博物馆保存有一张"大中矿业股份有限公司"彩印股票,股票上的日期是"中华民国念陆年壹月壹日"。"念陆年"即廿六年,它表明至少在1937年大中公司就已创建。股票上写明资本是广东毫银21.705万元,分为2894股,每股本银75元,并注明"矿场在广西钟山县望高区"。公司董事共5人,分别是沈超如、邓瑞人、张福庆、黄时珍、胡颂如,经理黄雁宾,副经理林梓浩、黄德占。

沈超如是贺县厦岛人,与林梓浩都曾是粤系陈济棠部将领,他们二人都是黄德占的挚友。黄德占是八步镇三加村人,原是旧桂系沈鸿英的部属,沈鸿英倒台后,黄德占被新桂系李宗仁、白崇禧、黄绍竑集团列入"沈党"名单遭到通缉,逃至广州、上海、北京等地经

商。1934年回到八步创办公司。他从广州、香港引进资金与人合办大中、太和、冠南、可达等锡矿公司,任公司副经理、经理等职务。黄德占出钱出枪支持革命,他在广州开设的锡砖专卖商号大达行和宝祥号都是中共地下党交通站。儿子黄世忠、黄传林、黄贤林和女儿等人都支持并参加革命。黄传林、黄贤林参加过抗日战争和解放战争。黄传林后来成为中共桂东地工委书记。

黄雁宾又名黄研真,是贺县莲塘新莲村人,曾任广东省吴川县县长、广东警卫统领、陆军少将军衔。北伐战争胜利后任津浦平汉铁路管理局秘书主任。20世纪20年代出任贺富钟矿业公司经理,引进穗港投资,先后在贺富钟三县与人合股参与大中、可达、裕桂、中南、太和、乃昌等采矿公司的经营。他也是八步进步人士,出资支持地下党,利用自己的影响力成功营救陈学仁、黄传林等地下党员,筹办私立临江中学,并担任学董会董事。

黄时珍也是贺县莲塘人,后定居灵凤村,1934年开始与黄匡东、韦冠英、黄研真、黄德占等人在水岩坝创办大东、大中锡矿股份有限公司,解放战争时期,多次支持军粮给贺县桂东地下武工队。

钟山县永丰矿业股份有限公司

富川瑶族自治县档案局存有两份"钟山县永丰矿业股份有限公司"彩印股票,该股票上方醒目地印有"实业救国"4个大字,右上角贴有两枚20分的"国民政府印花税票",并盖有永丰公司的财务章。上面的落款是"董事长胡乐天,常务董事唐之时,经理刘蔚文,协理毛步云"。落款时间是"中华民国二十八年6月10日",说明永丰公司创办于1939年。

胡乐天是富川县著名乡绅和桂系旧官员,原名胡维璋,字天乐,号乐天,河北保定军官学校毕业,参加过粤桂战争、北伐战争,曾任柳州、桂林、平乐三区专署专员。1943年被委任为国民

◀ 民国六年大中矿业股份有限公司股票

政府陆军少将等职，参与创办可达、永丰等10多家锡矿公司。可达公司位于富川瑶族自治县白沙镇与湖南江华县河路口镇交界处的姑婆山麓。1938年，胡天乐、黄德占等商人开始集资组建可达矿，采用机械设备开采锡砂。可达冲有钨、锡、铅、锌、铁等多种矿藏，当年可达公司出产的锡砂是整个富贺钟三县锡矿品位最好的精矿，也是富贺钟地区最大的富矿。

刘蔚文是香港著名导演刘仕裕的先祖，八步厦岛人，后搬迁到八步居住（今市人民医院处），新中国成立前全家去了香港。

钟山首祥龙门天柱珊瑚矿业联合股份有限公司

今平桂矿务局档案馆里有一份"钟山首祥龙门天柱珊瑚矿业联合股份有限公司"油印股票，上角贴有两枚20分的"国民政府印花税票"。持股人为潘益爵，持股140份。收据落款"董事长钟植森，常务董事张穆清、潘守民、潘益爵、欧明珠"，并盖有公司印章和各董事私人印章。收据还写明矿场地在"钟山县凤翔西乡同乐村以西一带"，开采的是锡矿和钨矿，联合公司的原始资本股份是6720份。

董事潘守民又名潘宝疆，钟山县石龙镇松桂村人。曾出任广西省议会议员、平乐中学校长、梧州省立第一师范学校校长、昭平县县长兼民团司令、署理钟山县县长兼民团司令及钟山中学校长。1931年辞职还乡致力于发展地方矿业，在凤翔乡境内与潘宗武、潘宝让等人合股兴办首祥、龙门、天柱、珊瑚等矿业公司，充任常务董事，后来这些公司联合组成"钟山首祥龙门天柱珊瑚矿业联合股份有限公司"。1937年6月正式开业，总经理白佐廷。

股份制的锡矿股票有效汇集了社会上的闲散资金，带来了贺州工矿企业的繁荣，不仅有效支援了抗战，还促进了贺州经济社会的发展。

▼ 茶园晨光

贺州茶事

贺州山峦起伏,气候湿润,空气清新,早晚温差大,非常适宜茶树生长。最迟在宋代,民间就有茶树种植,所得茶叶产品大都通过江河外运。约在清乾隆时期,茶叶已成为贺州特产贸易的大宗商品。历史上,昭平全县,富川西部山区,平桂区的鹅塘镇、黄田镇、沙田镇,八步区的莲塘镇、里松镇和南乡镇,钟山县的西北山岭等地是贺州茶叶主要种植地。

贺州茶叶品种繁多,质地优良,畅销海内外。早在民国时期就已经形成系列品牌,据《贺县志》记载,民国时仅贺县一地就有"冷水茶""仙人茶""龙水茶""西山茶"等4个品牌。如今,"开山白毛茶""亿健有机茶""客家红茶""将军峰绿茶"仍是贺州享誉海内外的品牌茶。

贺州采茶工艺颇为讲究。由于日照时间长,无霜期长,每年3月到9月都可采茶。但以"三前摘翠茶"即春分前、清明前、谷雨前所采茶叶品质最优。因为10月后茶叶生长停止,采摘茶叶也不再继续。冬天到初春茶树积累的营养全部存于三前茶之中,所以三前茶也最为耐泡。

贺州制茶工艺历史悠久,晚清时自制的一种叫"珠茶"的红茶用于出口,销路良好。民国时,仅贺县一年的产量就有约3万斤。当代,闻名全国的六堡茶,其制作工艺最早由贺

州土瑶先民于宋元之际创制。现如今，绿茶、红茶、黑茶、有机茶在贺州均有出产。而且，茶叶之外，贺州人还善于使用其他植物的花、叶、果、茎、根制成茶饮，如桂花茶、金银花茶、山楂叶茶、罗汉果茶、灵芝茶等。

贺州茶饮方式多样，综合了汉、瑶、客家和广府等多民族、多族群饮食习惯，早茶、油茶、擂茶和凉茶并称贺州四茶。其中早茶早饮，油茶夜宵，凉茶防病。擂茶传承唐代古法，被誉为茶饮活化石，是客家饮食文化的重要代表。

此外，贺州人还善于拓展茶叶食用方式，用茶叶制成的小食、菜品和饮料也是琳琅满目，茶叶蛋、绿茶糕、茶香虾、茶叶鸡……不胜枚举。

从产茶、制茶到食茶，贺州都是系列齐全，品类丰富，堪称茶文化博物馆。

绿茶

绿茶是将嫩茶芽按一叶一芽或二叶一芽的形态采摘后，不需发酵，只是经过烘烤杀青制成的茶叶。这种茶叶无论条索还是茶汤均呈绿色，故名绿茶。绿茶清香入脾，香味自然。贺州最早的绿茶大都使用昭平县象棋山出产的茶叶制成，"将军峰绿茶""亿健有机茶"等品牌茶的原料也有的产自大脑山、平水等高山。

象棋山位于昭平县城西北，海拔高度900余米。终年云遮雾盖，气候宜人。咀嚼象棋山出产的茶叶新芽，其味甘甜芳香。用象棋山茶叶制作的绿茶，具有清、甘、甜、香四大特

◀ 昭平茶场

点,且开水泡出的茶汤可保持一个星期仍然味道新鲜不变质,历来是广西名茶。

象棋山茶还具较高的药用价值。象棋山附近的群众为此还开发出了许多民间验方:凡心闷、呕吐、发疹、腹痛,泡浓茶一杯饮之即感舒服;取茶叶贴小儿肚脐,可止腹痛;成人、小孩腹痛呕吐,取春分前摘的细茶9克,泡水冲红糖少许服用,吐泻可止;外伤久治不愈流黄水,用清明前的老茶叶煲水外洗,可杀菌生肌;用春分前所采的细茶3克与一只鸡蛋同煲,早晚各服一次,可治两目昏黑。而且,为了发挥象棋山茶的药用价值,当地群众还开发出一种特别的茶叶贮存形式,即把茶叶装入两年以上树龄的晒干丹竹筒中,再用一个木塞塞紧,存于伙房常有火温的地方。这样贮存的茶叶越久,药效越佳。

贺州另一品牌绿茶是开山白毛茶。它是一种灌木茶,为广西原生五大名茶之一,产于八步区开山乡的安和、东南等村,这些地方均是海拔1000米以上的山区。这种茶的茶叶为椭圆形,叶质柔软,叶底嫩黄匀整。一般在清明节前三四天开采,采一芽一叶或一芽二叶。手工制作经过杀青、初揉、复炒、锅内复揉作条、提毫、收锅等三炒三揉六道工序。成品茶呈青绿色显白毫条

▶ 昭平南山茶海

状，条索紧细匀整，呈螺形卷曲，银绿隐翠，白毫显露。这种茶汤色黄绿清澈，香气清纯持久，滋味浓爽回甘。

开山白毛茶还具有特质的苹果香气，民间传说，乾隆下江南时，无意间获品开山白毛茶，茶汤优良的口感让他赞叹不绝，并给予"一品开山茶，天下无佳茗"的赞誉。

▶ 大果山楂开花时的盛景
▶ 贺州出产的大果山楂

红茶

红茶是将较老的茶叶经过80%～90%深度发酵后制成的茶汤为红色的茶叶。贺州的品牌红茶有"客家红""将军红""昭平红"三款。

黑茶

黑茶是将比较粗老的茶叶经过长时间的堆积发酵而制作的成品茶，茶汤为黑红色。贺州黑茶以平桂区土瑶地区出产的最具代表，产地主见于平桂区的瑶山地区：大平、水口、狮东、明梅、茶坪、清水。史载贺州土瑶地区产茶始于宋末元初，到民国时期已发展到相当规模，1945年收购量即达2700多担。20世纪80年代，年产量更是发展到9000多担。尽管贺州土瑶地区出产的茶叶品质好，但由于黑茶加工基地主要集中在相邻的梧州市六堡地区，故而土瑶地区出产的茶叶实质上主要用于梧州六堡茶的原料供应，因此说"六堡黑茶贺州产"一点也不为过。

花果茶

贺州产花果茶是以一种植物的花、果单独或与茶叶、中草药及其他植物的花果配伍，用沸水冲泡或煎煮制成的茶汤。由于营养全面，易被吸收，适宜时常饮用，所以贺州民间有"药补不如食补，食补不如饮补"的说法。玉米须茅根茶、金银花茶、桂花茶、山楂茶、酸梅茶、罗汉果茶、菊花茶、莲子芯茶、佛手柑茶是贺州人最常饮用的10种花果茶。而在花果茶中，又以山楂叶茶

茶饮方式

俗话说,对酒当歌,对茶恣情。在贺州,茶饮绝不仅仅是品茶,而是综合了广东人、客家人和瑶族等不同族群的茶饮方式,在泡茶品饮之外,还有早茶、擂茶、米茶、细沫茶和油茶等多种特色的茶饮方式。因此茶饮也是品味贺州文化风俗的重要窗口。

擂茶是一种用陶制擂钵将当年产的干茶叶与花生、芝麻、生姜等一起擂碎煮成的茶汤。可以作为茶喝,也可以作为佐饭的汤食。进食时,常添加一些当季出产的新鲜香菜调味,如薄荷、紫苏、迷迭香、金银花、芫荽、葱、蒜、金不换、香树叶等。与擂茶搭配进食的米饭最好是炒饭,有人称这种吃法为"饭茶"。擂茶还可以煮成茶粥,就是将擂茶汤冲入刚出锅的热粥中,并且搅拌均匀。而且,茶粥中还可加入其他菜料煮制。

擂茶习俗主要流行于平桂区公会镇叶姓家族之间。民间传说称,1946年,叶氏祖上叶子元为逃避国民党征兵,带二子四孙从广东陆河迁入广西,先至贺州市昭平县樟木林镇,再至黄姚镇,最后定居于平桂区公会镇。叶家将老家擂茶习俗带到贺州,并一直坚持至今。自谓"一年二百六十五日,日日吃擂茶",至少一日一餐。当地的其他家族如杨氏、郑氏、吴氏、张氏等,大多与叶姓有亲戚关系,受叶氏影响也习惯擂茶。

米茶是用新鲜的干茶与曝米混煮而成的食物。可干可稀,既可当饭吃,又可当茶饮。曝

和山楂果茶最受人们的欢迎。山楂叶茶以晒干的山楂叶替代茶叶泡制茶汤,具有消暑止渴、开胃消积、舒张血管、抗衰老、延年益寿的功效。传统上,贺州民间习惯以小果山楂的老叶入茶。现在,由于大果山楂的种植在贺州风行,贺州市中田山楂研究所开发的中田养生红茶以大果山楂的嫩叶入茶,品质更有保证。

山楂果茶是将山楂果切片晒干,入沸水冲泡所得的茶汤。山楂果性味甘酸微温,不仅能助消化,还能散瘀血、驱绦虫。民间认为,山楂果茶对治疗肉积、痰饮、痞满、吞酸、泻痢、高血压等都具有辅助作用。

米采用传统工艺制作：新谷收获后，水煮或蒸至谷壳微裂，捞起沥干，置大簸箕中晒干，然后退壳。用炭火将米烤至金黄，或是把米埋入炒热的盐或细砂中，将米煨至金黄。由于米茶中融入了曝米的香味，别具风味。

沫茶是将茶叶粉碎后冲饮的一种茶饮方式，又称"细沫茶"。方法有两种：一是取当年产的新鲜干茶碾磨后用纱布包着，然后放入碗中冲饮；二是先饮擂茶，五六成饱后，在擂钵中放入茶叶，擂碎后不加任何佐料冲饮。

拣茶是八步区桂岭镇梅江村群众的待客习俗。年节时，亲戚来往，先是以茶接待。至正餐前约20分钟，主人在餐桌上先摆上自制爆米花、花生、糕点、水果等点心小吃，并冲上好茶请客人略尝，预告正餐开始。然后撤下茶果点心，将桌子收拾干净，再上正餐。

▼ 钟山县两安瑶族乡沙坪村红头瑶打油茶

早茶是贺州具有粤文化背景的人群利用早餐机会到酒楼品茶聚餐的一种茶饮方式,这往往也是家庭聚饮或亲友聚会休闲的一种重要形式。一顿早茶可以从早上八九点喝到中午12点,所以早茶一般是要代替早餐的。早茶的几个基本元素是茶、点心、粥、粉和炒菜。茶要适口,花茶、罗汉果茶、绿茶、黑茶皆可,人们可以根据喜好随意点单;点心要精致,较为流行的有叉烧包、流沙包、豆沙包、小笼包、奶黄包、马蹄糕、酱牛肚、酱凤爪、饺子、粉角、蒸排骨等;粥的品类很多,可供挑选的主要有:皮蛋瘦肉粥、鱼片粥、芥菜牛肉粥、萝卜粥、虾粥、柴鱼花生粥等;粉有肠粉、炒河粉等。炒菜在早茶中专指炒油菜,一般将生菜、菜心、大白菜等叶菜在滚油中用猛火爆炒至半生熟,要求菜的口感生脆。因此,早茶的炒菜只提供素炒的时令蔬菜,极少提供炒肉。一壶茶、几份点心,再加上几位亲邻,天南海北地闲聊,就是早茶的全部内容。正由于早茶十分休闲,贺州许多退休老人,追求老有所乐,常常三五老友聚在一起,轮流做东喝早茶,打发时光。当然,也有人喝早茶是为了交际需要,遇有提亲说媒、平事说理、洽谈生意等需要联络感情时,人们也喜欢通过早茶磋商。

油茶是将散茶加香料在油锅中炒煮并反复捶打所煮制出来的茶汤。一锅茶一般打三道,第四道的时候,茶味已经非常清淡,不再捶打,而是直接用开水冲泡。第一道味弱苦涩,第二道味醇,第三道味清,第四道味淡。有饮用油茶习惯的人,口味重,最喜二道茶。初饮油茶的人,口味轻,口感清淡,一般喜欢三、四道茶。所以民间也有"头锅苦,二锅涩,三锅四锅是好茶"的顺口溜。油茶具有良好的解乏提神作用,民间有"喝碗油茶汤,不用医生开药方"的口碑。盛行油茶的地区,人们凡劳作归来,都要喝上两三碗。打油茶的茶叶可以是干茶,也可以是生茶。用干茶叶打出的油茶,茶色醇厚,香味浓郁;用生茶叶打油茶,须先将茶叶焯煮漂洗去除苦涩之味。生茶叶打出的茶汤其色清纯,宛如翡翠。

贺州饮食油茶的风俗以钟山县和富川瑶族自治县为最,这里的居民世代相传,一日三餐必喝油茶。至今,这些地区的民谚仍有"不喝油茶汤,心里就发慌""三天不喝油茶汤,鸡鸭鱼肉吃不香"的说法。在这里,油茶是待客的首选之物,凡贵客临门,都要用油茶款待。而且,热情的主人还会邀来左邻右舍、兄弟叔侄陪饮。油茶最少打三道以上,所以喝一餐油茶一般多在三碗以上,民间甚至有"一碗疏,二碗亲,三碗见真心"的说法。上班族每逢周末,也会三三两两凑在一起打油茶。

钟山县两安瑶族乡的瑶民还喜欢在早餐时将冷饭泡入刚出锅的油茶中进食,称油茶泡饭。这里,油茶既是汤又是菜,再加上冷饭,油茶泡饭就将饭、汤、菜全部备齐,当地亦有"油茶泡饭,好过吃三"的民谚。

第九章 城乡旧事

贺州，山连萌渚岭、都庞岭，水汇桂江、贺江，是桂、湘、粤三省交通五岭南北的门户枢纽。每一次朝代更替或政局大变动，企望经营岭南的政治势力都免不了要在贺州或筑城以治地，或设堡以御敌。在近万年的漫长岁月中，历史给贺州留下了国、郡、州、县级别不同，土、石、砖、竹建造材质不一的众多城池遗址。此外，贺州市域还保存有众多的传统村镇，其中国家历史文化名镇2处、国家历史文化名村2处、自治区历史文化名村2处、国家级传统村落43处。这些名镇名村，历史悠久，保存完整，农耕和乡村集市生活延续，是贺州传统村镇的代表。

国家历史文化名镇黄姚古镇坐落于贺州市昭平县东北部的喀斯特地貌之上，这里山石奇崛，犬牙交叠。姚江、珠江和兴宁河从镇内通过，河水清澈，江似罗带。镇内古树参天，景观异常秀丽。传统建筑完全融入山水之中，构成一幅黛瓦粉墙、青山绿水的完美画卷，有"梦境家园"的美称。黄姚古镇内共保存有革命史遗存4处、宗祠9间、佛道宗教类建筑9间、门楼12座、石板街道8条、传统民居300多间、石拱桥9座，传统建筑和构筑物的建筑面积共计79140.5平方米，是广西以明清建筑群为代表，保存较为完好，规模较大，颇具岭南特色的大型古建筑群。

秀水村位于富川瑶族自治县朝东镇，由一村（秀水村），两水（秀水河和青龙湖），三山（青龙山、灵山、徇秀峰），四寨（石余、水楼、八房和安福四个小村寨）组成，总面积35万平方米。

福溪村位于贺州市富川瑶族自治县朝东镇，始建于宋代，历史上是潇贺古道由湖南江永进入贺州富川通道上一座较为繁华的圩镇。古道文化氛围浓厚，村民由来自湖南、江西等地的周、蒋、何三姓组成，其中周姓为周敦颐后裔，村内建有纪念周敦颐的廉溪祠。村内还建有纪念五代十国时南楚国王马殷的庙宇，马殷庙包括马楚都督庙、马楚大王庙及跨越灵溪河连接两庙交通的灵溪风雨桥。其中马楚都督庙建于明代，共有120根柱子，又称百柱庙，其建筑架构保留有鲜明的宋代风格，为全国重点文物保护单位。

▲ 福溪村

▶ 福溪宋寨百柱庙

▶ 福溪村马殷庙的马王庙

福溪村集中成片的传统建筑保存完整，共有13座门楼，15条街巷，2座庙宇，3座古桥，3座戏台，1座祠堂，200多座民居，历史文化核心保护区达61200平方米。

福溪村生态环境保护良好。村东参天古树比比皆是，郁郁葱葱。村西灵溪水自北向南涓涓流过，溪水清流见底。村内主街上不时有岩石冒出地面，因为村民把这些石头称为"生根石"，并加以膜拜。

此外，贺州还有一些传统村落，其建筑各有特色，各自凝聚着不同的文化。昭平县的石城村是客家文化的代表性村落，富川瑶族自治县的红岩村是屯堡文化的代表性村落，富川瑶族自治县深坡村是耕读文化的代表性村落，八步区的浪水村是孝文化的代表性村落。贺州城

镇中的骑楼街是岭南近代史上的特色商贸建筑，有晚清以来社会动荡时期城市建筑的特色布局；散布于城市郊外的客家围屋、铺门庄院、瑶族吊脚楼、民家大院、本地人与壮族的门楼挡马寨等民族（族群）建筑，表达了贺州文化系列多样、文化载体丰富的特点；民居建筑中的楚式马头墙与粤式镬耳墙、人字形尖顶硬山墙等屋顶处理手法，用不同的线条描绘出

富川县朝东镇秀水村全貌

了楚粤文化交融下城市上空特有的建筑画面；镇圩村街之中，人工建筑与天然石峰比肩而立，榕丛蕉林等南岭特色植被与粤风楚韵的民居建筑相映成趣，很好地表达了特有文化与特有自然条件有机交融的贺州城市特色。

王寨古城

史前时期贺州属于百越地瓯越人的一支。考古发现，约在1万年前，贺州先人主要居住在岩洞之中，过着穴居生活，还不懂建房筑城，如贺街龙洞遗址、富川大口岩狗公山遗址等都反映了这种情况。但到了距今6000至1万年的新石器时代，贺州先人已经熟练掌握了建筑技术，不仅能够建设村寨一类的聚落，如八步区仁义镇的寺平山遗址和富川瑶族自治县的鲤鱼山遗址；还能够建筑高大的夯土围墙，夯土围城。这种史前的古城址代表是位于八步区信都镇巴老村的王寨城址。该城址现仅余东、西、北三面城墙，南墙被河水冲毁。城内有一高台基址，是管理这座城址的权力机关所在地。城址的地表可采集到石器和陶片。在20世纪60年代前后可采集到大石铲、磨制穿孔石环等器物。所采集到的陶片均为硬陶，火候较高，说明当时已经具备了较为娴熟的制陶工艺。由于河水冲刷和泥沙淤积，现在地表偶尔可采集到西汉陶片。说明这座城址至少延续到西汉，但由于没有进行科学的考古发掘，关于这座城址的更多信息还有待进一步探究。

元鼎三城

汉元鼎五年（前112年），汉武帝平定了岭南割据政权赵氏南越国。次年，也就是汉元鼎六年（前111年），汉武帝在岭南广泛推行郡县制，在今贺州域内共设立了临贺、封阳、富川三县，由此为今天的贺州留下了这三座汉代县城的城址。

封阳古城

秦末汉初，南越国在贺江流域设立了一个王国，王城设在今八步区铺门镇。这座王城的城址由主城和附城两部分组成。主城址又由高台、城墙和祭坛三部分组成。高台靠贺江东岸。城墙为版筑土墙。祭坛为上小下大的覆斗形，也由夯土筑成。附城在主城南约300米处，是主城的卫星城。

汉武帝平南越后，将铺门这个王城的封地拆封为广信、封阳、临贺、富川、谢沐、冯乘6个县。还将王城城址改建为封阳县城，并为这个县城加筑别城，使之在贺江上游镇守封阳县

▲ 铺门镇中华村石城鸟瞰
◀ 铺门镇中华村石城

城。别城位于今铺门镇中华村，建于东西两座半圆形石山之间，仅在南北两个隘口垒石为墙，又称石城。北宋开宝四年（971年），宋太祖降封阳县为巡检司，封阳城址的主城、附城渐废。但撤县后，在石城外设置了武安圩，石城成了武安圩的保护据点。为此，在石城西又增设了半边城。元初，石城焚毁于战乱。至元二十六年（1289年），贺州知州胡安武与封阳巡检司巡检石友三等人主持石城重修。元末黄巾军起义，广西主政官也儿尼先号召各地筑城自保，石城被加固。明代，为保证广东商盐经贺江顺畅进入广西和湖南，石城又成了贺江中下游地区保障过往盐商安全的重要支点。南明时，肇庆总兵罗金鼐踞石城抗清，在城区五指山上增设誓旗肚城。民国八年（1919年），石城北门外增设信都县城。至此，位于铺门中华村的封阳别城就成了一个由石城、半边城、誓旗肚城和信都城等4座城池组成的城址群。

▲ 临贺郡南城墙

临贺城

临贺城设于八步区贺街镇。从西汉元鼎六年（前111年）到1952年，贺县县城搬迁至八步，贺街一直是临贺县、临贺郡、大贺郡、贺州道、临庆国、临贺国、贺州和贺县等行政建制的治地。临贺城共有旧县肚、洲尾和河西三座城址。

旧县肚在今贺街镇大鸭村。早在西汉初年，为了加强对贺江的守卫，防止北方长沙国南侵，南越国就在大鸭村设立了一座城池，据此管理贺江中游。汉武帝平定南越国后，把南越国的大鸭城改为临贺县的县城。大鸭城址呈长方形，四周有版筑城墙，城内面积2.7万平方米，城墙外是护城河。由于贺江水路改道，冲毁了大鸭城北城墙，东汉初年，临贺县城被迫迁移到贺街镇长利村的洲尾。大鸭城是临贺县的第一座县城，至今，人们仍把这个城址称为"旧县肚"，意思是旧县城所在的地方。

洲尾城址城面积约100万平方米。但由于长期的河水冲刷，20世纪70年代后，已无法在地表上辨认城址。

洲尾城址地势太低，时常遭受临贺两江的洪灾，东汉中晚期，临贺城址被迫从三角洲迁至今临江边的河西街，俗称河西城址。河西地势较高，俗称高基，自从城址迁到这里后，就不再搬迁，一直沿用到1952年。

汉代河西城址范围较大，东到临江，西到西南村，南至文笔塔，北到贺街大桥北侧。南朝时，河西城址的内城墙开始使用鱼骨纹红砖包砌墙的外表。这不仅是贺州砖砌城墙的开山之作，也是全国最早的包砖城墙。五代时，南汉巨象指挥使吴珣将城址从西面内缩98米，拓宽南北两面护城河，还沿新建的西城墙开了一道护城河与旧护城河相连。这样，河西城址被拆分为主城和附城两部分。到南宋德祐二年（1276年），由贺州知州陈士宰主持、地方绅士毛迈监工，将河西城址主城的外墙和女墙全部包以青砖。从此，河西主城墙就形成了外青内红的独特景观。

元初，兵乱摧毁了天下城池，而临贺城因其坚固又地处崇山之间，加上贺州知州陈士宰投降元军得以独存。明、清沿用宋临贺城而使城墙有所增修。临贺城内的结构布局主要以衙署、捕厅、文庙、书院、庙宇等公共设施为主，辅以店铺、民居。作为岭南桂东地区郡县级治所的临贺城，具备了相当完善的行政、经济、文化、宗教和防御等城市功能。

明代后期，随着经济的发展，为补足临贺城内商贸空间不足短板，与河西临贺城相对的河东附城应运而生，它又名河东街，沿临江东岸而建，长达千余米，通过一座浮桥连通河西临贺城。

城池经历2000多年的风雨，漫长岁月中南来北往的人们穿梭而至，各地各姓氏商人在临贺城汇集，逐渐定居。久而久之，临贺城的各大姓氏自发建设祠堂。至今，在不足2平方公里的临贺城内，保存有王、莫、刘、李、岑等24姓的宗祠，俨然成为姓氏文化汇集的大观园。近年来，这座古城又被国家住建部命名为宗祠文脉小镇。

富川古城

汉代的富川县城城池在今公安镇江台村，唐宋以后在今钟山县城厢镇钟山县公园处，南朝在今钟山县公安镇牛庙村。城厢镇的城址现仍可见夯土城墙和护城河，城内有汉代瓦窑遗址一处，周边未见古墓群。牛庙城址内仍可见大量汉代陶瓷碎片，城外沿思勤江有一处长约16公里的大型东汉墓群。

三国创建的桂岭县城

桂岭古县城遗址在今八步区桂岭镇，是贺州境内扼守萌渚岭峤道的第一道雄关。南越王赵佗为断新道拒汉，于秦末汉初首先在这里筑城。汉武帝平南越后，这座古城被毁弃。到三国时，孙吴以贺州为跳板，将势力伸向岭南，下大力气将贺州经营成孙吴在岭南的"桥头堡"。不仅提高贺州的行政级别，改临贺县为临贺郡，还于黄武五年（226年）增设建兴县，并将县城建在南越废城之上。但是南越的这座弃城很荒芜，人们甚至连它原有的名字都忘了，只能称它为"芜城"。三国时重修芜城，在废弃的南越护城河和四周的地基中挖出了不少文物，经过当时人们的考证，才又重新认定这座芜城始建于南越。西晋太康初年改建兴县为兴安县，隋开皇十八年（599年）又改名为桂岭县，县城均未搬迁。元末废桂岭县后，由于缺少养护，桂岭县城再次荒毁。现存桂岭城址呈正方形，由夯土墙和护城河组成，总面积6400平方米。

南朝诸城

南朝群雄纷争，地方行政建制时兴时废，这也是贺州设立州、郡、县最多的一个历史时期。史载，除原有郡县外，贺州在南朝共新增一州六郡七县，即静州、梁寿郡、静慰郡、武城郡、开江郡、逍遥郡、乐梁郡、荡山县、龙平县、宁新县、博劳县、豪静县、开江县和猛陵县。乐梁郡治在今钟山县内。荡山城址一说在平桂区公会镇东绿村的一座土城内。这处城址东西宽200米，南北长300米，城址内可采集到晋代的陶瓷残片等遗物，城南面还有一处六朝时期的墓群。一说在昭平县樟木林乡的一座土城内。这处城址南北残长36米，东西宽77米，城墙内夯土，外包石墙，城外另有文庙基址一座。南朝其余建置的城址都集中于昭平县。由于这些机构存在的时间大都很短暂，绝大部分城址现已找不到遗存。它们就像流星划过天空，在经过瞬间的灿烂之后迅即消逝在历史的夜空之中，了无痕迹。

明朝古城

明朝对今贺州域内各县和乡镇的行政区划进行过重大调整，不仅把三国以来即在贺州设立的州郡一级行政机构撤并进入平乐府，把富川县城从今钟山县城搬迁到了今富川瑶族自治县城，把已经撤并的昭平县重新恢复；还在北陀、仙回、英家等地设立土司衙署，在今钟山县内设立理苗通判衙署。明朝的这些行政机构调整，为今天的贺州留下了富川古明城、昭平古城、北陀古城三座城址。另外，昭平仙回古眉寨和钟山清塘韦垌各有一座巡检司城址。

昭平古城

昭平城始建于明成化年间，为土城，在今昭平镇粮所附近，为当时总督朱英下令所建。后改堡设守。明正德三年（1508年），府江道副使郑岳迁卫所于桂江东岸。至明万历四年（1576年），复置昭平县，治所设于桂江西岸。从粤西调来的知县凌东京将城池复建。复建的昭平城在今县城北部，距今县武装部大楼前后左右约100米处均是城墙。城墙周长约800米，用料为上砖下石，中间夯土。

昭平古城位于桂江边，桂江水道是当时广西首府桂林与广东首府广州两市之间的唯一水道。在陆路崎岖难行的情况下，两广之间的盐运、租税转运、商贸人流主要依靠这条水道。从平乐府至梧州府这段桂江水道（又称府江水道）两岸山岭重重，平地极少，难觅可耕之田，夹江沿岸人烟稀少。古代没有机械动力，逆水行舟只能依靠纤夫。种种原因使得府江行船极易遭受土匪打劫。而昭平古城的设置正好为守卫府江水运安全提供了诸多便利。

明正德十五年（1520年），梧州府通判刘仁于任上去世，他是贵州铜仁府人氏，共有4位夫人。跟随上任的三夫人郭菊花、四夫人张六姐只好携带前两位夫人所生的女儿刘辰秀、刘祈秀和儿子刘时举、刘初举扶棺返回铜仁。船行到今昭平县文竹镇临江村威镇屯与下化滩之间的荒藤滩时，天色已晚，一行人只好就地夜泊。深夜时分，遭到了盘踞在腊惹洞的山贼袭击。为了不受贼人侮辱，刘仁16岁的女儿刘辰秀抱着年幼的妹妹刘祈秀投河自尽，郭夫人和抱着幼子刘初秀的张夫人也跳江自尽。船大和丫鬟老妈等有的被杀，有的被迫跳江。刘仁的侄子刘时复、刘时登跳江后攀着船的后舵顺水漂流了10余里，后被船家救起。刘仁年仅9岁的儿子刘时举也跳入江中，因他身着红衣，贼人误以为他是年轻女子，凫水将其救起。上得岸来，认清是一男孩，本欲杀之，幸被贼人中一老者止住。老者无子，他将刘时举带回腊惹洞当儿子抚养。

山贼因为迷信，不敢翻动刘仁的棺椁。天亮闻讯赶来的船民一面派人报官，一面寻找落水之人，无奈一个个早已没了气息。好在刘仁的棺椁里还藏有一些银两，刘时复用这些银两和平乐府义庄捐的棺木，将郭夫人、张夫人、刘辰秀等人安葬在今昭平镇上岸村白鹤洲，简单树了标识。惨案发生后，平乐府守备刘璧令昭平寨巡检司派船一直护送刘仁的棺船到达桂林，然后再由刘时复扶榇返回铜仁。

刘仁曾在南京任职五城兵马司指挥使。在南京，他曾收留过一位名叫张宾禄的落难同乡。刘家遭难后，张宾禄变卖家产来到昭平寻找刘时举的下落。平乐府知府刘泽文令捕快协同张宾禄寻访知情士民。经过两年多的打探，张宾禄终于查到了刘时举的下落。他委托一位与山贼有交往的王姓屠户进入匪穴，用银两把刘时举赎了出来。两广军务总督张岳巡抚广西，恰遇刘时举得救出山，为庆贺刘时举死里逃生，嘉奖张宾禄的义举，张岳不仅赠送一些银两给刘时举，还签发了一份公文，让沿途官府驿站好好照料。

刘时举返回铜仁老家后苦读诗书，嘉靖十六年（1537年）考得贵州乡试第一名。于是，吏部委派刘时举为云南楚雄县县令。三年期满，刘时举又被提升为广西平乐府同知，昭平县正在他的管辖境内。

嘉靖二十五年（1546年）夏，御史高一仪的船队经过昭平，又在芫藤滩被山贼抢了。高御史的书吏也惨遭杀害。高御史大怒，责令平乐府知府孙鳌火速派兵清剿。刘时举料定又是当年洗劫自己一家人的腊惹洞山贼所为。他熟悉地形，于是毛遂自荐带兵进山。贼人被一网打尽，刘时举终于为庶母和姐姐等人报了仇。而当年收养刘时举的老人已经去世，刘时举便把老人的老伴儿带回平乐府赡养。

有感刘家的遭遇，高御史决定为刘家的死难人士申请褒奖。刘祈秀和刘初秀未成年，按规定不能请奖，于是，高御史把刘家三烈女的事迹上奏到礼部。总督湖广、贵州、四川军务的张岳也上表极力请求朝廷旌表。刘家的事迹感动了嘉靖皇帝，不久，他即下旨旌表刘氏一门为"清流三烈"，并令在平乐府和铜仁府同时建设"三烈祠"，春秋祭祀。同时还升任刘时举为陕西庄浪整饬兵备道副使。

直到清代中期，越南（又称安南）还一直是中国的藩属国，他们每年都要遣贡使到京城向宗主国皇帝解贡述职。清代，越南贡使经广西到北京述职的主要交通线路是从南流江、北流江水路进入梧州，然后逆水沿府江水道经昭平、平乐前往桂林，在桂林获得路引后，出桂继续北上。府江逆水行舟十分艰险，每每到达昭平古城时，贡使们都要在这里登岸歇息。并申请昭平至平乐段水道的沿途保护。昭平古城里的三烈坊和三烈祠是安南使节最喜欢去的地方，每一批使节到达昭平都必定去这里瞻仰

留念，因为清流三烈的故事不仅曲折离奇，震撼人心，而且表述了尊礼献身、知恩图报、恶人恶报、天道轮回等诸多那个时代的价值观，令安南使节十分感动。每每参访三烈坊和三烈祠，这些使节都不禁要作诗以颂。历史上，这些使节吟咏清流三烈的作品众多，仅康熙至光绪年间就有14位正、副使节留下诗歌30多首。

富川古明城

明洪武二十九年（1396年），富川县城从今钟山县城搬迁到今富川瑶族自治县富阳镇的古明城处。富川古明城城墙均用斗大青石块垒砌而成，城池总面积约0.42平方公里，有东、南、西、北4座城门，城内有文庙、武庙，还有11条卵石花街和戏台、灯楼、古井、民居等众多民俗建筑。每年春节，古明城内都要举办灯会、游龙等民俗活动，是贺州域内年味最浓的一座古城。

▲ 富川古明城窗景

◀ 龙舞灯楼闹元宵

北陀土司城

　　北陀土司城于明万历年间,由当地的壮族土司黄朝田创建,位于今昭平县北陀镇乐群社。旧志载:"城高2丈,周围364丈,东西南北各一门,城门城楼均为砖石结构。"城内面积约8万平方米,整座城池近正方形。北门城外还有一块作为军卒操练的练兵场,当地人称之为北门坪。北陀城的城墙砖特别厚大,每块砖都是1尺余宽、2尺余长。

梦境家园黄姚古镇

▶ 黄姚古镇古戏台

黄姚古镇位于贺州市昭平县东北部，距市区50多公里。黄姚为岩溶峰丛地区，地貌复杂多变，域内石峰、溶洞、暗河、山溪、井泉、瀑布和大山所表现出的气韵各不相同。往往大山雄伟壮丽，石峰清奇娟秀，溶洞神秘多姿，河溪蜿蜒多变，井泉清澈甘冽。各种自然美景与田园风光、节气变化汇聚在一起，给黄姚带来了山奇水秀、洞多泉清的四时风光。因此，黄姚古镇被称为"梦境家园""人与自然完美结合的艺术殿堂"。曾有人这样形容："黄姚古镇如同一本千年的诗集，被人遗忘在图书馆僻静的书架上，当人们不经意地走过，翻开这美丽的篇章，古朴而优雅的格调立即征服了人心。"

明万历四年（1576年）前，黄姚还是个不为人知的小村屯。明万历四年（1576年）设宁化里，其治地建于黄姚古镇内。同年，黄姚古镇还成为"黄姚小营"的驻兵之地。从此，黄姚正式开始了从村寨向城镇演化的历史进程。

开埠之前，今黄姚古镇的土地上分布着一些村庄，如沙棠底村、山根村、云根村、牛胹（舌）寨等。明万历四年（1576

◀ 北陀土司城城墙遗址

年）开埠以后，黄姚的建设开始按照城镇布局来规划。清康熙至嘉庆时期，大量广东资本进入广西开发圩市，带来了巨大商机，以经商为主的广府人和以务农为主的客家人大量进入广西，也带来了巨大的人力资源，再加上康熙以来对广西民族地区强有力的改革所带来的社会稳定，都使得黄姚驶入迅速发展的快车道。黄姚的街巷架构、古镇的建筑范围在康乾时期基本定型。

黄姚古镇安座于真武山和隔江山下，方圆3.6公里。在8条主街中，以龙畔街、中兴街和平秀街的建设时间最早，它们至迟在清顺治年间已经铺砌石板。最宽的迎秀街均宽约5米，最窄的羊巷宽不到2米，各主街累计长度约2500米。

黄姚街的古建筑群以其文化品位高、历史遗产保留完整、建筑物与所处环境和谐得体而成为全国知名的人文景观。历来人们对黄姚古镇的美景都赞不绝口，自古有"瑶池第 洲"和"黄姚文物冠南洲"的美誉。

"有山必有水，有水必有桥，有桥必有亭"是黄姚古镇风貌的独特气质。宝珠江、小珠江、兴宁河、姚江4条河流从北向南贯穿黄姚古镇，使得古镇内河溪密布，往往需要桥梁

黄姚古镇日出

联结街巷之间的交通。据统计，黄姚古镇内共有桥梁15座，其中13座为古代桥梁。黄姚古桥桥身简约，罕见刻花构件。但在桥面之上或者桥头处往往建有廊亭。桥头亭、桥头庙和桥头门楼的柱上多设楹联，额枋上多悬挂牌匾。这些楹联和匾额大多抒发关于黄姚自然风光、历史典故、人文习俗的雅怀遣兴。许多古桥四周怪石嶙峋，争奇斗巧；桥边四周、溪河两岸，老房古树相互掩映，敞抑有序。走在这些古桥上，再忙碌的人也会停下脚步，轻读桥亭上的楹联牌匾，领略"画意诗情山色里，天光云影水声中"的独特意境。

正所谓山川毓秀，人杰地灵。黄姚的古榕树亦生长得十分灵动。龙爪榕和龙门榕，这"二龙"古榕，依水而生，相伴而长，守望古镇八百余年。龙爪榕的枝干倒垂下来形似龙爪，世所罕见。龙门榕的树根盘屈遒劲，其中一枝树根圆拱如一扇大门。巧的是，大门前的生根石上突出一小石仿似鲤鱼，它拼命地要越过这扇大门，形成鱼跃龙门景观。

黄姚古镇内共有5口古井，分别是锡巩井、龙泉井、仙人井、天然井、桂花井，都比较著名。例如，东宁社旁的龙泉井甚至成为电影《面纱》的外景地。位于黄姚古镇内仙山寺旁的仙人古井占地约50平方米，共分内外两个部分，井水从内池流向外池，然后流入兴宁河。其中内池又分为东、西两口井池，用于汲取饮用水。外池用于洗菜。无论旱涝，这口古井都泉水清澈，常年不涸。传说有一年的农历七月七日，曾有人看到八仙从隔江山上的聚仙岩里出来，在井旁游嬉，"仙人古井"因此得名。传至今日，每年的七月初七，黄姚每家每户还一定到泉中取水，据说能放置三年不腐，人饮后百病不生。故而此井之水也被称为"神仙水"。

1945年至1947年，中共广西省工作委员会迁入黄姚领导广西革命。中共广东党组织的部分党员也隐蔽于黄姚，开展地下工作。何香凝、欧阳予倩、千家驹、陈此生、高士其等大批文化民主人士和《广西日报》昭平版社会部、工合组织、广西艺术馆等大量进步团体、机构亦响应中共南方局的号召，迁入黄姚，在这里筹备桂东敌后抗日根据地。

总之，黄姚古镇是一个有故事的小镇，也是一个能让人们在纷繁尘世中找回宁静的地方，这里的小桥流水、古宅街巷，极为安逸，令人沉醉。你来了，就舍不得离去。

◀ 黄姚龙门榕
▼ 古镇春色

红色古村英家村

英家村位于今钟山县清塘镇,明代至民国约500年时间内一直是英家镇的镇治在地,也一直是思勤江上游的贸易中心,为古昭平县的重要税源地。至今,英家村中保存有一条明清古街,街的两旁屹立有广府式民居古建筑70余座,还有粤东会馆一座,古戏台一座,古门楼两座。粤东会馆是英家街中规模最为宏大的古建筑,占地面积1733平方米,始建于乾隆四十二年(1777年)。

英家自古多豪杰。明末清初有5位将军联络梧州总兵举事,反清复明。方至英家,忽闻梧州总兵已经被斩,于是遣财散兵自缢。清嘉庆年间,百姓设五将庙祀之。

英家村也是一座红色村,早在1935年10月,英家村中就秘密成立了中共英家党支部。1938年11月,中共苍梧中心县委成

立,英家支部归入苍梧中心县委领导。1942年7月9日,桂林发生"七九"反革命事件。在桂林的中共广西省工作委员会机关遭到严重破坏,广西省工委书记钱兴组织党组织和党员紧急撤退到灵川县。同年10月,在英家特支书记张赞周的协助下,钱兴又将省工委机关转移到党的组织条件和群众基础比较好的英家村。为加强省工委机关的领导力量,保证省工委的工作正常进行,钱兴先后从桂林、柳州等地调来了庄炎林(省工委交通员)、黄嘉(中共桂东地区特派员)、肖雷(省工委交通员、中共英家特支副书记)、吴赞之(省工委机关工作员)、韦立仁(中共桂东地区交通员)等同志,重新建立了相对稳固的中共广西省党组织的指挥中心。同时,钱兴先后派员到桂中、桂南、桂北和怀集等县,寻找分散党员,重建各地党组织,重新整顿和建立交通联络点,迅速恢复了省工委同各地党组织的联系。

为了发展党的事业,钱兴对桂东各县党组织进行了调整。

▶ 英家革命历史陈列馆(英家粤东会馆)

▼ 位于昭平县黄姚镇的中共广西省工委旧址纪念馆

先后建立富川古城支部、荔（浦）蒙（山）修（仁）特别支部、贺县特别支部，将恭城县党支部、怀集县党支部改为特别支部；调整和健全英家特支，任命张赞周为书记，肖雷为副书记，特支下设英家支部、英家农村支部和英家小学支部；昭平、富川两县的党组织由钱兴直接领导。经过调整，各县党组织都有所加强，形成了以省工委为中心、桂东地区各基层党组织为支柱的格局，建立健全了保障省工委机关的安全体系。

在英家期间，省工委同上级组织中断了联系，经费十分困难，为了推进革命事业，在英家的党员们积极进行生产自救。1943年9月，钱兴、邹冰、吴赞之转移到英家牛垌寨，同难民一起开荒种地，割草烧石灰；吴赞之经常挑着货郎担走村串户，为党筹集活动经费；庄炎林两次回香港变卖家产，把所得的全部资金交给党组织；以庙祝身份公开活动的肖雷靠香烛钱筹集经费，其他党员则外出打短工赚取生活费。在白色恐怖笼罩之下，环境极其险恶，但省工委依然克服重重困难，在由城市撤退到农村的过程中站稳了脚跟，隐蔽发展。

1944年，日军第二次入侵广西。8月，省工委作出"一切为了建立抗日武装""一切为了发展游击战争"的《八月决定》，要求全省各地党组织揭露桂系顽固派消极抗战的行径，迅速动员广大群众开展抗日游击战争，保卫家乡。同时，还建立了桂东北人民抗日纵队——临阳联队，挺进敌后，打击侵略者。

1944年秋，桂林沦陷前夕，何香凝、梁漱溟、欧阳予倩、千家驹等大批全国知名文化人士和爱国民主人士从桂林疏散到昭平、八步等地开展抗日救亡活动。为了团结这些民主力量，组成共同的民族抗日统一战线，省工委派卢蒙坚进入《广西日报》昭平版报社当译电员，指示庄炎林、朱维新义务为报社做发行工作；帮助狄超白等在昭平建立民主同盟广西支部、在八步建立民主同盟东南支部。1945年8月，省工委机关由英家迁移至黄姚，直接领导黄姚的革命斗争。在省工委和民主人士的共同努力下，桂东地区的抗日活动蓬勃发展。

为了支持西北、华北等解放战争主战场的军事斗争，1947年4月，中共广西省工委在横县召开重要会议，决定准备武装起义。根据横县会议精神，桂东党组织集中了3个中队50多人枪和数百群众，于6月4日晚发动了英家武装起义。在总指挥吴赞之的指挥下，分两队攻入英家乡公所和英家粮仓。之后，起义队伍又在英家、花山一带同敌人周旋了一个多月。

英家起义打响了广西地下党公开反对国民党反动派的第一枪，揭开了解放战争时期广西武装斗争的序幕。2013年8月，英家村被列入第二批中国传统村落名录。2019年1月，又被列为第七批中国历史文化名村。

科举成就斐然的富川秀水村

历代以来，富川瑶族自治县一共走出了105名贡生，34名进士，1位状元。而在34位进士中，又有26人来自朝东镇秀水村。大名鼎鼎的状元毛自知也出自这里，秀水"状元村"由此名誉四方。

秀水村距富川瑶族自治县城30公里，位于朝东镇西北，与湖南江永县桃川镇毗邻。村庄地处秦汉潇贺古道上，是历史上中原王朝南下的交通要道。千百年来，中原文化、岭南文化、湘楚文化经潇贺古道源源不断地传入富川、传入岭南。作为潇贺古道入桂的前沿村落，秀水在接受多元文化上有着极其重要的先承优势。

秀水村始建于唐开元年间，至今已有1300多年的历史。据《毛氏族谱》记载，秀水由唐开元年间进士、贺州刺史毛衷创建。毛衷，浙江江山县人氏，唐开元十三年（725年）由刑部郎中出任贺州刺史，任内察访富川，但见风光秀丽，山水宜人，心甚爱之。离任后，毛衷携妻带子到秀水安居建寨，成为秀水村毛氏始祖。

秀水自立村以来即文明礼教昌盛，文化教育生机勃勃。这里书院林立，学风蔚然，贤杰辈出。宋代，秀水即建有4所书院：山上书院、鳌山书院、对寨山书院、江东书院，招收学子多达数百人。至今，始建于宋嘉定十四年（1221年）的"江东书院"古碑仍然耸立村中。

秀水村的"状元楼"为纪念状元毛自知而建，坐落于秀峰山下，修建于清代，青砖黛瓦、飞檐翘角。大门上方挂着"状元及

▲ 秀水古村晒坪

第""文魁""进士"3块金字匾额。一池青荷亭亭玉立于一殿与二殿之间，给历史厚重的状元楼增添了几分高洁与雅趣。状元楼共分前中后三进，第一殿是"敬仰堂"，供祀奉状元的人们正衣、整装。第二殿为进士殿，供亲朋访友观瞻，以示荣耀。第三殿是"状元殿"，殿堂正中安设宋朝开禧元年（1205年）乙丑科状元毛自知坐像。

秀水村中的八房花街大坪共设有3座古门楼和3堵古照壁，它们分别是：《重望楼》与重望壁、《淳风楼》与淳风壁、《清云楼》与清云壁。一楼一壁，风格各异。重望楼门楣中的"乡闾重望"说的是该房先始祖毛觉力学不倦，德行表率，官府封其"三级儒学士"，并赐匾嘉奖。淳风楼檐底悬有"文魁"古匾，据《族谱》记载，该房人共出进士5人，皆在宋朝登科，"淳淳学风，莘莘学子，儿孙励精，书香杜宇"是淳风楼这一房人的族训。"清云楼"前有一对保存完好的石鼓，包含一个传奇故事。明嘉靖年间，该房先祖毛德祯任职云南大理知府时，勤政爱民。辞任返乡时，当地父老以大理石石鼓相赠。归途中，盗贼见其行船吃水甚深，认定装载有重宝，于是趁夜劫船。但翻遍全船不见财物，又疑财富藏在石鼓中，便打碎一只石鼓，但仍不见重财。盗贼知其清廉，乃另置一石鼓相赔。一对石鼓传佳话，两袖清风律后人。毛德祯至今仍是人们敬仰的表率。

花坪东侧约百十米的距离设有"秀峰进士堂"。这是秀水村八房毛氏族人崇祀26进士和状元毛自知以及历代家祖的圣地，每逢清明、重阳两节，合族聚会，开门祭祖。敬祖典礼上必宣文敬贤，鼓励族人读书明礼。尔后，还要举行巡游活动，抬着状元像游走全村。

秀水村的村中耸立一座石峰叫独秀峰，又称鲤鱼山，是传统名胜"化鲤排云"所在。历代雅士仙游不绝，留下的诗吟歌咏和

▶ 潇贺古道上的富川瑶族自治县朝东镇登瀛风雨桥

▼ 秀水村秀峰诗院

华章妙句亦是不胜枚举："那许桂峰称独秀，故留峭壁待诗人。""极目人寰青一色，茫莽之处便是禅。"无不值得咀嚼玩味。

秀水村的男子多科举名士，秀水村的女子则多巾帼英豪。在秀水村石余寨有一座仙娘庙，祀奉的是明太祖朱元璋御旨追封的毛氏祖妣——黄氏。黄氏是毛贤公之妻，18岁自湖南永明嫁至秀水，其出身武术世家，行侠仗义，乐善好施，为毛姓氏族所敬仰。宋朝时，金多犯中原，国治不力，富川一带亦盗匪横行。每到秋收时节，这些土匪就进村劫财劫粮，黄氏率领村民与敌匪抗争。在某年严冬12月的一次大规模的保卫拼杀中，黄氏也壮烈牺牲，时年36岁。黄氏不畏顽敌，气节凛然，深得村民钦佩。明太祖朱元璋听闻这个故事后，还下发追封诏书，追认黄氏为仙娘，允准立庙祀奉。

岔山瑶村——美食惊艳湘桂粤三省

岔山村位于富川瑶族自治县朝东镇北面，村背即湖南省江永县，是个一脚跨二省的地方。

岔山村名虽为村，实则是一条街。全村以一条1000多米的主街为中心，民居建筑沿街

栉比鳞次。村前一条小河蜿蜒而过，"依山造屋，傍水结村"是岔山古村的典型风貌。当年络绎于途的客旅沿着潇贺古道从湖南进入广西，第一站即岔山村。商旅的到来，给这里带来了繁荣的商贸，街道两侧开满了一间间老字号店铺——腐竹铺、打铁铺、凉粉店、酒坊、杂货铺、磨坊、药铺。在那些过往的岁月里，木匠、瓦匠、篾匠、裁缝等各种手艺人也都曾经活跃在这里寻找挣钱养家的机会。

南来北往的商旅还会在这里打尖住店、下馆小酌。他们用挑剔的舌尖品味每一道餐饮，用严苛的点评给小馆老板提意见。经过近千年的凝练，岔山瑶村传承下来两道最为独特的美食：油茶和梭子粑粑。油茶是用富川瑶家独特的饮煮方法烹出的茶汤，香味浓郁。梭子粑粑是用糯米、花生、笋干、香菌等各种特色农产品加工而成，味道有甜有咸，有荤有素，花色品种繁多。在古街的老字号饭馆中，饮瑶家油茶、品瑶家粑粑，无论是对瑶家文化的体验还是对舌尖的安慰都能有别样的收获，就连中央电视台的《味道》栏目都来报道。每日里，车水马龙的游客从广东、湖南、广西三地涌来，或许就是为了追求这种独有的感觉吧。

◀ 富川瑶族自治县岔山村

楹联古村龙道村

　　龙道古村落位于钟山县回龙镇，是一座有着700多年历史的古村。龙道村一带的居民称为"董家峒人"，他们使用一种特别的方言"董家峒话"，方言中带有特别浓郁的古粤语风格，他们对古粤人的文化传承也特别浓厚，历史相当悠久。龙道村的村民均为陶姓，族谱记载其祖先为山东青州太尉陶英，唐末天祐时期，陶英领征南将军职衔率兵出征昭州（现平乐县、昭平县一带）平乱，元朝时他的后裔迁居回龙，建立龙道村至今。

　　龙道村虽然建于元代中期，但民居却传承隋唐遗风，有的甚至把古越人的干栏式建筑搬到青砖瓦房之中。村中巷道复杂，炮楼林立，灰塑、壁画、雕花、飞檐翘角随处可见，文化内涵十分深厚。龙道村自古以来就崇尚儒雅，耕读持家是村里的一大风尚。明末，本村举人陶大鼎善于对联，但不愿入朝为官，终身归隐故里办学，为当地培养了大量人才。他去世后，人们为了纪念这位可敬的师长，同时也为了体现知书明理的诗礼家风，在建造房屋时纷纷在自家石门刻上诗联，从而造就了龙道村有门必有联的典型风貌。

　　龙道村的对联涉及齐家、治国、平天下的道理。教人学好不学坏，学勤不学懒；教人尊重长辈，孝敬父母；教人勤俭持家，勤读好学，等等，体现了村民读书明理、崇尚儒学文化的诗礼家风。在祖庙，其正门对联是"龙安宁龙守二村天宝物华蔚起，门康泰门镇数房地灵人杰兴隆"。此联用"龙门"二字嵌入联中，希望祖先保佑二村蔚起、数房兴隆。书院正门对联"钦明门第流芳远，乐读家声衍庆长"，后门联"前堂永日同稽古，后进文风叠胜先"，鼓励人们勤奋读书，一代更比一代强。门楼对联："门对西山多爽气，人瞻北阙下彤云""枫陛敷恩盈梓里，莫阶凝瑞起松云""芝兰竞艳德门新，奎壁联辉云路辙"等等，都充满一种浓浓的传统文化气息。而古民居的对联则多数体现勤俭

◀ 龙道村明经第石窟门对联

持家，温良处世，如"勤俭居家为正本，温恭处世是长途"。也有的教人勤劳，如"岂种三槐夸世德，为栽五柳昭家风"。而贺岁联则意境深远："桑麻共话丰登岁，松菊独存不老春""门前五柳家风古，户外百梅气象新""百梅日至花盈树，五柳春来絮满枝"。这些对联无不字字珠玑，或者警世，发人深省；或者励志，催人奋进；或者颂景，意境深远。在龙道村，品味对联就如同品味珍馐一般。

富川深坡村　代代传书香

富川瑶族自治县葛坡镇的深坡村创始人蒋士弘是嘉定年间进士。科举登第后，他出任桂林府通判。宋绍定年间，他致仕回湘，路过深坡，觉得此地风景绝胜，良田沃野，于是落地定居。

▶ 深坡春色

蒋士弘落籍深坡创村至今，已有将近800年历史。现如今，深坡的传统建筑仍有民居280座，石板桥2座。

或许是因为蒋士弘本身就是科举功名人士，深坡自创村以来就有浓厚的读书氛围。这种一心向学的书香气息经过历代传承，使得读书明理、崇贤向学成为这个村子铭刻在骨子里的特有村品。走进深坡村，墙头、柱上随处可见昭示人们读书明礼的对联和题壁。深坡第二大书院"汲古书屋"写着院训："师古追范，读书明理汲古纳今，为官理政崇贤重教。"深坡村的一座门楼对联也写道："后裔人才辈出入府致仕途，先祖出类拔萃中举登进士。"不仅如此，史上深坡村学校密度之高世所罕见。

全村13座门楼，每一个门楼的后面住着一房族人，每房族人都建有一座书院，使得一个只有1000余人口的村庄里先后建起了13座书院。在古代，一座书院就是一座学校，因此，深坡村每100余人口就有一座学校。

深坡村之所以学堂多，是因为村里有一批愿意奉献的读书人。他们不仅甘愿捐款创办学堂，还亲自到学堂义务授课，诲人不倦。村里的最大书院是恕堂书院，就由例贡生蒋登元约在清朝咸丰十年（1860年）捐资创建。他的助学善举赢得了群众的千秋口碑，书屋的门联说："恕堂先生助学建书屋千秋义举，深坡族人修葺保古迹历代功德。"不仅在口头上传颂他的事迹，人们甚至还将他当作是神圣一样祭

拜。在深坡村村民每年自发组织的读书节上，人们至今仍然在这座书院里举办祭师礼，感恩蒋登元的奉献。

在深坡村，读书人普遍受到尊重。村中的祠堂前，竖着数十柱功名石。人们把村中的秀才、举人、进士等读书人的功绩都刻在石头上，供人们在每次宗祠活动上参观。并用他们这些取得功名人士的成就来激励后辈。

正因为这个村有着无比浓厚的向学气息，历代以来，这个村一直人才辈出。宋、元、明、清4个朝代共走出6名进士、9名举人、13名贡生、8名监生、3名儒生、86名庠生。新中国建立后，走出的知识分子亦不在少数。至今，每年这个村仍有不少于5名的年轻人考上"985"大学。

"江南紫禁城"大江屋

八步区莲塘镇的仁冲村大江屋是一座府第式客家围屋，它占地面积5761平方米，建筑面积3669.39平方米。整座围屋建筑为方形对称结构，共有9个厅堂，18个天井，132间厢房，

◀ 深坡村全貌

▼ 八步区莲塘镇江氏客家围屋前视

素有"九厅十八井"之称。一座围屋就是一个村庄，高峰期，屋里居住人口多达340余人。由于围屋建筑规格高，各种居住设施齐全，它又被称为"江南紫禁城"。

这座围屋由江氏客家人创建。江家第十七世祖江俊，于清嘉庆末年独自一人从广东长乐辗转进入广西贺县谋生，先在黄田的浩洞等地打工。积攒一些钱银之后，开始做小买卖，终日挑"糖瓜担"走村串户。几年之后，生活有了着落，便动身回广东长乐将妻子和4个儿子带来贺县，落脚在今八步区莲塘镇白花村一带。当时此处是一片野草丛生的沼泽地，地名"难塘"。江俊一家人起早贪黑，夜以继日地创建家业。他们开荒拓土，种稻种蔗。日复一日，原来的"难塘"成了良田，人们就把它更名为"莲塘"。随着江家糖业的不断发展，在"莲塘"随近自然形成了圩市，随着晚清民国时期贺县当局把一个镇治设在"莲塘"圩上，今八步区莲塘镇也就因此得名。

江家兄弟4人中，江海清最善经营，又打得一手好算盘。巧合的是，江海青与儿时玩伴永庆麻子塘人林肇元投奔湘军刘岳

昭部，建立了奇功，加上朝中大员广西同乡岑毓英的推荐。江海青出任云南盐官，担任云南曲靖盐井提举司提举，管理黑盐井、石膏井、白盐井等三大座大型盐井的生产。他赴任后，精打细算，盐井的效益有了明显提升，许多因军费紧缺而导致的燃眉之急也都得到了解决。他的努力，为清光绪十一年（1885年）中法战争中的镇南关大捷提供了有力的物资保障。因战功显赫，他被晋升为三品朝官，出任云南盐检道台，受赏"万宝来朝"匾牌一块，成为远近闻名的贺州名绅。可惜晚清朝廷风雨飘摇，感觉清廷即将被革命或者改组，作为清廷官员的他为保退路，遂于1903年回到老家建造房屋。经过8年多的巨资投入，江家大屋终于建成。然而，江家新居落成的鞭炮声也同时迎来了辛亥革命。

▼ 江氏客家围屋俯瞰

当他匆匆赶到昆明想把家室接回大江屋生活的时候，他的几个儿子却趁他不在云南，悄悄卖光了他在昆明的家产，各自分门立户。江海青的搬家打算落空，他在老家建造的大屋也只能委托叔侄们管理。

江海青是客家人，他在建造大江屋的时候，既要求房屋布局必须彰显客家文化，又要求房屋装饰必须雕梁画栋。于是请来了两个善于规划客家围屋的广东工班和两个善于装饰的湖南工班共同建设。由于他督工严格，这座建筑质量上乘。围屋的地基原是一片沼泽烂塘，为了房子千秋稳固，工匠们在地基下打入了1000多根松木基桩，然后再用沙子、黄泥、石灰混合的三合土夯牢筑实基址；地面齐人高的墙体也用三合土夯筑，使地基与墙体、墙体与墙体共同连成一个稳固的整体。有了这些高质量的施工，100多年过去了，这些墙体从未下沉、走位、开裂。

大江屋的排水设计亦是巧妙，每一座天井都与地下暗渠连通。暗渠按"之"字形安排路线，在每一个转弯点都设有一个沉沙井，生活用水和雨水经过天井进入暗渠后，泥沙和有机物都在沉沙井中沉积化解。正因为使用了沉沙井，一百多年来大江屋的排水渠从来没有发生过堵塞。

在大江屋后的西北角有一口八角井，100多年来一直是仁冲村数百群众饮用水的水源地。按照客家民俗，井旁放置有一个石盆，由一块大约1平方米的大石凿成。但凡围屋里的男婴出世第三天，都要放在此盆中洗澡，称为"洗三朝"。洗澡时，水中必定放上一枚秤砣，意为"壮胆"。因此，这件石盆也称为壮胆盆。相传但凡在盆中经过"壮胆"礼的孩子，长大后都会"胆大才高，智慧过人"。也许是客家人崇文重武民风的熏陶，这座围屋里走出了许多杰出人士，如广西畜牧总站原副站长、高级工程师江萼霖，1962年，他被农业部派遣到越南工作，因成绩斐然得过胡志明勋章；再如民族学家江应樑，开辟了民族人类学的新学科，曾被美国收入《世界名人录》。

大江屋设计造型古朴庄重，具有"一大二坚三堂皇"的特点，是一座府第殿堂的半封闭居屋，因为它是客家建筑的典型代表，又比较全面地反映了客家人的生活习俗，2019年被国务院公布为全国重点文物保护单位。

第十章 皇家故事

地处岭南的贺州，历史上，一方面距离长安、洛阳、南京等帝都颇远，境内又多山岭，相对于中原先进地区，这里的经济文化似属蛮荒之地。另一方面，潇贺古道和湘漓古道贯穿贺州，境内沃土遍野，矿藏资源十分丰富，这又使得贺州成为历朝历代经营岭南的重要门户，并因为这种地位而一举成为岭南名邑。贺州的这种矛盾地位，使得贺州一方面曾是皇亲国戚的封邑之地，另一方面又是皇家失势群体的受贬流放之地。纵观历史，从南朝开始至明代，贺州曾两度成为南明永历帝的逃难地，6次成为南朝四国的藩王封国，诞生了一位明朝皇太后，接纳了唐朝两位皇室宗亲和两位驸马，一次成为南朝宋国国丈封邑，一位宋朝国舅受封贺州刺史。

皇亲国戚，在许多人眼里，就是荣华富贵的代名词。确实，这些进入封建政治集团核心的人物，在得势之时，呼风唤雨，尽享荣华。但是，封建政治斗争的无情与无常，又使得他们在失势之时，难逃飞来横祸，灭家亡国。所谓几家欢喜几家愁，皇亲国戚们也不例外。

从贺州走出的明朝孝穆皇太后

明孝穆纪太后是贺州市八步区桂岭镇人，这在我们贺州市已是家喻户晓。然而，即使贵为皇太后，即使其子明孝宗皇帝动用了当时的国家力量展开调查，也无法弄清楚她的家世。随着世易时移，更多证据流失，到如今，她的身世依然是无解之谜。

有明一代，贺州瑶族长期起义。天顺六年（1462年），官军开进纪太后家乡实施征剿。太后这时年仅10岁，她成了俘虏。明代有将幼女俘虏送入宫廷为婢的惯例，长相甜美的她于是被选入后宫，成了一名宫女。随着年龄的不断增加，警敏聪明的她早已是习字算数样样精通，很快就被提拔为掌管后宫事物的一名头目——女史，主要负责后宫日常开销的账目管理。

纪太后担任女史官时，正是明宪宗当皇帝。宪宗儿时的保姆是万宫女，长宪宗17岁。宪宗童年和少年时代的生活起居都由万宫女照顾。这使得万宫女在宪宗还是孩童时就已经树立了一种如母亲般的威严，宪宗自小对万宫女既惧怕又依赖。成年后，宪宗娶万宫女为贵妃，继续对她唯命是从，使得万贵妃在后宫中就有着绝对权威，连皇后也受她摆布。

俗话说，母以子贵。后宫佳丽三千，谁的儿子成了皇帝，谁就可以成为天下唯尊的皇太后。再不济，即使做不了皇帝，只要不犯政治错误，这些皇子们还可以被封为亲王。而作为亲王的母亲，一生的荣华富贵也是少不了的。可惜的是，偏偏万贵妃不能生养。在嫉妒的驱使下，她使阴招让所有妃嫔流产。柏贤妃生了个儿子，已经被立为悼恭太子，也被她害死。

一天，宪宗到后宫视察，正在当班的纪女史接待了他。但见女史官待人接物落落大方，应答提问又句句说到心坎上，宪宗十分满意。不久，得到宠幸的纪女史有了身孕。万贵妃知情后，便指使婢女去给纪女史打胎。婢女不太负责，传达完命令，就回去复命了。万贵妃以为勾当得手，放心地把纪氏打入冷宫安乐堂闲居。然而，纪女史正好在安乐堂养胎，最终生下了皇子。得悉消息，万贵妃又派太监张敏去溺杀皇子。张敏留了个心眼，他想，随着皇子一个个都被毒害，年事已高的宪宗一直无子嗣。现在好不容易延续了血脉，如果因为自己导致未来无人接任皇位，葬送了大明江山，这是罪不可赦的大逆之事，自己万万不能做。想到这里，他毅然改变主意，把皇子转交吴皇后抚养。然后骗万贵妃说，自己已把皇子扔入护城河冲走了。吴皇后这时也被打入冷宫，正废住在西内，靠近纪宫女的住所安乐堂。吴皇后对万贵妃也是十分不满，她义不容辞地担起了哺养皇子的工作。躲过一劫的小皇子在大家的关怀下一天天成长。这件事做得十分保密，连宪宗都瞒着。到成化十一年（1475年），皇子已经6岁。一天，宪宗召张敏梳发。对着镜中白发，他不禁感慨："老将至，而无子。"时机成熟，张敏趁势端出抚养皇子的秘密。宪宗大喜，当即指示父子相认，并颁诏天下，立皇子为太子，加封纪女史为淑妃。万贵妃并不死心，加紧了对纪淑妃的迫害。当年6月，淑妃暴亡。

不久，明宪宗也去世了。皇子顺理成章继承皇位，是为明孝宗。孝宗亲身感受过母亲在宫中的悲惨境遇，现在掌握了皇权，他决定厚报母亲。先是追封母亲纪淑妃为孝穆皇太后。接着，部署力量，寻找母亲的父母和亲属。然而，后来所发生的事情却让明孝宗倍感无力。

原来，纪淑妃入宫的身份是俘虏，在宫中的地位十分地低下。进宫之后，甚至不能使用原有姓名。而且，她的南方方言，宫里也没人能听得懂。各种原因，导致人们对她入宫前的身世知之甚少。只有太监郭镛曾听她说过，她本姓纪，老家在广西贺县。

在孝宗还是太子的时候，服侍他的太监中有一个叫陆恺，也来自南方。陆恺本姓李，入宫之后才改的姓。按照太后的方言口音，"纪""李"不分，为此，陆恺就自称为孝穆皇太后亲兄。郭镛心知他是作伪，但怕得罪人，也不敢揭发。为了能够照顾到家人，陆恺委托镇守两广太监顾恒帮助寻访叔叔李福边和哥哥，想邀他们一同进京享福。但是，要寻找的这两人都已去世，知道李家已经没有后人，陆恺的姐夫韦父成于是就冒认李姓，成为太后亲戚。韦父成的这个欺天之举，不仅骗得朝廷直接奖赏的几顷官田，还得到府、县两级官衙奖赏的田土30亩。就连他所居住的乡里也被改名为"迎恩里"，以示荣耀。

孝宗根据郭镛提供的太后是贺县人、姓纪、也可能姓李等线索，下令贺县知县黄琏继续组织人力寻找太后亲属。同时还要求，贺县的上级平乐府也一同参与寻亲。消息传来，贺县桂岭镇雇农李父贵和弟弟李祖旺眼红韦父成的优厚待遇，暗地里与自己所佃耕田的地主邓璋、邓宗茂父子商量："韦父成不姓李都可以冒充，我正宗李姓更加应该成为国戚。"于是，他们伪造族谱，把自己说成是纪宫女的亲人。这份伪谱做得十分逼真，他们给纪宫女取了个名字，叫"李唐妹"，又谐音陆恺叔叔的名字"李福边"，给纪宫女父亲安了个名字叫"李福斌"，还说自己两兄弟就是纪宫女的兄弟。一切完成之后，他们把伪谱交到贺县县衙和平乐府衙，以此证明韦父成的皇亲身份是假的，而自己两兄弟才是真正的国戚。

平乐府和贺县官府接到他们的这份自荐材料，一时真伪莫辨。正好，孝宗公派寻亲的朝廷代表太监蔡用来到贺县。蔡用亲到桂岭，召集一帮当地的长老多方询问太后亲属的事。这些长老本来对太后家的事毫不知情，但为了完成任务，取悦皇上，就帮着作伪，说李父贵、李祖旺的族谱是真的。不久，贺县知县黄琏、贺县守御千户房顺已经打探到李氏兄弟伪造族谱的内情，但立功心切，不仅不纠正，反而署名盖章，在向上级递交的调查材料中说李氏族谱是真的。黄琏和房顺签章后，平乐知府李庭芝、平乐通判俞玑不加核查即在材料上签章。然后太监蔡用与访求都御史朱旻拿着这份材料到桂林继续办理手续。没有认真审核,广西佥事黄钥就代替广西副使林符为材料提供了"事实为真"的保证书。一切妥当,蔡用、朱旻和太监韦春等人就带着这份在贺县的实地调查材料回京复命。看见贺县、平乐府、广西省层层签署了意见,在京的安远侯柳景、御史唐相、布政使侯英、都指挥纪瑛等也只好签字同意,上报孝宗。见到李氏族谱,满心以为母亲的亲属全部找到,孝宗好不高兴,立刻下诏改李父贵的名字为纪贵,改李祖旺的名字为纪旺,赐授他们两人职官、宅第、金帛、田庄、奴婢,封赐很丰厚。

韦父成不服,跑到京城争辩,说李父贵兄弟是假的。孝宗命郭镛和陆恺会审,郭镛心知韦父成是冒充的,但他并不想揭露,只是在韦父成和李父贵之间做了些说和工作,平息了他们的怨气,然后责令韦父成返回老家。

找到了李氏族谱,孝宗就命郭镛到贺县来祭祀纪太后家已逝的先辈。接着,还命工部郎中顾余庆依皇亲规格,整修太后先祖坟茔,设置守坟户守护坟茔。

▶ 八步区桂岭镇善华村明孝穆皇太后先茔神道遗址中保存的石羊

▼ 以孝穆皇太后故事为背景的大型音乐剧《大明瑶妃》剧照

俗话说，没有不透风的墙。李父贵诈认皇亲的事传到了与贺县隔邻的湖南省江华县，当地监生蒋灏和周绅两人便唆使他们的佃户广东连山县人李友广来找顾余庆申诉，说自己也是国戚，也要享受朝廷好处。贺县听选知县廖宾想偏袒李父贵，就上奏户部说李友广是假的，但他拿不出证据。户部尚书李敏也认为李友广言行可疑，但也拿不出证据。孝宗于是命司礼监内阁及众官会审，因缺乏证据，大家也都不能明辨。

无奈之下，孝宗只得派户科左给事中孙圭、监察御史滕佑等人再赴贺县实地调查。蒋灏和周绅怕孙圭等人查出实情，便指使江西分宜县人高龙假装是锦衣卫百户到连山县暗访，动员那边的乡民统一口径，虚构李友广的贺县籍贯和族谱，冒认孝穆皇太后族亲，用编好的谎话欺骗前来调查的官员。

孙圭等人到贺县后，并不以官员的身份公开探访，而是在连山、贺县、江华等地微服暗访。当地的百姓不认识他们，只当他们是无关的陌生人，也就没有了防范心理，把韦户成、李祖旺、李友广等人冒认皇亲的行为一五一十地全部讲了出来。

收集到了实据，孙圭等人即刻报告孝宗。孝宗震怒，罚邓璋一家到陕西庄浪卫充军，财产没官；邓宗茂到陕西驿递摆站；李父贵、李祖旺到福建镇海卫军充军，没收赏给他们的田地财产；高龙到辽东铁岭卫充军；废黜郭镛、蔡用太监职位，赶出京城，贬到南京新房闲住；陆恺降职到茂陵护陵，负责烧香；黄珽、房顺到四川松藩卫充军；黄钥免官；林符降二级，调为广东南雄府知府；韦春降职为左少监，回京闲住；周绅、蒋灏、廖宾、李友广及其他相关人员共四十人杖责；遣散太后先茔守坟户。

韦父成、李父贵、李友广等人冒认国戚的事遭到严惩，此后，再也没人敢于铤而走险伪造身份了。从此之后，除了太后是"贺县人，姓纪"这个线索外，有关太后在老家的其他信息就一无所知了。万般无奈之下，孝宗只好下令在广西省首府桂林市为太后父母设置享堂神殿，以方便祭祀。

牛李党争迫使唐皇宗亲李回受贬贺州

李回是唐高祖李渊的六叔李祎的第七代孙，唐穆宗长庆年间考取进士，后又被策举为贤良，极具才干，是唐室宗亲中的佼佼者，尤为宰相李德裕赏识。

李德裕是晚唐名相李吉甫之子，也是唐代"牛李党争"中李派的首领。因与唐武宗君臣相知，得以入朝为相，当政期间功绩显赫。会昌三年（843年），泽潞州（治所在今山西长治）节度使刘从谏去世，其子刘稹擅作主张，秘而不报，自行接管父亲的指挥权，还请示朝廷，要求接任父亲的节度使之职。朝廷不答应，刘稹叛变。李德裕指挥了这场平叛之战。担心与泽潞州相邻的成德、魏博等地节度使被刘稹策反，李德裕推荐李回出使两地，分别向成德节度使王元逵和魏博节度使何弘敬传达武宗旨意，希望他们能够与朝廷一道出击叛军。李回不辱使命，说服王元逵接受泽潞北面招讨使任命，何弘敬接受南面招讨使任命，与朝廷大军一起平叛。第二年，刘稹叛军被灭，李德裕推荐李回出任宰相。

会昌六年（846年），唐武宗去世。第二年，即大中元年（847年），唐宣宗继位。所谓一朝天子一朝臣，宣宗一上任，即将武宗重臣李德裕贬出朝廷，还重用李党的死对头牛党主政。以李德裕为代表的李党派系遭到严重打击。受此牵连，大中元年（847年）8月，李回先被贬为成都尹、剑南西川节度使。当年冬天，再被贬为潭州刺史、湖南观察使。

大中二年（848年），李党派系的另一骨干淮南节度使李绅错杀吴湘案被揭发：李绅到任淮南节度使不久，发现手下的江都县令吴湘盗用公粮钱款，强娶所部百姓颜悦之女。本来罪不至死，但因为吴湘的父亲是牛党的人，吴湘的哥哥吴武陵又与李德裕有旧隙，李德裕对吴武陵也曾公开表示不满。作为李党成员，李绅便给吴湘定了个死罪。牛党得势后，御史台就把这件"吴湘旧案"揭发出来。大中二年（848年）9月，李德裕再被贬为崖州（今海南省三亚市）司户。而李回也由湖南观察使再被贬为贺州刺史。

唐代同昌公主驸马韦保衡因宠而辱被贬贺州

唐懿宗李漼虽然是唐宣宗李忱的长子，但唐宣宗对这个长子好感不多，一直没有宣布李漼为太子，皇子李漼的日子过得并不开心。幸好，他的姬妾当中有一位郭姬最能体谅、抚慰他。李漼对郭姬也就情深意长。849年，李漼与郭姬有了个女儿，这就是同昌公主。她可是李漼的福星，据说，4岁之前她一直未曾开口说话，一天，忽然奇怪地叹息着向父亲说"今日可得活了"。她的人生第一句话无头无尾，虽是无忌童言，却让李漼百思不得其解。正在茫然时，迎接李漼即太子位的仪仗队就到来了。李漼大喜过望，从此就把这个女儿当作心头肉。长大后，公主不仅出落得貌美如花，而且心灵手巧，琴棋书画样样精通，一手刺绣绝活更是独步天下。史载，她能在一张普通大小的锦被上绣出3000只彩色鸳鸯，这可是世间罕有的巧手功夫。种种原因，同昌公主享受到了史上任何一位公主都无法比拟的恩宠。

咸通十年（869年）正月，懿宗李漼和郭淑妃千挑万选，终于选中了新科进士韦保衡为同昌公主的驸马。公主大婚，懿宗不但把国库中所有值钱的宝物都搬进公主府，还为同昌公主营造了奢华无比的专用豪宅——广化里。宅第中的井栏、药臼等均以金子打造，就连扫把都用金丝编织。怕女儿钱不够花，李漼还另送她五百万贯私己钱。

公主得宠，驸马自然受到重用。不到一年，韦保衡不仅坐上宰相之位，还获得开国侯的爵位，以扶风县二千户作为食邑。

韦保衡权倾朝野，但情商太低，得罪了很多人。宰相王铎是韦保衡贡举时的座主，起居舍人萧遘是韦保衡的同科进士，同样遭到他的排挤。

自古红颜多薄命，同昌公主也摆脱不了宿律。早在开成二年（837年），贺州刺史李郜因为政绩突出被提拔为京官通政司佐司，他到长安赴任时，也同时带来了自己在贺州发明的麻将游戏。这种游戏操作容易、博弈激烈，很快就在长安城里风行开来。同昌公主更是麻将游戏的铁杆迷妹，没日没夜地玩。那个时代，没有电灯，照明不好，为了挑灯夜战，她甚至让人捧着夜明珠站在牌桌旁，帮她增亮。长期睡眠不足，精力耗尽，结婚仅仅一年，她就于咸通十年（870年）去世了。

韦保衡害怕唐懿宗责怪自己，四处甩锅推责。他先是诬说御医用药不当，延误病情。害得为同昌公主治病的20多名御医全被砍头。继而又冤说下人照顾不周，致使同昌公主的奶妈被责令陪葬，陪着同昌公主嫁入韦家的宫婢保姆也被责令自杀。接着，他还指责那些与自己不和的官员妒忌自己夫妇受宠，与御医共谋毒杀公主，导致这些官员或死或贬。

咸通十四年（873年）7月，唐僖宗登基。韦保衡失去了唐懿宗这把保护伞。眼见得有机可寻，仇家们便纷纷起来告发他。当月，韦保衡被贬到麻将发明地贺州任刺史。尽管，到贺州后，他并不以宰相自居，对人谦虚，办事公道，但仇家们并没有因此放过他，不到3个月也即当年9月，他又被再贬至崖州（今海南省三亚市）。流放路上，再一道旨令追来，他在半道上被人截杀。

唐义阳公主驸马王士平被贬贺州

王士平是幽州卢龙节度使王武俊之子，唐贞元二年（785年）娶唐德宗的女儿义阳公主为妻，成为驸马。公主性格骄纵，王士平无法忍受，两口子感情甚差。不仅时常争吵，而且还分室而居，公主住崇仁坊，驸马住昌化坊。贞元十二年（796年）5月27日，王士平与郭子仪之子郭暧、郭煦、郭暄等人在唐代宗忌辰日宴饮，被贬官。后来两口子不睦的事情又闹到了唐德宗处，德宗大怒，下令将公主关在宫中，把王士平囚在家中，以示儆诫。王士平的门客进士蔡南史和独孤申叔合作编了首曲子《义阳子》，内有"团雪散云"的歌词，讽喻驸马与公主关系紧张，暗示两人可能要散伙离婚。德宗听闻，大怒，认为进士中存在某些浮华轻薄之风，急得差点要废科举制度。直到把蔡南史和独孤申叔流放到边远之地，这件事才算作罢。

或是因婚姻不幸，公主寿命不高，于贞元年间就去世了。义阳死后，王士平被继续禁闭在家。直到唐德宗去世，唐宪宗继位，他才于元和年间被封为安州刺史，解除了禁锢。这期间，他又因结交宦官而获罪，被贬为贺州司户参军。

宪宗元和十年（815年）6月，王士平的侄子王承宗受叛军将领吴元济收买，遣人刺杀宰相武元衡。王士平举报了这件事，得了功劳，终于被提拔为左金吾卫大将军，袭父实封。也因为这件事，他离开了贺州。

"狸猫换太子"原型人物国舅李用和受封贺州刺史

北宋明道元年（1032年）2月的一天，首府汴梁一间凿纸铺前的大街上，一群人正围着一个躺在街上的病人看热闹。这个病人是凿纸铺44岁雇工李用和，因患痢疾，失去了劳动能力。在那个年代，痢疾是重病，很多人因此命赴黄泉。铺主怕他倒毙在店，为免一笔安葬费，就把他赶出了店铺。走投无路的李用和只能躺在街上等死。有看热闹的人问他姓名，他如实答了。不曾想，在围观的人群中有一位皇城司公差，职务"内院子"。前些天，内院子的上司"同勾当皇城司"刘美曾下令寻找一个叫"李用和"的人，据说这是执行当朝章献皇太后的命令。说起刘美，可是大有来头，他是章献皇太后的兄长，是太后唯一在世的娘家人。太后正垂帘听政，权倾天下。有了太后这个靠山，刘美自然也是炙手可热。

内院子是个稳重的人，他不敢把这个躺在街上的李用和直接带入宫中。一方面，李用和正患病，万一把宫内的人传染了，自己担责不起。另一方面，偌大的汴京城也可能不只一个"李用和"，万一弄了个重名的人交差，上司怪罪下来，自己还可能承担失职之罪。慎重起见，院内子把李用和接到自己家里。一面找皇室太医开方子为李用和治病，一面继续打探李用和的身世。他很奇怪李用和的打扮，外穿满是补疤的单衣，却在胸前悬一个漂亮的鏊囊，于是就问："这是什么？"对着自己的恩人，李用和也没有什么可隐瞒的，就把自己的一段辛酸往事和盘吐了出来：原来，李用和的父亲叫李仁德，是朝廷的一个九品小吏"左班殿直"，家道也曾殷实。可惜，还在自己幼年之时，亲生母亲和父亲相继去世，继母带着他和他姐姐改嫁。日子依然难过，继母只好削发为尼，把他们兄妹带入尼姑庵中。在他7岁的时候，一个皇妃来到庵中祭拜，发现他姐姐不仅貌美而且勤快，便把他姐姐买作侍女去了皇宫。所谓宫门深似海，人们都知道，这一去也许就得终老宫中。但他10来岁的姐姐仍然盼着能有出宫的那一天，盼着姐弟还有相见之日。于是，她连夜编了个缂丝鏊囊送给弟弟。临行前，她拍着弟弟的肩膀含泪说道："日后，你不管如何沦落颠沛，千万不要丢弃囊袋。万一我能出宫，一定会寻访你，以后就用它作为我们相认的证物。"时间一晃30多年就过去了，姐姐的叮嘱至今仍话犹在耳，所以，他每天把囊袋挂于前胸，一刻不敢离身，就盼着命运能够安排他和姐姐再见上一面。听了李用和的介绍，内院子已经确信，这个李用和就是他要找的人。于是正式报告上司刘美。刘美把李用和领到章献太后处，太后也没说什么，只是赏了李用和一个"右班殿直"的职位。从此，李用和衣食不愁。

1033年4月9日，正在当值的李用和突然接到通知，要他赶到洪福禅院西北的李宸妃陵。到了之后，才知道陵中葬着的李宸妃原来就是他失散多年的姐姐。原来，当年带他姐姐进宫的人是宋真宗的宠妃刘氏。刘氏不仅漂亮，还是一把治国理政的好手，为真宗皇帝分担了不少政务。真宗很想把她立为皇后，奈何刘氏家世并不显赫，又无子嗣，群臣不服。迫不得已，刘氏想出了"借腹生子"的办法。她买来李用和的姐姐李氏作侍儿，让她去给真宗皇帝侍寝。皇天不负有心人，不久，李氏就身怀六甲。1010年5月，皇子终于出生。真宗对外声称是刘氏所生，取名赵祯。这位皇子就是后来的宋仁宗。

李氏是刘氏的贴身丫鬟，对刘氏极其忠诚。真宗和刘氏让她保守秘密，她也就一直守口如瓶。刘皇后每天忙于政务，没空打理孩子，为掩人耳目，只好把小皇子交由亲信杨淑妃代育。有了皇子，真宗皇帝提拔后妃也就理所当然。1012年5月，真宗封刘氏为德妃、杨氏为淑妃、李氏为崇阳县君。同年12月，真宗扶正刘氏，封她为章献皇后。

真宗多病，长期无法署理政事，许多政令都出自刘氏。随着病情恶化，真宗自感一天比一天力不从心。于是下诏：除军国大事仍由自己亲决外，"其余皆委皇太子同宰相、枢密等参议施行"。太子只有10来岁，刘皇后通过在太子身后垂帘听政，也就获得了公然秉政的权力。1022年3月，真宗去世，刘皇后变成了刘太后，仁宗在她的调教下，慢慢长大，但他一直不知生母是谁。

到了明道元年（1032年），李氏病重垂死。刘太后心知，自己能有今日之位，很大程度上得益于李氏让子。为了感恩，她不仅为李氏提升了职位，封她为"宸妃"，而且还暗地里派自己的哥哥刘美四下打探李氏亲人，尽力给予照顾。这才有了李用和病倒街头被人带入皇宫，授予官职的经历。

获封宸妃不久，李氏就去世了。按照宋朝的宫人礼，一个没有地位的妃子去世，只能草草殡葬了事。但是，刘太后却接受宰相吕夷简的意见，以一品职位的礼仪将李氏葬于洪福院，同时还用水银填满棺椁，保护李氏遗体。

明道二年（1033年）3月29日，64岁的刘太后病逝。遗嘱尊封代育过仁宗的杨氏为太后，并让她垂帘听政，同议军国重事。御史中丞蔡齐质问宰相吕夷简："皇上已经24岁，如今亲政已是太晚，为何还要让杨氏听政？"吕夷简知道仁宗身世，害怕秘密暴露会引发朝政动荡，既不方便解释，又不敢违背刘太后遗嘱，两头为难。恰好燕王赵元俨入宫参加刘太后丧礼，听说要让杨氏参政，不禁大怒，高声质问："太后是皇帝母亲的名号，刘氏被尊为太后已经很勉强，难道还要把杨氏立为太后？"原来，燕王早已知道李妃让子的秘密。仁宗听出燕王话外有话，感觉满是惊疑。元俨又道："治天下莫如孝，皇上继位十余年，连自己的生母是谁都不知道，这是我辈臣子不能尽职的过错。"仁宗愈加惊疑，急忙刨根问底。

　　为了阻止杨氏听政，燕王索性将李宸妃生仁宗、刘杨二妃代育的事一一说了出来。听到这个消息，仁宗悲伤不已，一连几天都无法上朝。这期间又有人散布消息说，李宸妃是被刘太后暗害致死的。仁宗不敢相信自己的身世，于是求证于宰相吕夷简。吕夷简告诉他，燕王所说全部属实，但关于刘太后、杨太妃两人加害李宸妃的消息却是假的。然后，吕宰相还意味深长地告诉他，不能做一个忘恩之人让天下人笑话。他应该把李氏、杨氏、刘氏全部尊为太后。但同时，他已经成年，应该有皇帝的担当，至于杨氏同朝听政的事则应该放弃。仁宗是位明主，善于听取意见，于是点头同意。终于，在4月6日这天，李宸妃被追封为庄懿皇太后，杨太妃被封为章惠太后。

　　既然李宸妃已经成了太后，按照规定，那她就应该与真宗相伴，随葬于永定陵。仁宗批准，4月9日这天开始迁墓。通知李用和到洪福禅院来，就是仁宗已经察知他为李太后亲弟，特意让他来主持迁墓。同时，也想让他现场验勘刘太后当年是否厚葬李氏。结果，当棺木打开，发现李氏被水银保护得好好的，虽然已经去世一年，而容貌却如活人。由是，仁宗对刘氏厚待李氏一事也就确信无疑了。

　　宋仁宗的身世曲折离奇，传到民间，人们无不津津乐道。因而，这故事也就一直不断地被演绎，最后发展成为"狸猫换太子"的掌故。到了元代，这典故更是被搬上舞台成为杂剧。再经过明清两代的文学加工，至清代晚期，这个故事已经家喻户晓。

　　厚葬了李太后，仁宗依然为自己不能在母亲生时与她相认而深深自责。为了弥补这种愧疚，他对母亲的弟弟李用和给予了特别的优待，一下就把李用和从三班奉职擢用为贺州刺史。而且，这个刺史职衔还是遥领的，尽管李用和贵为贺州最高职官，却从来不用到贺州履职，而是一直在皇城领兵。

　　李用和不到贺州就职确实让狸猫换太子这个故事与贺州失去了更多交集的机会。然而，天下之事，无奇不有。宋代人恐怕谁也想不到，在400多年后，李宸妃的故事居然会撞腰贺州，成为明朝追封孝穆纪太后皇家待遇时所引用的历史依据。原来，明成化年间，贺州妹子纪氏为明宪宗生育皇子，遭人嫉妒，受到迫害，有着比李宸妃更加悲惨的命运。1473年，当她的儿子终于当上皇帝成为明孝宗时，当时的朝臣就是"举宋李宸妃故事，殁葬皆如礼"。而且还学着宸妃的故事，把纪氏追封为太后，即明孝穆皇太后。

南明那些年的贺州勤王事

明朝末年，内有李自成、张献忠等农民起义，他们攻陷北京城，崇祯皇帝被迫在煤山自缢。外有清兵入关，明朝宗室只得在南方建立弘光、隆武、绍武、永历等多个政权，总称南明。

潇贺古道和湘漓古道过境贺州，使得贺州自古都是兵家必争之地。南明也不例外，不仅南明永历皇帝两次路过昭平，李定国、李赤心、高进忠、焦琏、鲁可藻、曹志建、朱盛浓等一大批南明重将也曾在贺州奋力保明抗清，演绎了一个个悲壮的故事，至今读来仍然荡气回肠。

永历皇帝两过昭平

崇祯十六年（1643年）12月，昭平府江清朗的江面上驶来一艘船，船里坐着个十二三岁的少年，他叫朱由榔，明神宗朱翊钧之孙。

虽然已是深冬，但府江两岸依然翠竹成丛，黛山参差。远处，不时掠过一排排寒鹭，把人们的目光引向远方。但小王爷朱由榔并无心思欣赏这绝美风光，反而一脸憔悴，心事满腹。也难怪，他刚刚经历了一场人生巨变。还在8月时，张献忠带领的农民起义军从湖北一路南下，很快攻陷湖南长沙，衡阳危急。本来，在朱由榔4岁的时候，父亲朱常瀛受赐为桂端王，被分封到衡阳县为藩王。自此，朱由榔一直跟随父亲在衡阳，衣食无忧。但这次张献忠大顺军的到来，改变了他的人生轨迹，他只能随家人乘船逆潇湘之水向永州逃亡。然而，逆行的速度终究还是太慢，刚刚来到永州南面的石期市，大顺军已经追到。好在巡道中军王上庸率死士阻击，他们一家才得以弃舟而逃。王上庸将军力尽战死，朱由榔在慌乱中与父亲走散。父亲桂端王带着哥哥桂恭王经全州往投广西桂林府。然而，桂林驻着明朝的另外一位藩王靖江王，一山不容二虎，桂端王只得由广西巡抚瞿式耜护着前往梧州安顿。

找不着父亲，朱由榔只得跟随应奉内竖陈进忠逃往道州。当时，道州守吏已经投降大顺。由榔到道州府求助，正是自投罗网。这些投降的官员准备把他们当作礼物，送给大顺军。有一个叫吴继嗣的人，原为明朝道州巡检，大顺军到永州时，他投降在大顺政权中担任永州经历。好在他人在曹营心在汉，暗地里多方保护由榔。他还使重金买通上司，将由榔一行交给大顺军的事一再拖延。不久，大顺军离开湖南，北走荆州。把由榔送给大顺军的事也就只好不了了之。终于到了12月，明朝广西征蛮将军杨国威率师收复永州，把由榔接到桂林，继而送往梧州。由榔这次过昭平府江就是要往梧州与父亲汇合。

一家人总算在梧州安歇了下来。但清军不

断南进，南明土地接续丢失，北方传来的消息一个比一个坏，形势一天比一天紧张。1645年5月底的一天，南京传来一个更坏的消息，继任神宗王位的弘光皇帝在位仅8个月即成了清军俘虏。明朝怎么办？没人回答得了。一茬接一茬的噩耗，使得桂端王忧心不已。好不容易挨到6月，年仅43岁的桂端王终于挨不过流亡的苦，撒手西去。

到了8月，还在守孝的朱由榔终于接到一个稍好的消息，明开国皇帝朱元璋的九世孙朱聿键在福建称帝，年号隆武。朱由榔由衷高兴，终于，明室又有了主心骨，他不禁长舒一口气。但是，我无害人之心，人却有防己之意。为了防止皇室家族有野心的人都起来称帝，隆武帝朱聿键答应，凡不称帝的各路宗室藩王全部给予奖赏。两广总督丁魁楚受朱聿键之托，不仅送了一大堆礼品来到梧州，还把桂恭王及由榔迎到肇庆居住，一方面改善由榔一家人的生活条件，另一方面也方便监视，防止他们异动称帝。然而，黄袍加身毕竟是无数人的梦想，在权力的异化下，桂林靖江王朱亨嘉联合征蛮将军杨国威终究还是树旗称王了，他们率兵攻打平乐和梧州，打算扩大地盘。好在靖江王只是庶出，血统不正，得不到两广官员的拥戴，尽管他扣压了广西巡抚瞿式耜，但还是很快被两广总督丁魁楚打败，不久即被隆武帝下令缢杀。

朱亨嘉的叛乱，使得南明隆武帝对滞留在肇庆的由榔兄弟起了更大的疑心。毕竟，他们哥俩可是明神宗之孙，都拥有继承皇权的血统，在这个多事之秋，谁能保证他们没有异心呢？于是，密诏丁魁楚相机暗杀。不久，哥哥朱由楥遭毒手突然暴毙。由榔因为年少，能力也不大，没有多大威胁，丁魁楚觉得没有加害的必要，由此给由榔留了一条生路。

有了隆武帝带着一干旧臣在福建拼死抵抗清军，理国的重担暂时还压不到由榔的肩上，由榔的日子依然轻松自在。然而，1646年8月，又一个坏消息传来，隆武帝在与清军对垒时遇难！好在两广大吏丁魁楚、瞿式耜等人都是理国好手，南明不能一日无主，他们急忙决定，拥立16岁的朱由榔继任皇帝。对于出任乱世皇帝一事，朱由榔和他妈妈王太后都是十分不情愿。无奈丁魁楚、瞿式耜这一干老臣实在找不到皇室血统的人来继位，也就只好将就了。最终，这一年的10月，由榔在肇庆宣布正式继位，并将1647年改为永历元年。

可是，就在朱由榔正式出任皇帝的时候，广州却发生了一件大事。原来，清兵围攻福建的时候，隆武帝的弟弟朱聿鐭带着一帮随从成功出逃到海上。当年10月，他们漂到广州。一同疏散来的隆武朝大学士苏观生、何吾驺等人拥戴朱聿鐭称帝。11月，他们在广州也建立了一个南明朝廷，改元绍武。

肇庆的永历和广州的绍武两个南明政权互不信任，不时攻伐。双方内斗正酣，不期李成栋率清兵挥师由福建进入广东，连克惠州、潮州。12月15日，广州沦陷，仅仅当了40多天皇帝的朱聿鐭连同广州城内20多个明室藩王全部被杀。从此，朱由榔，这个曾经在昭平府江船上黯然神伤的少年，就成为唯一一位具有接任皇位血统的明室宗裔了。

眼看着李成栋的清军即将由广州袭向肇庆，没有经历过大阵仗的永历帝朱由榔立刻下诏向梧州逃跑。永历元年（1647年）正月，李成栋兵下肇庆。朱由榔只得由阁部瞿式耜陪同，从梧州坐船经退往平乐。这个时候的南明永历朝廷力量十分弱小，西撤退途中，朱由榔身边甚至没有几个像样的护卫兵。梧州知府陆世廉也派不出一艘像样的官船作为御舆，只能从民间招募小船供永历帝乘用。一路逆行，到昭平的时候已是深夜。害怕乱匪偷袭，君臣几个也不敢登岸进入县城。只能在一个叫板滩的地方泊船，将就着休息了一晚。第二天，天才刚晓，便又急忙启船。与四年前第一次过昭平的时候不同，那时，他还只是一个在离难中寻找父亲的懵懂少年。可这一次，他已经是一个肩负复兴明朝重任的皇帝。然而，他不知道的是，自此之后，今生他将再无机会重返昭平。因为，这一次出昭平后，他就只能一直流亡，直到15年后在缅甸被清军杀害。

南明军与清军在昭平水道拉锯攻防

永历元年（1647年）3月，永历帝朱由榔从昭平到平乐还不到一个月，清军已经攻陷梧州，他只好再次后退，转往桂林。而为了阻断清军北上水路，他特意派遣思恩侯陈邦傅镇守昭平。陈邦傅是个毫无底线的投机分子，为了上位，他连儿女亲家都敢坑杀。他当然不会全力守护昭平，与李成栋军稍有接触即行溃逃。3月，平乐陷没。永历帝又一次后退，前往全州。4月，另一路清兵在明朝降将孔有德的带领下，攻破衡州、临武，全州危险。无奈，永历帝只得转往湖南省邵阳府的武冈县。永历帝动身前往武冈的时候，瞿式耜苦谏："我们东边的藩篱已经大部丢失，仅剩桂林一隅。如果桂林也放弃，武冈城防虽然牢固，但又能守得了多久？我愿意在这里死守，与桂林城共存亡。"于是永历帝以式耜总督军务，留守广西；封总兵焦琏为富川伯，镇守桂林。

陈邦彦是永历朝的兵科给事中，清军进攻桂林时，他正流亡于广州。听闻平乐、桂林形势将对永历帝不利，他便联合在广东的明代旧将余龙、张家玉等人率兵数万围攻广州城，连接打下广东数座城市，逼迫李成栋往广东回师。

清将孔有德领兵于5月25日开始进攻桂林。没有了李成栋军的协助，孤军进击的孔有德部遭到了南明桂林守军的顽强阻击。尽管南明留在桂林的总督朱盛浓私自出城潜往灵川，影响了士气。但在瞿式耜、焦琏、鲁可藻、马之骥等众位将军的带领下，南明的桂林守军依然表现了强大的战斗力，他们大败孔有德，一路追到大榕江。

李成栋由昭平回师广东的路上，听说陈邦彦已经在攻打清远时阵亡。知道广东的危险已经解除，于是再过昭平，折回广西，准备与孔有德合围桂林。然而，孔有德军已被击溃。瞿式耜、焦琏等人趁势又把李成栋给收拾了，李成栋也只好落荒而逃。两路清军退去之后，广西御史鲁可藻督师收复贺县、富川。不久，广西全境重又回归南明。

南明忠贞营在贺县游击

　　永历三年（1649年）3月，清兵南下湖南、江西。张献忠余部李赤心、高必正率部忠贞营接受南明将领堵胤锡招安，从夔东进入湖南援助南明，但是他们遭到南明其他将领的猜忌。随着南明军在湘赣两省的全线溃败，忠贞营一路经湖南郴州、永州、广东连县、阳山、广西贺县等地进入梧州，准备到肇庆去勤王。同样，南明驻梧州的官军对李赤心、高进忠等农民军也是放心不下，武力阻挠忠贞营进入梧州城。迫不得已，李赤心只得率领主力部队转往德庆。忠贞营副将刘芳宇、刘希尧两人则另率一队退回贺县，在四会、广宁、宜章等地辗转；各地南明将吏均不接纳刘芳宇部，还因这支部队着装戴着白毡帽而称其为"白毡贼"，迫不得已，刘芳宇等人只好投奔清军将领孔有德。

南明大臣方以智在昭平出家保节

　　方以智是拥立朱由榔创立南明永历朝的重要人物，在南明政权中担任左中允、少詹事、翰林院侍讲学士、礼部侍郎、东阁大学士等职。永历四年（1650年）冬，大批清兵围攻桂林，方以智陪同南明将军焦琏驻守平乐，一家老少就住在离平乐府城还有四十里地的平西山上。一方面，他担心永历帝的安危，就一直想到南明史馆中去工作，以方便紧随在永历帝身旁。另一方面，他又担心自己走了之后，在这兵荒马乱年代，平西山的家人无人照顾。忠孝难两全，为解后顾之忧，他以找朋友饮酒为自己庆生为名，到昭平仙回拜访隐居于此的好友南明光禄卿严炜，想把家人迁到仙回托付给他照顾。10月的一天，他终于来到仙回，知己相遇，总有说不完的话。他俩把酒畅述，不觉已是第二日天晓。相托之事，严炜已经爽快答允，为了尽快把家人转移到仙回，方以智也不久留，早膳一过，即刻匆匆启程返回平乐。说来也巧，刚刚登船，就遇到广西巡抚瞿式耜次子元镐，他从江苏一带泛海而来，准备到桂林去看望自己的老父亲。故人重逢，有说不出的惊喜。两人并舟前行，根据各自的遭遇述说着当前形势。船还未到平乐，谈兴正浓之际，从上游溃败而来的南明败兵蜂拥而至，说平乐府城已被清军攻破。不得已，方以智只好与元镐分手，退返仙回，寻机往平乐寻访家人。然而，他在平西山的家人这时已被清将马蛟麟俘获，拷问之下，供出方以智已往仙回严炜之处。马蛟麟立刻派出二十余骑驰往仙回。清兵抓住严炜，严刑拷打。方以智接到消息，只好直入清营，求放严炜和家人一条生路。马蛟麟威逼利诱，劝他们投降。他俩坚决拒绝。为了既保住一臣不事二主的忠贞节气，同时又保住家人性命，他们二人连同方以智之子方中履均承诺剃发到仙回出家，远离政事。马蛟麟同意了他们的方案。从此，信守承诺的方家父子"披缁为僧"，过着"父析子荷，父汲子炊"的清贫生活。

富川侠士何图复义救南明重臣堵胤锡

清军入关时，堵胤锡是明朝兵部尚书。为了抗清，他招安了张献忠余部忠贞营。忠贞营首领李过、高一功原是李自成部将，李自成身亡后，他俩率部加入张献忠的大顺军。为了表达招安后对南明的忠心，李过改名李赤心，高一功改名高进忠。但是，李自成的农民军攻陷北京，极大地动摇了明朝政权，明朝的绝大多数将领对忠贞营都有着深深的怨恨。当堵胤锡带着招安来的忠贞营进入湖南时，却得不到任何南明将领的接纳，忠贞营找不到立营之地，只能一直辗转游击。后来，遇着清军追击，堵胤锡只能与忠贞营分头突围，率己部数千骑由耒阳经道州进入广西，准备投奔南明将领保昌候曹志建。驻守在恭城县镇峡关（今龙虎关）的曹志建害怕堵胤锡抢占地盘，吞并自己，连夜下令攻打堵胤锡。曹志建裨将惠延年正在永州西屯守，他是一个胸怀大局的将领，知道两将内斗必将消耗己方实力，不利于南明勤王之事，只能让清军坐收渔人之利。得到曹志建的计划后，他立即修书一封，建议堵胤锡改道。可惜，迟了一步，当书信送达堵军扎营之所时，堵军已连夜拔营去往道州。果然，堵胤锡部在道州遭到曹志建军伏击，部将王一宾及所部三千将士被坑杀。堵胤锡只得一路败退进入今贺州市富川瑶族自治县。在桂林的南明重臣瞿式耜听闻消息后，急遣太仆少卿张尚、给事中吴其雷抵龙虎关，劝令曹志建停止对堵胤锡的迫害。曹志建不予理会。见情况不妙，惠延年密遣人引导堵胤锡去投富川侠士何图复。

说起何图复，确实很有些来历。他是今富川瑶族自治县朝东镇豪山村人，父亲何廷相是明万历朝进士，官居御史、户部郎中、浙江温州知府等职。伯父何廷枢也是明万历年进士，官居兵部侍郎。现如今富川瑶族自治县两座最大风雨桥青龙桥和回澜桥，相传就是由何廷枢及其恋人盘兰芝创建的。何图复自己也曾入选为太学生，接受全国最好的教育。因此，何家曾经享受过大明朝的无数皇恩。尽管南明动乱，使得何图复只能辍学回到老家结寨自保。但他对明朝的忠诚是十分坚决的，一心想找机会为朝廷尽力。接到惠延年关于曹志建劫持堵胤锡的密函，他便抄小道迎接堵胤锡进入自家山寨。不久，又派人护送堵胤锡从小道前往梧州。

曹志建听说何图复掩护堵胤锡，十分恼怒，严令惠延年率军攻打何家寨。惠延年使出缓兵之计，故意拖延，并不作全力攻击。由此，何家寨一连坚持了8个月。

逃离富川后，堵胤锡在贺县沿途招集散亡，从兵甚众。到达梧州时，恰遇永历使臣严起恒、刘湘客来迎接忠贞营。但李赤心和高进忠已带着忠贞营去了宾州和横州。于是，堵胤锡跟着严、刘两人急忙赶往肇庆，向永历帝汇报曹志建攻打何家寨一事，请求永历急救何图复。永历帝急拟诏书，遣锦衣卫指挥吴继嗣急忙赶赴龙虎关曹志建大营，宣布授予何图复监军佥事官职，并严令曹志建从何家寨撤兵。作为一方军阀，曹志建十分骄纵，纵使是永历帝的诏书，他也是阳奉阴违。他假意奉旨与何图复和好，诱使何图复出寨到龙虎关议事。然而，何图复刚一进关，他就把何图复抓了起来，车裂了。这还不解恨，他又亲自率兵攻打何家寨。永历四年（1650年）7月，何家寨抵敌不住，最终寨破。曹志建入寨大肆杀掠，何图复满门尽灭。

南明将军曹志建贺县抗清

曹志建驻守的龙虎关四面皆是大山，刚到这里扎寨时，他刻意结交山民，兵民之间还能互相倚为安全保障。但随着势力的不断增大，为了获得更多粮饷养兵，曹志建开始大肆压榨山民，这引起了公愤。永历四年（1650年）秋，清将孔有德率兵从平乐前来攻关，得到当地村民带路，他们抄小路从曹营背后的绝壁下行，出其不意发动攻击。曹志建原以绝壁为天险，并没有认真布置防守力量。当清军来袭，曹军只能四散惊溃，士卒死者万人。情急之下，曹志建只好收拾残兵2万余人逃往贺县。事发仓促，曹军所囤积的数百万军资全部拱手失于清军。败到贺县后，曹志建已无力安营扎寨。当时，永历帝正驻足肇庆。为防清军从贺县、梧州进攻肇庆，驻守平乐的南明将军焦琏带着一批武器和物资，率兵星夜前往贺县助曹志建安营，以便于贺县与平乐互为犄角，扼敌攻梧道路。12月，清兵陷肇庆，由榔退往南宁。负责焦琏和曹志建军的监军御史朱嗣敏从梧州赶往贺县曹志建军中，鼓励曹营固守不降。

永历五年（1651年），曹志建率部从贺县出发，进攻驻广东省韶州府的清军李栖凤部，但被清军南韶道林嗣环、游击张玮联手击败，损失2000多人马。永历六年（1652年），尽管这时候永历帝已经远避贵州安龙。但曹志建仍然苦苦守着贺县营寨，抗击清军。这一年的4月，南明将军李定国在湘、桂战场上取得胜利，极大地鼓舞了两省绅民反清复明情绪。许多退入山区的明朝旧部和隐居乡间的官绅都闻风而起，广西兵民抗清情绪热潮高涨。9月，曹志建响应在广东抗清的南明将军马宝之招，联合高进忠等人接连攻陷广东的连山、连州和阳山等县，俘获阳山县令屠洪基。可惜的是，阳山之战后，曹志建病亡。其部将汪大捷、雷兆圣、欧正福等人只好拥众自保。到了12月，清将线国安率军接连攻陷藤县、平乐、贺县，曹志建部属只好跟随李定国四处转战。永历七年（1653年），李定国再由湖南永州进入贺县。休整一段时间后，又出发占领战略要地梧州，攻肇庆。7月，李定国再从广东回师贺县，西攻桂林。李定国在桂林失败后，贺县全境被清军占领。此后，贺县境内再无南明势力。

皇室后裔朱盛浓在富川抗清

永历元年（1647年），清军进攻桂林，明裔朱盛浓从桂林潜出灵川。不久，辗转来到富川，与其弟朱盛添、明将丰城侯李茂先、总兵龚瑞等人在这里建立营寨。当时的富川社会很是分裂，有些人忠于明朝，加入朱盛浓军保卫南明政权。有些人站队清军，直接与南明军对抗。有些人厌倦战争，并不想参与双方的军事争斗。为了扩大抗清力量，朱盛浓在富川作了艰苦的宣传。他甚至请人在富川新华乡井头湾村竹仔坳的石壁上刻下"知米"两个大字，劝诫人们不要只知米粮不知政事。

永历四年（1650年），大顺军将领李定国接受南明招安，从贵州进入广西。他收复桂林交由南明将领刘远生、朱昌时镇守。趁此大好形势，朱盛浓与李定国取得联系，迅速扩张势力，几乎把贵州、湖南及贺州等地山区的抗清大营连成一片。富川、钟山、昭平的南明军也四下出没，打击清军。

永历六年（1652年），南明在广西的情形急转直下，桂林再次陷于清军。桂林守城将领刘远生、朱昌时被迫逃入深山。刘远生之弟南明都察院佥都御史刘湘客则被迫躲入贺县山中。永历七年（1653年），李定国军再从贺县攻入富川县城，在朱盛浓的协助下，他们擒住了清朝富川知县华钟。富川南明军又一次获得发展机会，他们在朱盛浓带领下，四处出击。

永历八年（1654年）9月，南明军攻入富川县二五都（都治所在今富川瑶族自治县朝东镇）。不久，富川九团的擎田、五洞、龙井等各寨南明军又联合攻陷钟山镇营房（地在今钟山县城）及投靠清军的观岩、水岩、石墙等村寨。他们把钟山镇100余间清军营房全部烧毁，把镇堡四门拆下，丢进护城河；还把钟山城堡的城垛全部拆平。不久，南明军又围困马山村（地在今富川瑶族自治县城北镇）和二五都的高寨（地在今富川瑶族自治县朝东镇）。

富川南明军的行动引起了清兵的反扑。永历九年（1655年）秋，在洪承畴的统筹下，调集广西、湖南两地多支清军围攻富川。先是清将广西抚臣于时跃、提督伯臣线国安、广西右翼总兵官全节派差官童钦招安南明军。朱盛浓一面遣其弟朱盛添假意向长沙经略军投诚，一面派出将领王心、钟守御、典史蒋干柏等人连续攻打投降清军的铜盆、洞心等寨（二寨地在今钟山县红花镇）。

9月25日，广西的清军抄小道到达叶地冲。这里是朱盛浓军的出入门户。清军派两名兵丁跟随监营官裴捷执牌进入南明军营地，宣扬招抚。南明军鸣锣放炮，不肯投诚。清军于是兵分四路，从东南西北四个方向攻打南明军营寨。至9月27日午时，叶地冲营寨被攻破，南明军将领周士显被俘。10月1日，这支清军又起营前往上九团古城寨（地在今富川瑶族自治县古城镇），沿途招安了南民军头领甘顺和千总蒙时贵。清军行动迅速，到达古城时，还来不及下营，就先把南明军副将王心所处的寨子重重围定，连夜攻打。王心及其亲兄王恩、长子王文鼎阵亡。王心的锡制副将印章也被清军游击彭麟搜获。10月3日，南明部院朱盛浓所居的营寨亦被攻破，朱盛浓之弟朱盛添及南明军典史蒋干相、千总钟守御和周居道均被俘。随后，清军留下县官守备王泰在古城寨内处理后事。好在，当时朱盛浓与丰城侯李茂先在外地募兵，并不在富川，因此得免于难。第二年，也就是永历十年（1656年），李茂先在融县的一次作战中阵亡。而朱盛浓则带兵辗转进入四川，最终于康熙元年（1661年）被俘，不屈遇害。

就在广西清军进攻南明军节节胜利的时候，10月3日，湖广分守上湖南道左参议万全也遣其部将李东斗攻入富川八都秀山寨之茗山村（地在今富川古城镇秀山村）。5日，又攻破大坝十三村；7日，再攻克一些山寨。8、9等日，石密寨大坝十三村，秀山寨、茗山、长圳、斗岩寨、小田等村寨村民相继被迫投诚。

攻破古城朱盛浓南明军总营后，广西清军于10月10日起营，秘密进兵至南明军分部大围源（在今富川城北镇）。大围源南明军颇有些战斗力，前些时候攻打钟山镇营堡的时候，他们也参加了。清军来袭之后，数千南明军拦路接仗。清军分左、右两路包抄。南明军不敌，弃寨转入深山。11日，清军分路搜山，南明军又来接仗，终因寡不敌众，被全部打散。10月12日，广西清军再起营到二九龟石源（地在今富川与恭城两县交界处），南明军头领刘登会、麦有成、王胜章、瞿金科等出寨迎战，不敌，退回寨中坚守。14日，义寨被破，刘登会、麦有成等人被俘。当日，清军又起营前进至谷塘下井源村（地在今富川瑶族自治县朝东镇）。本寨村民已赴道州参将李东斗处投诚。

10月16日早，李东斗所率湖南清军与广西的清军众将领在富川谷塘九都相会，约定10月18日联合进剿八都（在今富川瑶族自治县麦岭镇）。八都是南明军兵部职方司所在之地，清军到时，南明兵满山遍野，聚集于宝剑寨下营勇猛反击。终因寡不敌众，19日，长广等14寨在千总毛文范的带领下向清营投诚。20日，涌泉13寨；21日，月塘7寨、九都30余寨向李东斗营投诚。10月25日，又有富川、各塘、下井、千长、盘文、星瑶、老廖、明月等9排41户向李东斗投诚，清军军声大振。但聚集于宝剑寨的数千南明军始终坚守村寨。宝剑寨的寨墙高险，前有泮田，后有石山，易守难攻。清军一时无策。各路清军在清剿完其他村寨后，全部集中到宝剑寨外围，通过抓阄，划分各自的责任区域，把宝剑寨团团围住，昼夜围攻。然后，又造敌楼攻打。寨民无法击退清军，只好通寨高喊，愿意剃发投诚，清军暂时不允。直到29日，月塘、涌泉、长广等寨的寨老唐迓庭、义大策、毛万九、莫廷炤、李大申等人出来担保。清军各将领商量后，接受宝剑寨的归顺。11月1日，清军回师古城，商议准备前往下九团剿抚。3日，抚标招抚官蒋肇昌来报，下九团各地已经同意接受招安。6日，蒋肇昌带领南明军千总龚升科、头领莫应龙等赴营投诚。经

过50多天的战斗，南明军在富川的2都9团192寨尽被攻破，成为南明贺州抗清力量的绝响。由于南明占据的昭平县已经在永历九年（1655年）3月29日被清军攻陷，南明在昭平的守将倪志伦、欧光大、袁启秘、徐麟也已全部投降清军。因此，11月，富川的南明军失败后，南明在贺州的抗清根据地也就全部失守。

▲ 明代皇裔朱盛浓题写的"知米"石刻

第十一章 文化雅事

潇 贺古道为贺州带来了南来北往的迁客，也为贺州带来瑶、壮、汉、苗等四大民族文化，带来了客家、广府、蜑人、民人等30多种族群文化，桂、粤、湘、中原等多种地域文化。各种文化的碰撞，随时都在激发人们的创作热情。贺州山水景观美丽异常，随时都在触发人们的文思。得"江山之助"，无论是本土文人，还是外地来的雅士，不时都会有精致的诗联之句喷涌而出。近年来，一批影视创作大咖又看上了贺州的山水风情，纷纷选定贺州风物作为影视作品的外景地。一系列文艺创作活动为贺州增添了无边风雅。

楹联有故事

▶ 八步区桂岭镇张公庙红七军桂岭整编旧址楹联

楹联，又称对联，是中国特有的一种文学形式，为国之瑰宝。它文辞精炼，对仗工整，平仄协调，音韵铿锵。在简短的字里行间，或写景，或抒情，或祝福，或言志，雅俗共赏，老少咸宜，深得人们喜爱。

楹联是在古代的"桃符"基础上发展起来的。桃符，即古时候悬挂在大门两旁用于辟邪驱鬼的长方形桃木板。五代十国时，宫廷里有人在桃符上题写联语。《宋史·蜀世家》载，后蜀主孟昶令学士辛寅逊题桃木板，"新年纳余庆，嘉节号长春"，这便是有记载的中国第一副楹联。

贺州楹联文化综述

清代是我国楹联发展的全盛时期，楹联之于清代就如诗词之于唐宋。在这一文化背景的熏陶下，贺州百姓常使用对联以感怀、励志、颂景、表明主张、追溯姓氏源流或表达信仰。人们不仅在喜庆节日、婚丧嫁娶等诸多节庆活动中广泛使用楹联，还在绘画、吟诗、戏曲等诸多艺术创作中使用。例如，贺州民间采茶戏演艺团体进村入寨演出时，往往会有一个送联活动。就是当演出即将结束时，演艺团队要给村上有名望的人物如寿星、医生、教师、干部、能工巧匠、新建房屋者赠送楹联。楹联格式很特殊，上下联必须以受联者的名字为首嵌。如有人叫"德旺"，上联必须为"德……"，下联必须为"旺……"。赠联完毕后，演出队还要进入各村民家中进行拜帖活动，这时，户主往往会在堂屋设案，案上具笔墨红纸，由主家先写出上联，求采茶队对出下联，若对不好会贻笑大方。反之，主家会赠予红包。

楹联虽然短小精悍，但却有着高雅的文化品位和丰富的思想内涵。它们或以生花妙笔讴歌大好河山，或深怀崇敬纪念先祖，或谆谆教诲激励后辈。一字一句无不弘扬正气，满满的正能量。

八步区桂岭镇张公庙联"一代伟人具雄才怀大略率部长征拯救中华驱敌寇；七军壮士披战甲执干戈挥师北上谋求民族保生存"，回顾了红七军"桂岭整编"的历史事件。1931年1月，邓小平、张云逸、李明瑞领导的红七军从湖南江华到达八步区桂岭镇，并在此进行了为期3天的整编，为红七军顺利到达中央苏区打下了坚实的组织基础。

八步区莲塘镇新莲村黄士韬纪念馆楹联"碧血宏梧苑；英灵振故乡"，表达了人们对黄士韬烈士的深切怀念。黄士韬，化名韩略，贺县莲塘乡新莲村人。1919年中学毕业后赴法勤工俭学。1921年，由周恩来、熊锐介绍加入旅欧中国少年共产党（后改为社会主义青年团），是中共旅欧支部成员之一。1922年6月参加旅比支部工作，不久转为中共党员。1926年冬回国，任中共广西地委委员兼组织部长。1927年10月被捕，在梧州壮烈牺牲，时年28岁。

临贺故城城隍庙和富川瑶族自治县古明城内镇武楼都有这副对联："做个好人身正心安魂梦稳；行些善事天知地鉴鬼神钦"。虽平白如话，却包含着朴素的做人哲理。平桂区鹅塘镇壮族山村芦岗村门楼对联亦如是："生于斯长于斯父老二三人静坐谈谈世界；出相友入相友儿童四五辈闲来话话农桑""共愿无诈无虞为善最乐；同期相亲相睦和气致祥"。

更有一些对联字里行间透露着人们对和谐社会的期盼和对宁静生活的向往。黄姚古镇见龙祠楹联"坐久不知红日到；闲来偏笑白云忙"，读后谁都想到亭中坐上一时片刻，放松身心，放飞思想。

在民间楹联文化的鼓励下，贺州曾经出现许多撰联高手。例如，清朝黄姚文士古炽昌，他所撰写的对联不仅别致新颖，还能根据要求，准确表达命题者的心愿，为大众所喜爱。黄姚街曾有一户人家四代同堂，曾祖、祖父和父亲都是高寿之人。一天，孙子结婚，这家人便请来古炽昌专为这一盛事题写对联。古炽昌很快拟出联对："膝绕芝兰，室有三翁皆善士；眉齐夫妇，天留二老看文孙。"这副对联语意双关，不仅对孙子的婚礼给予祝贺，同时称颂三位老者德寿同高，乐享天伦，惹得这一家人莫大欢喜。前来道贺的各位亲朋好友亦是一致好评。再如道光初年，黄姚镇笔头村车仔山读书岩的塾师莫仕勉，一次与广东佛山同知李百龄互相对联，李百龄出上联："葵扇扇风，风自扇中扇出。"这个出句不仅顶针，而且"扇"字交替转换成名词、动词，要对出下句，难度很大。但莫仕勉指着洞口溪滨抗旱的水车很应景地对出了下联："竹车车水，水从车里车来。"

在清代时期，受浓郁楹联文化的滋养，贺州一些有心的文化人士开始走村串户，留心观察并记录各地的楹联，辑成联句范本。在此基础上，再加总结发扬，不断提升楹联的撰句水平。有了这些努力，贺州民间留存的楹联不仅对仗工整、平仄协调、文采飞扬、内涵深邃，而且还能熟练使用鹤顶格、束履格、燕领格、顶针格、叠字、回文、集句等许多联句特有的表现手法。

鹤顶格，是把需要重点表达的两个字如地名、人名、景物名、公司行号等分别嵌在上、下联第一个字的位置，宛如仙鹤头顶一点红，引人注目，又称藏头联。富川瑶族自治县瑞光风雨桥楹联就以"富川"二字为鹤顶："富水北来南聚碧溪西耸翠屏霞明城东东西南北皆为景；川江秋爽夏挹清风冬献瑞雪万物争春春夏秋冬总是情"。

束履格与鹤顶格正好相反，它把要嵌入的两个字分别放在上、下联最后一个字的位置。黄姚古镇近安门联："树上有花千眼近；乡中无鬼万民安"。就把"近安"两字放在了联尾。也有一些对联，联用鹤顶格和束履格，使对联更具韵味。信都镇北津村北津寨钟家佐先生手书的寨门联："北极天高喜见众星皆拱北；津门路远欣逢九派尽通津"。"北津"既见于联头，又见于联尾。临贺故城瑞云山上的瑞云亭联："灵山葱茏偎丹抱岭吮蔼瑞；圣水清潆抚琴调音吸祥云"，以"瑞云"两字为束履。

燕领格将要嵌入的字分别置于上下联的第二字。昭平县仙回瑶族乡茶山村象龙庙门联就是一副燕领格联："宝象纳吉瑞；祥龙赐甘霖"。

顶针格又称顶真、联珠或蝉联，是指在楹联某个断句位置的后一个字接上前一个字，根据用字的位置和频率，又可以分为句中顶真、句间顶真和句句顶真。富川瑞光风雨桥联，将鹤顶、叠字、顶针技巧运用得非常娴熟，为联语增色不少："风景宜人人观风景人景融于仙境；雨中画桥桥隐雨中桥中胜似蓬莱"。富川瑶族博物馆联，是鹤顶和顶针两种技巧的融合："博大精深瑶

◀ 黄姚见龙祠楹联

俗馆馆藏日月；物华天宝瑞光园园孕山川"。

叠字联将同一个字在联句中反复使用。玉石林大门联："石鸣三尺水吟三多三叠三端三远三清境；林罨一线天禅一镜一椅一壶一叶一观音"，把"一"和"三"字作了多次重复。

回文联的联句顺读倒读均可。八步区贺街镇长寿邨幸福楼楹联"幸有生此乃此生有幸；福添寿于是于寿添福"，同时兼具鹤顶、束履、回文技巧。

改字集句联把不同文艺作品中的名句集在一起，形成楹联，产生新的艺术景象。黄姚古镇文明阁有声门楹联"星临平野阔；山似洛阳多"，上联集自杜甫《旅夜书怀》"星垂平野阔，月涌大江流"诗句，下联集自李白《金陵怀古》"苑方秦地少，山似洛阳多"诗句。

镶嵌联通过在联中镶嵌特殊的字，形成一种形式上的奇巧。八步区南乡镇西溪温泉联："西山飞舞温送深情迎千客；溪水欢歌泉流热脉暖万民"，将泉名四字巧妙地嵌于联中。

对联所拥有的深厚群众基础为贺州留下了丰富的楹联作品。贺州留存至今的古城、古镇、古村中的古建筑上散布有大量明清以来留下来的对联，这些楹联与当地的自然及人文景观组合成最具特色人文风貌。钟山县回龙镇龙道村在明朝末年出了一位举人陶大鼎，他在村中开办私学，教书育人，培养了众多秀才。村里形成了读书明理、崇尚文化的良好风尚。村民建造房屋时，家家户户都会在自家大门的石质门框上刻上楹联，由此楹联村成为石龙古村最具特色的村貌。2012年，龙道村被列入中国传统村落。再如昭平县黄姚古镇，秀峰耸立，清溪环流。共有宝珠江、小珠江、姚江、兴宁河四条小河穿过古镇，为了交通方便，每一条河上都建数量不等的桥梁连接两岸。黄姚百姓先祖都从珠三角迁来，都有着浓郁的神龙崇拜情结。人们喜欢在桥头设龙祠，龙祠旁设凉亭供人歇憩。为了赞美古镇美景，人们又在亭柱上安设对联。为此"有桥就有亭，有亭就有联"的奇特风景就成了黄姚古镇的特有风貌。

宗祠楹联的文化密码

在贺州灿若星海的众多联句中，以宗祠联所包含的故事最多。宗祠也称为宗庙、祖祠、家庙、祠堂。其主要功能是供奉祖先，同时也是宣扬族规家法和商议家族大事的地方。自古以来，贺州民间各姓氏家族均热衷于宗祠建设。不管是总祠、族祠还是家祠，都会配置楹联，其内容一是讲述本族本姓的发源与分支，及本族迁徙过程、分布概况，劝勉子孙族人崇祖敬宗。如黄姚镇巩桥圩贝氏宗祠联："宗开国北；裔发江南"，就是讲贝氏从北向南迁移的源流。其二是追溯郡望。在宗祠大门的门楣上常可见镌刻有"××第""××堂"的横匾。如叶姓的"国望堂"、廖姓的"武威堂""世彩堂"等，并用这种横匾作为对联的横批，使得匾联相互映照，相得益彰，门第生辉。三是告诫后辈奋发进取。如黄姚镇踏岱岩的朝鼎冯公祠廊柱联："朝践薦馨香愿同胞各表微忱举意精诚应履住中华世俗；鼎新革故旧幸合族皆图正业立身忠直可顶承上党家风"，就是鼓励族人励志鼎新革故。四是歌颂祠堂屋宇宏伟或者宗祠选址风水好。坐落在黄姚镇踏岱岩的朝鼎冯公祠大门联："朝来祠宇山川秀；鼎建堂阶气象新"，讲述了祠堂前的山川气象。五是书写本姓氏历史名人或祖上功德，慎终追远，通过讴歌本姓先贤的崇高业绩，讲述本姓本族良好的门第家风，鞭策后人弘扬祖先美德，光大家族声誉，增强本姓的文化自信。如八步区贺街镇临贺故城李氏宗祠门联："唐朝天子第；周代圣人师"，讲的是唐朝天子姓李，周代的老子李耳也姓李。

正由于宗祠联需要讲述先祖故事，所以经常"用典"，而要读懂这些用典联句，就必须熟悉典故的来龙去脉。为了帮助读者深入了解贺州的宗祠文化和楹联文化，仅罗列几例以示说明。

林氏对联讲述林姓与商代名臣比干的渊源

在贺州的一些林氏宗祠楹联上，常可看到"三仁""九龙""十德""九牧""忠孝"等词汇。例如，黄姚古镇金德街二星楼旁林氏宗祠楹联："忠孝有声天地老；古今无数子孙贤""三仁绵世泽；九牧振家声"。

"三仁"，指商朝名臣比干。因为比干与商朝的另外两名贤臣箕子、微子合称"三仁"。比干之子林坚为林氏受姓始祖，比干被林氏尊为太始祖。

"九龙"和"十德"，指比干的子孙林皋有子9人，各有才能，人称"九龙"。加上林皋，父子10人同以德才见称，又被称为"十德"。

"九牧"，指林氏的唐代先祖林披所生九子均为刺史。刺史在古代又称州牧，如此便把九位刺史合称为九牧。

"忠孝"，也是指比干。相传宋嘉祐六年（1061年），侍御史林悦乞假扫祭比干墓，并向宋仁宗出示族谱，言明比干为林姓先祖。宋仁宗于是在林氏族谱上御批"忠孝"二字。从此，林氏以"忠孝"传家。

郭氏宗祠联常用唐代名将郭子仪典故

郭氏宗祠楹联常常出现"汾阳""点颔"两个词句，如黄姚街的郭氏宗祠联："汾阳世胄；点颔家声"，这是在讲述唐朝名将郭子仪的故事。郭子仪平定安史之乱有功，被唐朝分封为汾阳郡王，史称郭汾阳。故而郭氏祠堂就被标榜为"汾阳堂"。郭子仪为国尽忠，多子多福。八十大寿时，儿孙太多，他不能完全认识前来祝寿的子孙，只能点颔谢礼。后来就用"点颔"来寓意郭家为国尽忠，家族兴旺。

古氏宗祠联多用古公亶父和古弼的典故

在古氏宗祠联上，常会出现"亶父""笔公"两个词句。黄姚古镇古氏宗祠联就是"亶父家声远；笔公世胄长"。其中"亶父"是指

周代天子的先祖"古公亶父",古氏以他为肇姓始祖。"笔公"是指北魏吏部尚书古弼,他因功封灵寿侯,虽事务繁杂却读书不辍,人称笔公。

叶氏宗祠联多用楚国令尹沈诸梁的典故

在叶姓宗祠联上,常见"沈氏""诸梁""尼山""荆楚""南阳""国望"等词句。例如,黄姚叶氏宗祠联"由沈氏而分支世世相承怀祖德;汇南阳之合族年年祭祀念宗功""南阳世泽;令尹家声""咨善政于尼山近悦远来荆楚万民称父母;溯威名在闽海水源木本程乡百世一其裘""南阳叶县诸梁肇姓顶天地;南越大经正简继业建江山"。

"沈氏",指叶姓受姓始祖楚国令尹沈诸梁,他是春秋末期楚国军事家、政治家,封地在叶邑,封号叶公。叶邑百姓有以"沈"为姓,也有以"叶"为姓。

"南阳",指叶姓受姓始祖沈诸梁的封地叶邑在河南南阳。

▲ 黄姚古氏宗祠楹联

叶姓以南阳为族姓发源地。

"尼山"化用叶公问政孔子的典故。孔子周游列国来到叶邑，叶公问政于孔子，孔子曰："近者悦，远者来。"叶公于是治水开田、平定白公胜之乱，荆楚之民都称他为父母官。

"荆楚"，是指叶氏发源于南阳，即今河南省叶县。先秦时，这里曾属于楚国。

"国望"源于楚惠王盛赞叶公沈诸梁，"国望公如柱梁，民望公如慈父母，功德大焉"。

莫姓宗祠楹联化用姬泰伯的典故

莫氏宗祠又称巨鹿堂，一些莫姓祠堂联就是，"巨鹿开世系；粤桂衍宗枝"。其中"巨鹿"即"巨鹿"堂号，这是在述说莫氏的受姓源流。莫氏受姓始祖是周文王姬昌的伯父泰伯。泰伯原名孟伯，20岁时外游，到达河北巨鹿地之莫湖附近居住，与姜姓之女结为夫妇。周武王姬发建国号西周，以公侯伯子男五等爵位分封亲属和功臣，泰伯得封莫湖侯，并以封地赐姓莫。此后，莫氏就以泰伯的封国所在地"巨鹿"纪念受姓始祖。

黄氏宗祠以江夏为堂号　祠联多讲述先祖黄宪的典故

在黄氏祠堂大门的门楣上常可看到宗祠对联的横批是"江夏堂"3个字。这里讲述的是黄氏族人迁移与郡望的典故。黄氏受姓始祖黄南陆是黄帝的后裔，又名惠连。夏朝时，惠连有功于皇室，被封为车正尹奇，封国潢川，其地为黄壤，被赐姓为黄。黄国历经夏、商、周3个王朝，至公元前7世纪中叶被楚国吞并。黄国臣民奔走他乡，流散江湖。其中一支散播到今湖北的古江夏郡，之后又有多支黄姓汇聚江夏，江夏成为黄姓万支朝宗胜地，并发展成黄姓郡望。

黄氏宗祠联中常可见"千顷"一词，其由来是东汉慎阳人黄宪的故事。黄宪人品好，风格高。当时大儒荀淑称他是国中的颜子。另一大儒郭林宗则称黄宪道德"汪洋若千顷波"。黄氏后裔遂以"千顷"为第，以示家族以道德崇高为荣。

廖氏宗祠联多讲述先祖廖崇德、廖刚、廖彦光的典故

在廖氏宗祠联中常使用"武威""世彩""万石""三州"等词句。如八步区临贺故城廖氏宗祠门联"武威传旧绩；世彩著家声""万石家声远；三州世泽长"，这是在分别讲述廖氏先祖廖崇德和廖刚的故事。

唐贞观年间，廖崇德任虔化（今江西宁都）县令，政绩显著，深得民心。崇德的父辈曾任武威太守，其后裔从唐代起几百年间声势显赫，均以"武威"为堂号。

北宋工部尚书廖刚曾祖父享年88岁，曾祖母享年93岁，家中五世同堂，世代精彩。故而廖刚把自己的厅堂命名为"世彩堂"。后宋钦

宗赵桓又御封"世彩堂"为廖氏堂号。从此,许多廖姓宗祠都用"世彩"作为堂号。

"万石",是指廖刚和4个儿子廖迟、廖过、廖遂、廖遽同朝为官,每人年薪二千石,共万石,其居舍门额便由皇帝御书为"万石家风"。

"三洲",指廖姓先祖廖彦光的六世孙兄弟三人均封为郡公,分别在清河郡、武威郡、太原郡任职,一门显贵。

钟氏宗祠楹联常讲述钟子期与钟繇的故事

钟氏宗祠楹联常出现"高山流水""舞鹤飞鸿"两个词句。例如八步区信都镇北津村钟氏宗祠联:"高山流水第;舞鹤飞鸿家"。

"高山流水"是用钟氏先祖著名人物钟子期的典故。春秋时,楚人钟子期精通音律,善辨琴音,他能够从伯牙的琴声中听出"志在高山、志在流水",被伯牙引为知音。

"舞鹤飞鸿"讲的是三国时,魏国重臣、书法家钟繇推动书法由隶入楷,对中国文化影响深远,后世尊为"楷书鼻祖"。南朝梁学者袁昂《古今书评》中称:"钟繇书意气密丽,若飞鸿戏海,舞鹤游天"。

王氏宗祠联经常引用先祖王佑的典故

王氏宗祠联中经常出现"三槐"的词句。这个典故是说:周代国君外朝时喜欢在三棵槐树下办公,陪同的三公官也会站在槐树下与国

◀ 八步区贺街镇河西街廖氏宗祠

君讨论国事。以后，人们就把三槐树作为三公的代称。《宋史·王旦传》说，王佑手植三棵槐树在堂前说："我的后代定有为三公的。"这是他对子孙的期望。果然，后来王佑次子当上了朝廷宰相。从此，王氏族人便以三槐为家族堂号。

白氏宗祠楹联常讲述白圭和白居易的故事

在白氏宗祠楹联中，常出现"治生""香山"等词句。其中"治生"是讲述白圭的故事。因为战国名将白圭曾说："人弃我取，人取我予，吾治生犹伊、吕之治国，孙吴之用兵。"所有天下论治理民生的人都推白圭为祖师。"香山"是因为唐朝大诗人白居易别号"香山居士"。

麦氏宗祠联常讲述先祖麦铁杖的典故

在麦氏宗祠联中常可看到"宿国""光德"等词句。其中"宿国"是指麦氏先祖麦铁杖曾受封隋朝宿国公谥武烈。"光德"是指麦铁杖的爵号为"光德"。

李氏宗祠联多引用先祖李牧和李耳的典故

李氏宗祠联一般会出现"陇西""柱史""龙门"等字样。其中"陇西"，是指李姓开基祖为战国人李牧，他因军功封武安君，其伯父李崇为秦时陇西太守。"龙门世第；柱史家声"中的"龙门"是指声誉很高的人。汉朝的李膺为汉朝儒学大师，官任司隶校尉，当时声誉很高，品评人物，得到社会信赖。《后汉书·李膺传》云："士有被其容接者，名为登龙门"。此后，人们常用"龙门"指代李膺；"柱史"是指李氏先祖老子李耳曾为御史官，先秦时的御史在上朝时都侍立在殿柱之下，随时听诏顾问，故又称"柱下史"。

杨氏宗祠联多讲述东汉大学者杨震的典故

在杨氏宗祠联中常可看到"四知""清白""关西"等语句,如"四知声泽""清白家声"等。其中"四知",是指东汉大儒杨震保举王密为山东昌邑令,一次杨震路过昌邑,王密送黄金十斤以示答谢,还说夜晚无人知道。杨震很生气,坚拒不收,说:"天知,神知,我知,子知,何谓无知?"杨氏认为这是后代子孙的榜样,故以"四知"标榜族风。"清白",是说杨震至其玄孙四代俱位列"三公",皆廉洁为官、清白做人,故杨家以"清白第"为门第。"关西",是说杨震博通群书,风格很高。杨震是华阴人,而华阴在关中之西,时人称杨震为"关西夫子"。

吴氏宗祠联常讲述肇姓始祖太伯的典故

吴氏宗祠联中常见"至德""延陵""渤海"等词句,如"延陵世第;渤海家声。"其中"至德"出自孔夫子对吴氏得姓始祖太伯的评价和赞扬,《史记·吴太伯世家》记载太史公曰:"孔子言太伯可谓至德矣!三以天下让,民无得称焉!""延陵"讲的是太伯后裔季札的故事。季札是春秋时吴国的四公子之一,有很高的声望,封于延陵,史称"延陵季子",他三次让出王位,感动了吴国人,人们都非常敬重他。"渤海"也是指季札,因为季札的封地延陵在渤海郡内。

张氏宗祠联多讲述唐代代宰相张九龄的典故

张氏祠堂联中常使用"金鉴"一词,如"金鉴家声"。唐玄宗五十寿辰,宰相张九龄敬献自编的《千秋金鉴录》作为礼品上奏。玄宗遭安史之乱,忆起《千秋金鉴录》忠言,追悔莫及。此后,张氏就以"金鉴"典故寓意张家要像张九龄一样为国尽忠。

▶ 八步区临贺故城内谢氏宗祠

陈氏宗祠常用陈寔的典故宣扬孝道

在陈氏宗祠联中多出现"德星""德聚""星聚"等词句。这里引用了东汉太丘长陈寔的典故。陈寔以孝贤闻名，他访名士荀淑父子时，正值德星相聚。德星是岁星，岁星所在兆征有福。太史为此上奏说："德星聚奎，五百里内有贤人聚。"从此，陈氏就以"德聚""星聚"为典，教育后人要孝悌修德。

周氏宗祠联多讲述周敦颐的故事

周氏宗祠联中常可见"爱莲"一词，因为周氏先祖北宋理学家周敦颐著《爱莲说》，名传千秋。

高氏宗祠联常讲述高柴、高季辅、高崇文的故事

高氏宗祠联中常使用"守愚""共城""金镜""平南"等词句。其中，"守愚"是说孔子评价得意门生高柴（子羔）："柴也愚。"意思是大智若愚、憨厚老实。"共城"是指朝廷给高柴的封号为共城侯。"金镜"是指唐太宗赐予吏部侍郎高季辅金镜一面，表彰其清明如镜。"平南"指唐将高崇文获得封号"平南郡王"。

彭氏宗祠联多宣扬先祖彭祖和彭咸的品行

彭氏宗祠联常用"商贤"一词讲述先祖彭祖和彭咸的贤德。彭祖在商朝任守藏史官，协助商王参赞政务，并管理典籍，主持祭祀礼仪。彭咸则在商朝当大夫，规谏国王行为不妥，但得不到采纳，投水而死。后人认为这两位先祖都是贤人，所以宗祠联中常有"商贤世德"的句子。

谢氏宗祠联多讲述先祖谢安的典故

在谢氏宗祠联中，时常出现"江左""乌衣"等词句。这是在讲述东晋名臣谢安的典故。谢安曾在淝水之战中率军打败前秦，创造

了以少胜多的军事范例，保住了东晋江山。谢安的居室筑在江左乌衣巷中，因而后人就用"江左"和"乌衣"这两个词来称颂谢安"武能卫国，文能兴邦"的才能。

马氏宗祠联多讲述东汉名将马援的故事

马氏宗祠联中常见"铜柱"一词。这个词语出汉代名将马援的典故。东汉时，交趾女子征侧、征贰姐妹起兵反汉，汉光武帝刘秀派伏波将军马援率军平定交趾，并在其地立铜柱，作为汉朝最南方的边界。马氏用这个典故鼓励后人要像马援一样为国立功。

曾氏宗祠典多宣扬先祖曾参和曾巩

在曾氏宗祠典中常可见"武城""三省""东鲁""南丰"等字句。如"东鲁家声远；南丰世泽长"，这些就是在讲述曾参、曾巩的故事。山东武城人曾参是孔子的高足，史称曾子，是我国历史上著名的大儒。他习惯每天从三个方面反省自己：受人托办的事是否忠实地去落实，与朋友往来是否有信用，老师传授的学问是否认真接受。曾氏族人希望子弟们都能像曾参一样严格要求自己，于是常以"三省""武城"为典。武城地在东鲁，所以东鲁也指曾参。"南丰"则指曾巩。曾巩是今江西南丰人，宋嘉祐二年（1057年）进士，北宋政治家、文学家、散文家，唐宋八大家之一。历任馆阁校勘、集贤校理、实录检讨官，官至中书舍人。

苏氏宗祠联多讲述宋代三苏的故事

在苏氏宗祠联中常出现"眉山"一词。这里眉山是指四川眉山人苏洵及其子苏轼、苏辙父子三人均是宋朝文豪，宋嘉祐二年（1057年），苏轼、苏辙兄弟还同榜考中进士。

贺州影视盛事

贺州山川秀丽，风光旖旎，是上佳的影视剧作外景地。自20世纪70年代第一部电影在贺州取景之后，就不断有影视剧与这片美丽的土地结缘，至今多达10余部影视作品在贺州取景拍摄，仲星火、程之、马昌钰、潘虹、刘晓庆、肖雄、殷桃、谢娜、林家栋、张国强等诸多影视艺术家亦因此来到贺州创作作品。

电视剧《茶是故乡浓》

1999年3月9日，香港无线电视台电视剧《茶是故乡浓》在贺州开机拍摄，剧中茶园景点选址昭平，昭平地名"将军峰"也以实名出现在剧中。

《茶是故乡浓》监制刘仕裕先生原籍贺县鹅塘镇（现属平桂区）人，曾从事导演工作，所执导的作品有《射雕英雄传》（黄日华主演）、《上海滩》（周润发、赵雅芝主演）、《鹿鼎记》（梁朝伟主演）、《万水千山总是情》（汪明荃主演）等，都是脍炙人口的经典之作。在作品上呈现家乡的旖旎风光一直是刘先生的执念，遂决定以家乡山水作为《茶是故乡浓》拍摄背景地。

《茶是故乡浓》围绕制茶、采茶、种茶叙说一个发生在民国时期的乡野传奇。方家茶是一代茶中极品,家道中落的方家茶传承人方有为到宋家大茶园打工。方有为偶识姑娘盘妹雅,患难相交渐生情愫。与有为情同手足的钟汉牛也对妹雅一片痴心。有为控制自己的感情,千方百计帮助撮合钟盘之好。钟汉牛向盘妹雅父母提亲成功,欢天喜地迎接新娘。然妹雅心仪有为,违抗父母之命,踢烂轿门拒嫁。汉牛心理上受到巨大打击,认为有为夺己所爱,誓要在事业上打败有为。他入赘宋家茶园做女婿,娶了一直暗恋自己的宋家大小姐宋霜华。方有为希望复兴方家茶,重新创建茶园,他与盘妹雅几经挫折终于共坠爱河,正当有情人将成眷属时,有为的初恋情人苏曼乔突然出现。妹雅伤心离开有为,途中遇上洪水,被汉牛救下。五年一度的评茶大会上,有为与汉牛要争夺茶王桂冠,但在他们的内心更希望事业、友情和爱情有一次崭新的开始⋯⋯

《茶是故乡浓》中方有为由林家栋饰演,盘妹雅由1994年香港小姐选举"最具演艺潜质奖"得主张可颐饰演,钟汉牛由麦长青饰演,宋霜华由苏玉华饰演,苏曼乔由杨婉仪饰演,谢定彪由元华饰演,石春由李家声饰演。

32集电视连续剧《茶是故乡浓》于1999年11月在香港无线电视台开播,播出时间是晚上7:30的非黄金时段,却创下38点的收视率,高于同时该台于黄金时段播出的巨作《创世纪》,最后一集大结局收视率更高达91%。缠绵的剧情、婉约的故事、秀丽的风光引起香港观众浓厚兴趣。主演林家栋凭此剧夺得全港当年的"本年度我最喜爱电视角色奖"。

《酒是故乡醇》

《茶是故乡浓》大获成功,2001年,刘仕裕先生率他旗下的剧组再次来到贺州,拍摄《茶是故乡浓》的姐妹篇《酒是故乡醇》。该剧还到中越边境的亚洲第一跨国瀑布德天瀑布等地取

▲ 电视剧《茶是故乡浓》海报
▲ 《酒是故乡醇》粤语版《情迷泪眼红》海报

第十一章 文化雅事 | 251

景，似乎多了些异域风情，但剧中给人印象最深的还是极具南国风味的贺州风光。

《酒是故乡醇》在贺州拍摄时的外景地有姑婆山森林公园、大桂山森林公园等。姑婆山的九铺香酒厂就是剧中的主场景，现已成为一处旅游胜景，游客来到这里，可一边观看欣赏该剧，一边品尝姑婆山酒。拍摄期间，剧组人员下榻市灵峰北路的金鼎酒店，几乎每天傍晚均有少男少女追星一族守在酒店门口，等候明星签名合影。

《酒是故乡醇》讲的是一个酒坊里的情感故事。酒乡青年阿纯（绰号"鹌鹑仔"）自幼无父，在古世龙的"九铺香"酒坊担当"酒尾公"，他天资聪颖，勤奋好学，练就了一手过硬的酿酒本领。"九铺香"酒坊六大部门主管暗里争权夺利。古世龙身为当家，精明缜密，但与其兄古世熊关系紧张，唯一信任的是其妹古瑶。古瑶年纪虽小，然生性乐观，善解人意，成为世龙、世熊兄弟的"缓冲"。各派人等对酒坊大权虎视眈眈，唯古瑶厌恶争权夺利，拒绝参与争斗。驾驶"花尾渡"的黎九斤膝下一对姐弟顺风、顺水已经长大成人。古世龙与阿纯、黎家相处融洽。古世龙与黎家大姐顺风接触日久，互相驯服、改变，建立起一种父女情谊。古世龙发现黎顺风是个难得的酿酒天才，为发展酒业，不

▼ 姑婆山风光

但把酿酒秘诀传授予顺风,还将当家之位交付与她。黎顺风执掌酒坊后,古世熊心有不服,处处为难。阿纯从旁相助,阿纯、顺风二人合力化解众人恩怨,渐渐得到大家认同。阿纯与顺风历经波折,感情日深。古瑶也深爱阿纯,顺风陷入感情纠葛。就在这时,顺风原以为已不在人世的初恋桂生突然归来。阿纯、顺风、古瑶、桂生陷入情感抉择……

《酒是故乡醇》编剧吴肇铜、郑成武,导演方俊华。阿纯由林家栋饰演,黎顺风由佘诗曼饰演,古世龙由秦沛饰演,古瑶由邓萃雯饰演,金吉祥由元华饰演,古世熊由卢海鹏饰演,古桂生由马德钟饰演,黎九斤由王青饰演。剧中插曲《似醉还未醉》由张学友主唱,主题曲《醇酒醉影》由张学友、陈洁仪演唱,那婉转的歌声令众多观众如痴似醉:"醇酒一杯,曾是你与我的约定。别讲一声,不想破坏地上宁静。若果清醒,只知世事是无定。宁愿不醒,双双抱着彼此醉影……"

在香港播放时片名叫《情迷泪眼红》(英文版剧名为《Country Spirit》),《酒是故乡醇》这个片名在粤语版中只是"又名"。其在香港发行的宣传口号为:"醇酒醉人,儿女情浓,以真爱酿出醉人美酒。"

2001年10月29日,42集《酒是故乡醇》在香港无线电视翡翠台首播,12月22日播完。这部乡土言情剧为贺州旅游带来了轰动效应,贺州的青山秀水通过影视媒介亮相粤港澳,也把贺州旅游品牌全面推向粤港澳和东南亚等地的旅游市场。刘仕裕先生因此被广西壮族自治区旅游局、广西壮族自治区旅游协会授予"广西旅游特殊贡献奖"。

《月光光》

"月光光,秀才郎。骑白马,过莲塘……"电视单本剧《月光光》就这样从一首客家歌谣开始。这是一部以贺州故事为题材创作的电视剧。阿蒙、阿杰、阿文、阿贞等人是唱着《月光光》这首客家民谣长大的好伙伴。儿时的一次事故中,阿蒙为救阿贞双目失明。成年后,为寻生计,各奔东西。十几年后,4人再度重逢,命运各异。阿蒙在同村姑娘阿彩的照料下自学成才,成长为盲人音乐人,在十里八乡都小有名气。阿贞为治好阿蒙的眼睛,立志从医。她考入医学院,毕业回到贺州工作。阿杰在新加坡创业成功,成为企业家。因为始终恋着阿贞,决定回到黄姚投资。阿文携未婚妻林慕回乡完婚。4人见面,百感交集。阿贞为报答阿蒙,拒绝了阿杰的求爱,要终身照料阿蒙。但阿蒙认为阿贞对他只是同情,没有爱情。而阿彩一直默默恋着阿蒙……几经周折,有情人终成眷属。阿贞和阿杰牵手,阿文和林慕顺利完婚,他们几人在网上为阿蒙联系到了治疗眼病所需的角膜,在阿杰的资助下,阿蒙和阿彩一起飞往北京求医,光明即将到来。

本剧从演员、音乐到外景大量使用贺州元素。主题曲《豆腐酿》《月光光》由本土音乐人曾龙城创作。出品人温昌伟时任桂东电力老总。主角阿彩爹由八步区文化馆馆长刘小春扮演；贺州警察谢伟、钢琴师黄薇薇各有客串；剧中所有外景都在贺州拍摄，黄姚古镇、客家围屋、姑婆山、路花温泉……贺州大部分旅游景点都在剧中亮相，其中贺州、黄姚、姑婆山情人林等都以实名出现。

《月光光》电视剧演员阵营强大，谢娜饰阿彩，迟帅饰阿蒙，张含饰阿杰，罗珊珊饰阿贞，史宇航饰阿文，王怡莎饰林慕，特请包括著名配音演员丁建华在内的上海电影译制厂配音演员为剧中对白配音。谢娜后来成为创全国收视第一的湖南卫视《快乐大本营》大型娱乐综艺节目的主持人，赢得"内地综艺天后"的美誉。

《夺宝英雄》

电影《夺宝英雄》是一部武打动作片，外文片名《Undiscovered Tomb》，由中国电影集团公司、香港名威影业有限公司、中国电影集团公司第二制片分公司出品。

影片讲述一个寻宝故事：陈曼是一位考古学家，朋友吕米高在拍卖会上高价标得一件手握宝刀的石像。陈曼精心研究后，发现石像的石片中隐藏着部分长生不老的秘密。为了完整揭秘，便与弟子庄健、小敏前往中印边境寻找另一片石板。恰好路遇考古系学生李军，结伴同行。在向导小鬼的带领下，他们进入丛林，遭到也在寻找石板的土人追杀，一路险象环生。终于，陈曼三人找到古墓地图。李军将陈曼打伤，想抢地图，原来他是豺狼集团派来夺图的杀手。陈曼指导庄健按图索骥，寻找古墓。庄健、小敏分别进入古墓，发现大量石俑、古剑。李军亦尾随而至。打斗中小敏不敌，庄健忍着伤痛打败李军。就在庄健准备拿取古剑的时候，古墓中的石俑突然活动，阻止庄健。庄健不是石俑对手，危急时刻，与苏醒的李军联手对付石俑。李军被石俑所杀，庄健与小敏带着古剑逃出古墓并将古墓炸毁。豺狼组织首领吕米高带着杀手守在墓外，抢夺古剑。陈曼、庄健、小敏、小鬼四人合力打败豺狼杀手，打死米高。庄健在电脑桌前醒来，发现只是一场梦……

影片在贺州黄姚古镇、姑婆山、秀水取景拍摄。功夫演员张晋身手不凡，为影片增色不少。这部影片也是释小龙从童星转型为成人演员的一部影片，他在黄姚古镇古榕上荡树打斗的场面，并不多见于其他武打片中。

《围屋里的女人》

电视剧《围屋里的女人》中，贺州莲塘江氏客家围屋、姑婆山国家森林公园、平桂区沙田镇龙井古寨等许多贺州景点成为外景。姑婆山瓦窑冲瀑布附近搭建了一个牛头寨场景，作为剧中的土匪窝。电视剧拍完后，一群猴子在此占"寨"为王，"牛寨猴趣"一度成为森林公园中的一处网红景观。

《围屋里的女人》以客家习俗为背景，讲述阿芸婆、豆苗、五娘等一批寡妇挣扎于情感、情欲和生存线上的故事。一座名为"清洁堂"的围屋里住着多名寡妇,她们面对孤灯,寂寞度日,用几乎与世隔绝的幽闭来保持名节。青春年少的豆苗新婚之夜新郎暴毙,被送入清洁堂,但幽深的大院关不住青春少女对异性爱情的向往与渴望,她与小叔子偷情致孕违反堂规,被毁容割舌,最后以身殉情。风情万种的戏子五娘,贪慕虚荣,嫁入豪门为妾。后因与曹副官偷欢,被遣入清洁堂。五娘继续与曹副官幽会,并试图逃跑,不但没有跑成,还连累土匪秋云飞之妹致死。被秋云飞掳上山寨,与曹副官上演了一曲催人泪下的《霸王别姬》。带着对新生活的憧憬,五娘和曹副官最终却被日本鬼子害死。清洁堂堂主阿芸婆,丈夫惨遭不幸,为保护儿子朱梁和自家财产,带产进入围屋,以致骨肉分离。阿芸婆与表兄金标相亲相爱,在封建礼教的压迫下,有情人难成眷属。身为地下党员的金标为了革命与同是共产党的杨飞燕假扮夫妻,深深刺痛了阿芸婆,心爱的儿子朱梁又被族人害死,更使她万念俱灰,痛不欲生……

《围屋里的女人》女主角豆苗起用了还在学校读书的年轻演员殷桃。这是殷桃演艺生涯中接拍的第一部戏。殷桃纯净的眼神演活了豆苗,一炮走红,后成为一线明星。肖雄、吴京安、牛犇、杨雨婷、李萍、王丽媛等一批当红影星因为出演片中角色,纷纷飞临贺州,与一批贺州影迷亲密接触。贺州本土人士刘小春、李宁、龙可等人也在剧中饰演角色,戏份不小。

《围屋里的女人》2004年8月18日晚在辽宁大连电视台公众频道首播。9月14日晚开始,东方卫视、安徽卫视、江苏卫视3家电视台在黄金时段同时播出。该剧还远赴法国戛纳电视节探求国外市场,伊朗国家二台和美国一家影视公司购买了该剧在其国家的播映权。

《终极谍匪》

2005年5月,电视剧《终极谍匪》在黄姚取景拍摄。起初,在黄姚拍摄场记卡上的片名叫《谍战1949》,拍成之后还有一个版本名为《三江剿匪记》,在一些非上星的电视台频道播出,市面上的一些DVD光碟亦以此为名。后在各电视台上星频道播出时,才用《终极谍匪》为正式片名。

《终极谍匪》讲述的是1949年中国人民解放军为了新中国的诞生与国民党残部、地方反动武装残余力量及盘踞一方的土匪进行艰苦卓绝斗争的故事。共和国刚刚建立,广西三江地区通往大坳镇的黑风坳口仍然硝烟弥漫。解放军独立团团长马玉良率部猛追国民党展希芳残部。当地匪首吴南山妄图凭借蜈蚣岭与解放军抗衡。吴匪第二大队队长曹泽英趁解放军袭击展希芳部时,从独立团副政委左严华手中劫持了展希芳的洋太太及部队家眷,迫使展希芳投奔自己。台湾当局以情报技术支持为名派女谍报员丽娜、谍报精英"特派员"马龙来到匪巢,寻找机会与展希芳联系。解放军从死人堆里救了一名叫吉美娟的青年女子,收留在卫生所作卫生员。左严华对吉美娟心生爱意,而吉美娟则恋上马玉良。吴南山安插在解放军指挥部的特务"神鹰"为土匪提供了大量情报。解放军政委钟诗云利用土匪布置在客栈的电台向吴南山提供大量假情报。敌我双方展开情报战……副政委左严华年轻气盛,被吴南山秘密线人兼情人柳叶香拖下水。马玉良察觉"神鹰"举动异常,老情报专家钟诗云早就注意到"神鹰"并发现内部一关键人物很像是中统卧底"43号"。到底谁是神鹰……电视剧从人性的视角描述了特殊历史背景的信息战、谍报战和歼灭战。剧情悬念重重,扑朔迷离。

《面纱》

2005年,美国好莱坞影片《面纱》来到黄姚古镇取景拍摄。该片由美国Yari电影集团和中影华纳横店影视有限公司联合出品,是好莱坞摄制组第一次进入贺州拍摄影视剧。

黄姚古镇成为影片外景地还有一个小插曲。最初,摄制组是想在中国寻找一个依山傍水、有原始美的古老村镇。而且这个村镇还要靠近现代化设施,有利于演职人员往来。剧组人员在10天时间里行程8000多公里,多方实地察看。经反复比较,最后选定黄姚古镇。一时间,黄姚云集了大批著名艺术家。摄影师斯图尔特·瑞伯(Stuart Dryburgh)和服装设计师鲁斯·麦尔斯都曾两度获得奥斯卡奖提名。片中钢琴演奏由中国著名钢琴演奏家郎朗完成。影片男主角沃特·费恩扮演者爱德华·诺顿(Edward Norton)曾凭《一级恐惧》和《美国X档案》两度获得过奥斯卡奖提名。女主角吉蒂由好莱坞女星瑙米·沃茨(Naomi Watts)饰演。

《面纱》有多个片名,英文片名《The Painted Veil》,香港译名《爱在遥远的附近》,拍摄时媒体报道暂名《华丽的面纱》。

故事讲的是,20世纪20年代,医生沃特·费恩携新婚妻子吉蒂来到上海,专注细菌学研究。孤独的吉蒂和已婚男查理·唐森发生婚外恋。费恩发觉后,为了重整生活,带着吉蒂远行来到一个霍乱肆虐的中国南方偏僻乡村,用自己的医术,逐渐控制住了疫情。吉蒂则在一家由法国修女主持的修道院做义工,并逐渐找回了生活的勇气和意义。就在沃特和吉蒂重归于好的时候,沃特染上了霍乱。生离死别,他们领悟到了爱与奉献的真谛……

《面纱》于2006年12月29日在中、美同步上映。中央电视台电影频道播放了此片。该片在美国好评如潮,被评为2006年度十佳电影,并获第64届美国电影电视金球奖最佳原创电影音乐奖。

《英雄虎胆》

2006年8月,23集电视连续剧《英雄虎胆》来黄姚拍摄了约10天时间。黄姚极富地方特色的古镇风貌使片子充满了楚风粤韵,为电视剧增色不少。

《英雄虎胆》为1958年八一电影制片厂拍摄的黑白电影。为庆祝中国人民解放军建军

80周年，2006年上海华集文化发展有限公司、八一电影制片厂、中央电视台影视部、广西壮族自治区党委宣传部、广西电视台和上海总工会电视制作中心联合工作，通过对电影剧本原作进行改编，摄制成电视剧。

2007年7月26日该剧在中央电视台8套电视剧频道"黄金强档"时段首播。在当年的"金星璀璨——军事题材电视剧'金星奖'"评选中，荣获二等奖，饰演李月桂的海政电视艺术中心演员王静获优秀女演员奖。

《春蚕织梦》

2007年，贺州老乡刘仕裕先生携《茶是故乡浓》《酒是故乡醇》的巨大成功，第三次率领剧组人马到贺州，拍摄新剧《春蚕织梦》。这部戏拍摄时的剧名叫《欢乐桑田》，是系列剧《阿旺新传》的第三部。刘仕裕先生对老家八步有深厚的感情，笔者曾问先生要在八步拍多少部戏，他风趣地说："八部，八步嘛。"此次剧组还在姑婆山公园搭建了一座当时贺州最大的影视城，后成为公园一处热门景点。刘先生曾说，他有一个心愿，就是在贺州所拍的每一部戏，都留下一个旅游景点。所以，《茶是故乡浓》留下一座"方家茶"亭，《酒是故乡醇》留下一间九铺香酒厂，《蚕》剧则留下一座城。

《春蚕织梦》以"蚕"为背景编织了一个动人的"梦"：麻姑20年前在永泰祥丝绸行老板陈鉴家里当丫鬟，与陈相恋而怀孕产子，却被陈母阻挠陷害，以致儿子失散。伤心之下，麻姑加入冰玉堂，一边开米粉摊，一边打听儿子下落。陈鉴的养子陈富贵与麻姑情如母子，富贵为了帮养父和麻姑重修旧好，替麻姑寻子。但富贵妻子以花却偷天换日，使麻姑误认富贵为子。麻姑重回陈家，以花下毒害陈母，嫁祸麻姑。富贵和麻姑决计报复，设计致永泰祥倒闭，并揭穿以花阴谋。以花陷害富贵入狱。麻姑、陈鉴冰释前嫌，设法营救富贵。以花勾结外贼欲偷取贡布纺织秘法，全村团结一致，赶走外敌，重新夺回永泰祥和冰玉堂。富贵、麻姑也重回陈家，虽然知道彼此不是母子，但胜亲人，幸福地生活在一起。

剧中，米粉麻姑由刘晓庆饰演。刘是多次百花奖获得者、著名影星，虽然这次演的只是配角，但她一点没小看自己的角色，年过五旬的她甚至连拍武打戏时都不用替身，深得同行称赞。后来成为著名影星的孟霞在本剧中饰演董秀莲，这也是她演艺生涯的处女作。

36集电视连续剧《春蚕织梦》于2008年1月30日首播。

《美丽的南方》

2008年是广西壮族自治区成立50周年，为搞好庆典活动，自治区宣传部门做出了创作"三个一"影视献礼片工作计划，即拍摄一部电影、一部电视剧、一部专题片。其中，20集电视剧《美丽的南方》和电影《冰雪同行》都在贺州取景。

2008年5月,广西电视台《美丽的南方》摄制组在制片黎继强率领下来到贺州,选取的主要外景地有昭平县黄姚古镇、钟山县荷塘、八步区莲塘围屋和贺街临贺故城等地。贺州的青山绿水和婉转山歌使这部电视剧充满了浓郁的南国风味。2008年12月,该剧在广西电视台影视频道首播。

《美丽的南方》故事发生在20世纪50年代初,其时新中国刚刚成立。一方面,剿匪战斗仍在继续,解放军连长刘勇与国民党新八军团副覃雄在南方山区殊死拼杀。另一方面,北京、上海等中心城市大批知识分子响应党的号召,奔赴祖国南疆支援边疆建设。燕京音乐学院女高才生林晓霞、革命教授欧阳玲、青年画家陈启明等一批京都高校师生组成工作队,满腔热血来到广西支边。工作队、战斗部队和地方民兵团结协作,粉碎了覃雄假投降真破坏的阴谋,发动群众完成了土改工作任务。战斗中,林晓霞从一个纯真的知识分子成长为坚强的革命者,融入民族解放的事业中,而刘勇、欧阳玲、陈启明光荣牺牲,热血洒在祖国南方美丽的热土上……

▶ 电影《冰雪同行》剧组在姑婆山营造雪景

◀ 电视剧《美丽的南方》在黄姚古戏台取景

《冰雪同行》

电影《冰雪同行》原名《山歌好比春江水》，2008年6月25日在姑婆山国家森林公园开机。影片以2008年春节前夕的冰雪灾害为背景。当年，我国南方遭受新中国成立以来最为严重的冰雪灾害，湖南输电线路大面积断落，出现"电荒"。广东春节返乡民工堵在道路上进退维谷，出现"人荒"。根据中央统一部署，穿越贺州的207国道替代为主干通道，分流京珠高速公路车辆。但207国道各方面条件有限，四处堵车，出现"车荒"。一辆开往湖南长沙车牌号为"湘A15888"的旅游大巴满载旅客被堵在桂粤交界的广西贺州境内，迫不得已，开上一条废弃的老省道。车上游客误入莽莽山林，被困在看林人的木屋里，受冻挨饿，陷入困境。旅游团乘客通过手提电脑从网上发出受困消息。贺州公安和交通部门立即展开救援。交警支队长高可拨开老省道的积雪，发现车辙印，明确了救援方向。经过"穿林海跨雪原"艰苦寻找，发现了导游韦春枝冒险挂上木屋瞭望台的红风衣，救援队及时赶到，一行人终于脱险。影片以一辆大巴车、一条公路、一

第十一章 文化雅事 | 259

间木屋三点一线所发生的一段故事为主线,讲述一群陌生的旅客互相帮助、互相温暖的感人故事。从一个侧面展现了广西人民冰雪无情人有情的大爱精神。

《冰雪同行》女主角由北京电影学院表演系在读大三学生陈婕担纲,这是陈婕第一次"触电"。从潘虹,到孟霞,再到陈婕,多名女演员在贺州拍摄她们的影视"处女作",有人戏称,贺州就是"女星启航福地"。

影片的绝大多数场景选择在故事真实发生地贺州(谐音鹤州)实地拍摄,剧作更富真实感。剧组还在姑婆山森林公园中搭建了看林人的小木屋。影片故事发生在冰雪交加的冬天,而拍摄时间是炎炎夏日,剧组"反季节"拍摄,采用了技术手段制造"六月飞雪",长长的冰柱用熔蜡做成,铺在地上的积雪是化肥,漫天飞舞的雪花是机器喷出的泡沫。最艰苦的是,在夏天拍冬天的戏,演员们得穿上厚厚的毛衣和羽绒服,经常浑身大汗,一天下来,十分辛苦。但全体演职人员咬牙坚持,圆满完成任务。拍摄期间,中央电视台6频道(电影频道)的《中国电影频道》、8频道(影视剧频道)的《影视同期声》栏目到现场作了采访报道。

2008年12月8日,《冰雪同行》在自治区党委礼堂举行了首映式。12月11日晚7:30中央电视台6频道(电影频道)播出了影片。当年,影片被列入中宣部、国家广电总局迎接新中国成立60周年第一批重点国产影片。

《红七军》

电视连续剧《红七军》主场景在百色,南宁、桂林、贺州、钦州、北海、北流、容县、永福等地都有外景。2009年7月9日,剧组进驻黄姚拍摄,为期一周。贺州是当年红七军曾经战斗过的地方,这次来贺州拍摄《红七军》,可以说是"红七军"重回贺州。

1929年,24岁的邓小平在广西领导发动百色起义,宣告中国工农红军第七军和右江苏维埃政府成立,创建了近100万人口的右江革命根据地。为纪念起义80周年,广西壮族自治区党委宣传部联合多家单位摄制这部30集电视连续剧。全景式地再现了邓小平、张云逸、李明瑞、韦拔群等老一辈无产阶级革命家创建红七军的战斗历程。

巧合的是,在本剧饰演罗美秀的演员孟霞之前曾在黄姚拍摄过她的影视剧处女作《春蚕织梦》,饰演祝耀武的张晋之前曾在黄姚拍摄过电影《夺宝英雄》,饰演张云逸的马晓伟一年前曾在黄姚拍摄过《冰雪同行》,这次是他们二度到黄姚拍摄影视剧。

《月光恋》

2011年4月15日上午,北京红孩子文化传播有限公司、贺州市日月恒拓业有限责任公司合作拍摄的电影《月光恋》在黄姚古镇开机。这是一部青春偶像音乐风光片,以优美动听的客家山歌为连线,通过主要人物阿姚和阿坤的情感纠葛,交替展现海峡两岸两代客家人的不

▲ 电视连续剧《红七军》在黄姚古镇拍摄时的工作照。

同命运，刻画了老一辈客家人的相思与怀旧，洋溢着新一代客家人的乐观与时尚，凸显了海峡两岸一家亲的主题。台湾青年音乐人阿坤因多年没有新歌，人气逐渐下降，苦闷中来到淡水河边，无意中被一位轮椅老人说唱的客家山歌吸引。不久，作为客家妹选秀大会评委，阿坤应邀来到大陆，再次听到客家妹阿姚演唱的客家山歌《擂茶歌》。被这独特的音乐深深打动的同时，阿坤也被阿姚甜美的歌喉和清纯的气质深深吸引。选秀大赛后，阿坤追随阿姚来到贺州采风。在山间地头，在古镇村落，阿坤不仅收集到许多优美的客家山歌，也领略了贺州山水的灵逸俊秀，最后阿坤和阿姚有情人终成眷属，阿坤音乐生涯也焕发了新春。电影将贺州优美的山水风光与独特的客家音乐有机结合，展现了贺州特有的民俗风情。

电影《月光恋》剧照。贾青（右）饰演阿姚。

《月光恋》由田梅编剧，姚言、方军执导，钱滔摄影。演员汇集了两岸三地的多名知名演员，台湾演员陈楚河饰阿坤，内地演员贾青饰阿姚，齐翼饰阿初，香港著名老资格影人张达明饰经纪人，午马饰老伯。在张国荣、王祖贤版《倩女幽魂》中饰演燕赤霞的"金牌配角"午马颠覆了以往鬼片、道士、侠客的形象，饰演一位仁厚老者，并一展歌喉演唱客家山歌，让影迷耳目一新。贾青塑造的客家妹阿姚的形象被网友评为21世纪的"静秋"（张艺谋影片《山楂树之恋》的女主角）。

剧组外景全部取自贺州，人们在欣赏客家音乐的同时，还可以尽览黄姚古镇、贺街浮山、十八水、客家围屋的大好风光。

2011年6月19日，《月光恋》剧组参加第14届上海国际电影节，女主角饰演者贾青在闭幕仪式上亮相红毯。9月27日下午，《月光恋》在京试映，导演姚言携演员贾青、齐翼等亮相现场，为影片宣传造势。9月30日，《月光恋》在中秋档上映。2020年8月25日七夕节，《月光恋》登陆腾讯网络独播。

▶ 《向往的生活》在黄姚古镇拍摄时的工作照

《向往的生活》

电视连续剧《向往的生活》根据朱东、张越的长篇小说《股份农民》改编。2016年5月7日上午，电视连续剧《向往的生活》在黄姚古镇带龙桥畔开机。

长篇小说《股份农民》由广西人民出版社出版，被国家新闻出版总署列入全国"农家书屋"重点推荐书目和中国科普作协重点推荐系列丛书，获2011年广西优秀科普作品奖和广西第十二届精神文明建设"五个一工程"文艺类图书奖。

《股份农民》以"美丽南方"现代化农村为背景。改革开放后，农村劳动力大量进城、土地撂荒、农业发展滞后、基层组织涣散。为了解决农村"空心化"问题，一些地方开始探索农业发展新模式——股份制。在此背景下，包家屯退伍青年包家文带领村民养殖"珍珠熊"被骗，主动承担村民损失，女朋友冯晓苇拿出全部积蓄助他渡难关。冯晓苇查出白血病，隐瞒病情和包家文分手。包家文与伙伴合办香蕉农场创业。平静的包家屯因六合彩而狂躁不安。包家武情断后与同学苏玉玲擦出火花。包家文与兄弟包家武反目。警方打击六合彩，包家武远走河内，村庄恢复平静，开始重建。包家文竞选村长成功，开展土地流转，扩大经营范围，组建龙山公司。冯家与包家宗族械斗，冯晓苇挺身保护包家文。包家文了解冯晓苇病情，选择和冯晓苇在一起，苏玉玲心碎。包家文拯救台风中的冯家屯甘蔗，感化冯家。冯晓苇和苏玉玲合力帮龙山公司渡过难关，公司赢来丰收，村民受益。包家文和冯晓苇的婚礼最终化解了包冯两家几十年的怨恨。

《向往的生活》主要讲述在龙山土生土长的包家文大学毕业后以未来"驸马爷"的身份进入贺川的龙头企业梁氏集团做业务总监，不料未婚妻梁佳宜的父亲因交通事故突然离世。在接任梁氏集团总裁后，梁佳宜与包家文的经营理念发生冲突，面对乡亲们的不理解、对手的恶意竞争等重重困难，包家文与志同道合的一群年轻人坚持不懈，开始了披荆斩棘的创业路，用自己的努力不断进取，最终将绿水青山变成了金山银山。作品真实展现了社会主义新农村的美好风貌和南方农村建设的新探索、新成效，见证了21世纪当代中国的新进程。

《向往的生活》是由广东卫视文化传播有限公司、北京华盛金榜国际传媒有限公司联合出品，总策划曾少华、李宏庆、朱东、苏玉光，总监制赵德明、林冠、孙泱，总制片人高库。高明编剧，延艺导演，刘思军作曲。主题

曲《继往开来》由孙泱作词，葛林演唱。插曲《爱太苦》由朱东作词，路墨侬演唱。演员阵容颇为强大，张国强饰演包家文，傅晶饰演冯若兰，郭家铭饰演包家武，张雯饰演梁嘉宜，乘瑶饰演包春丽，乔骏达饰演杨帆，安龙饰演冯振华，李侬馨饰演梁大仙。电视剧在贺州拍摄之时，正值被誉为"国民硬汉"的主演张国强主演的电视连续剧《三八线》在几家省级卫视上星频道热播，吸引不少影迷慕名前往"追星"，观看拍摄。电视剧大部分场景在贺州拍摄，黄姚古镇、客家围屋、姑婆山、秀水状元村等自然风光与剧中故事情节相得益彰，透出一股浓浓的乡土气息，为作品增添不少生色。

《向往的生活》于2016年7月结束在贺州的外景拍摄。2019年11月28日起在青岛电视台新闻综合频道播出，而后登陆不少省级上星卫视和网络传媒，2021年1月1日在广东卫视播出，并在芒果TV、爱奇艺、腾讯视频同步播映，2021年7月20日在湖北卫视播出。

贺州市高级中学的前世今生

贺州市高级中学为贺州市培养了大批人才，它的前身是私立临江中学，创建于1940年3月18日。它的成功创办凝聚了一批贺州乡贤的心血。

20世纪30年代末，贺州是广西著名的锡矿产地，高峰期每年出口纯锡3400吨。锡矿业的蓬勃发展也招来了大量矿民聚集贺州。然而大量矿工的到来，又使得青少年就学难的问题变得日益突出。当时，富贺钟一带只有贺县和钟山两所中学，1930年创立的富川中学只办了4年就因财政难以支持而停办。贺县和钟山的两所中学远不能满足子弟们的入学愿望。1939年夏，广西大学校友会富贺钟分会曾提出新办中学的设想，未获成功。但当年9月，他们在八步厦良村办起了"八步青年补习社"，业绩出色，附近群众齐口称赞，为后续八步兴办中学起到了投石问路的作用。1939年11月，富贺钟矿业巨子冠南公司董事长黄研真与普益公司经理伍展明不约而同来到八步交通旅馆找到平乐专署专员胡天乐。

这个旅馆由胡天乐亲属合资开办，他的姐夫汪岳东主持业务。本来，黄伍二人是想向胡天乐汇报矿业生产的问题。当时，日寇在钦州、防城登陆后侵占南宁，使我国最南的一个沿海口岸被日寇封锁，不仅导致贺州采矿机器所需汽油货源断绝，而且原本畅销海外的八步锡板运不出去，各个锡矿公司不断关闭。而雪上加霜的是，当时的广西新桂系当局还对锡矿实行"统收"政策，当局通过低价统收，从矿业公司获得锡矿，再高价转卖出口。各私营矿业公司赢利艰难。谈着谈着，谈到了矿家关心的子女升学问题。黄、伍反映，即使矿家有钱供子弟上学，也无学校可进。胡天乐先生静听黄、伍二人和汪岳东的申述后，当场拍板，领衔号召办学，并指派其姐夫汪岳东代表他参与全部筹备工作。同时还要求黄、伍二人鼎力支

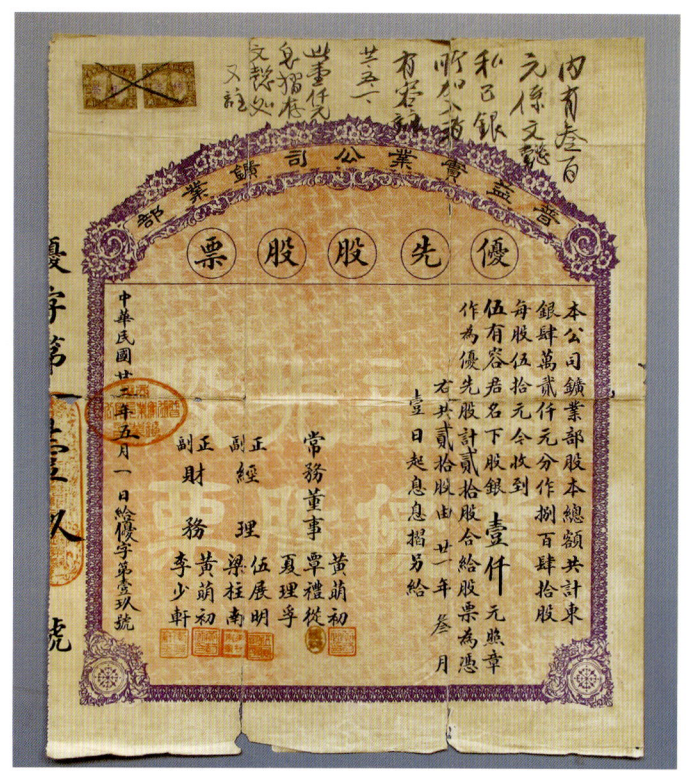

▶ 临江中学校董会监事伍展明所在普益公司发行的股票

助。黄、伍二人当场表达了办学育才的决心。黄研真承诺，认捐筹备期间的全部费用，用多少向他要。伍展明则负责向黄旭初报告办学事宜，并联系省政府进行备案，争取广西当局支助。

伍展明，人称伍公，广西容县人，与新桂系当局广西省主席黄旭初是同乡和戚友，他参加办学，不仅可以获得黄旭初的支持，也容易号召八步外来矿商的赞助。而且他还曾担任广西教育会评议，桂林中山中学校董等职，对办学有经验。

黄研真，人称研伯，曾任广东吴川县县长，也曾在国民党军队中担任过团长。退职返乡后，在贺县、钟山县、富川县等地开办了大中、可达两座锡矿，在贺县本地籍矿家中，其公司规模最大，资金雄厚。他参加办学，容易动员贺县本地工商富户共襄善举。

交通旅馆会谈后，创办临江中学的筹备工作便紧张而顺利地开展了。1940年2月25日第一次校董会在八步举行，正式成立

第十一章　文化雅事 | 265

了临江中学校董会。这个董事会以胡天乐为董事长,常务校董15人,全部董事100余人,黄研真、伍展明、汪岳东分别任会计、监察、财务股长。大会还决定聘请曾任岭南大学教授,当时任广西省营锡矿公司经理的林天木为校长;聘请周展如、李镇、廖邦昌、商作莘等13名教师,另外还聘请9名勤杂职员。校址设于临江河畔的马子庙。

到召开第一届校董会时,筹备组共募得国币4万元。除建设费用掉5000元外,尚余3.5万元。这些余款被分存到八步广西银行及大中、普益两家公司,所得息款及各矿公司钨锡捐(每百斤抽国币二角)、学费等项收入每年约国币2.2万元用作学校正常运转费用。

1940年3月18日,临江中学招收的第一届初中新生正式开班上课,这些学生全部来自富、贺、钟三县,共三个班180人。5月,临江中学开班仅两个月,广西省教育厅通过该校办校立案,当时的国民政府教育部也予正式备案。

▶ 廖邦昌收藏的毛泽东为抗战刊物《自由中国》题词

珍藏毛主席题词的贺州人——廖邦昌

居住在钟山县钟山镇城北社区的廖邦昌老人是一位博学多才、和蔼可亲的百岁寿星。老人出生于1912年9月2日,老家在钟山县燕塘镇玉坡村,新中国成立后,他是钟山中学首任校长。然而,很少有人知道,就是这位老人曾经冒着被国民党反动当局杀头的危险,珍藏了毛主席亲笔题词38年。

故事还得从毛泽东为《自由中国》杂志亲笔题词说起。杨朔是中国著名现代作家、散文家、小说家,一生追求光明与真理,因此走上革命道路。1937年"七七"事变后,杨朔从上海来到全国著名的文化中心武汉。在这里,他见到了爱国诗人臧云远与知名小说家孙陵,孙陵当时任国民政府军事委员会政府部第三厅厅长郭沫若的机要秘书。杨朔提议在武汉创办一本综合性抗战

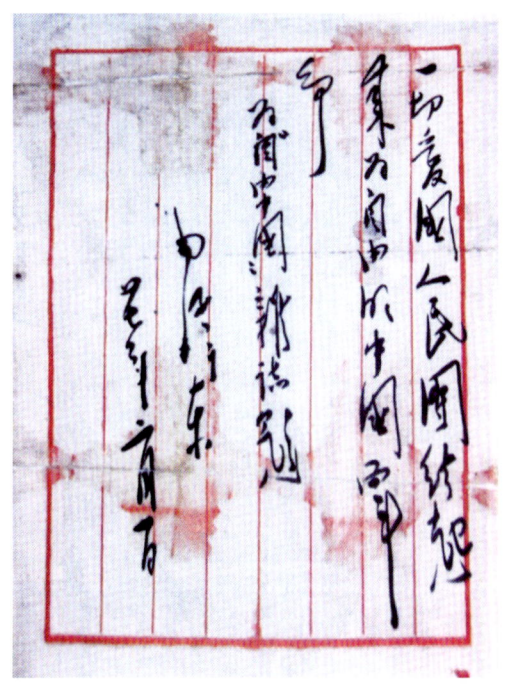

文艺刊物《自由中国》，得到两人的支持并着手筹备。同年末，经西安八路军办事处介绍，杨朔赴延安学习。1938年4月1日，《自由中国》在武汉正式创刊，主要由孙陵负责编辑，杨朔、臧云远、孙陵等人出资，是国统区一本思想倾向进步、政治色彩鲜明的文艺刊物。1940年2月1日，毛泽东在陕北公学演讲，杨朔正好在延安，他求助陕北公学校长成仿吾，请求毛泽东为《自由中国》杂志题字。毛泽东欣然题下"一切爱国人民团结起来为自由的中国而斗争"。但因国民党当局的阻拦，《自由中国》杂志当时实际上已经停刊，杨朔只得暂时保存毛主席手稿。

早在1938年，孙陵已随国民政府军事委员会政治部第三厅撤退到桂林，并当选为中华全国文艺界抗敌协会桂林分会理事，主编《前线》半月刊和《笔部队》《文学报》《文学杂志》等大型文学刊物。1940年2月，杨朔写信告诉孙陵毛泽东为《自由中国》题字后，孙陵备受鼓舞，决定在桂林复刊《自由中国》。杨朔委托地下党员把毛泽东题词秘密带到桂林生活书店。1940年11月1日，孙陵等人在桂林复刊《自由中国》，出版复刊号新一卷第一期，由创作出版社总经售，社址在榕荫路46号，主编是孙陵。1940年下半年，国民党顽固派掀起第二次反共高潮。孙陵等人出于对时局发展和环境特殊的考虑，并没有在复刊号第一期发表毛泽东的题词，而只刊登了郭沫若的题词："要建设自由的中国，须得每一个中国人牺牲自己的自由。每一个中国人把自己奉献给祖国的解放。中国得到自由，则每一个中国人也就得到了自由。"

当时桂林的文网森严，为了使刊物能够顺利出版发行，在第二期《复刊献辞》上，尽管也刊登了毛泽东的题词，但只刊登了题词内容。因为毛泽东的书法风格大家太熟悉，为了不引起国民党当局注意，刊登的毛泽东题词字体只是使用印刷体，并且"毛泽东题"的落款也省掉不刊。孙陵在《复刊献辞》文末特别写道：最后，借用一位值得尊敬的人物给本刊题词里的一句话"一切爱国的人们团结起来为自由的中国而斗争"。他巧妙地用"一位值得尊敬的人物"来替代毛泽东。

因毛泽东为《自由中国》的题词一时没有

机会原样刊登，孙陵只好将原稿回交桂林生活书店。书店领导指定在秘书处工作的地下党员廖邦昌秘密保管。1940年，日机肆意轰炸桂林，为了安全，廖邦昌将生活书店的一些重要文件和毛泽东的题词手迹转移到市东郊施家园生活书店西南管理处职工宿舍。

廖邦昌是钟山县玉坡村人，受本村共产党员廖祥勋影响，逐步走上革命道路。1939年，他从广西大学毕业后回到家乡。1940年3月，八步临江中学成立，被应聘为教师。临江中学当时是贺县地下党重要活动据点。因廖邦昌对桂林环境比较熟悉，武汉生活书店搬迁到桂林后，他服从党组织安排到桂林生活书店秘书处工作，书店受桂林八路军办事处秘密领导。

1940年底，廖邦昌因患重病不能工作，于是请假回钟山老家疗养，毛泽东题词手迹也连同随身行李带回了钟山县玉坡村。1941年1月6日"皖南事变"后，桂林生活书店被迫停业，店员遣散隐蔽。廖邦昌与生活书店失去联系。他只好把手稿秘密收藏在钟山老家一只旧箱子的夹层底板里。

返回老家后，廖邦昌受组织安排潜伏在钟山简易师范当教导主任。1947年6月5日，钟山县爆发了英家起义，他的住处被国民党特务监视。为防万一，廖邦昌悄悄离校回到老家玉坡村，将家中所藏进步书籍和毛泽东题词手稿秘密转移到同族一个叫廖辅昌的贫民家里。1947年6月30日，廖邦昌和几位老师被钟山县国民党反动派逮捕，特务抄查了他在学校和老家的住处，好在事先有准备，特务一无所获。8月，国民党钟山县长谢中天以共党嫌疑名义把廖邦昌等人准备解往八步杀害，幸得进步人士、钟山县参议长兼钟山县联防自卫委员会副主任陈惜华拼力周全，最后通过八步进步乡绅保释得获出狱。

新中国成立后，手稿重新回到廖邦昌手中。1953年，廖邦昌离开钟山到外地工作，他将毛泽东题词手稿转交在钟山中学当教工的夫人王杰荣珍藏。

1977年，中共中央向全国征集毛主席著作和手稿。10月，廖邦昌将珍藏了38年的毛主席题词寄给中共中央办公厅。1979年5月，他收到中共中央办公厅的复信和题词仿真件。同时，中央档案馆还委托梧州地区档案局将一份仿真件转交钟山县档案局珍藏。

欧阳予倩在昭平

1944年4月17日起，侵华日军发动"豫湘桂战役"。6月18日，长沙失守。8月8日，衡阳失守，桂北告急。广西从原来的抗日后方转变为对日作战前线，华南地区抗战局势进入最艰难时刻。为了组织和发展民众武装，开辟广西敌后抗日战场，广西省立艺术馆、中国工业合作社桂林事务所、文化供应社、《广西日报》一部等大量文化机构，高士其、欧阳予倩、千家驹、张锡昌、胡仲持、陈此生、张铁生等大批文化民主人士，纷纷于1944年底从桂林顺漓江而下来到贺县八步、昭平县城、黄姚古镇,在桂东地区开展广泛的抗日文化宣传活动,其中欧阳予倩尤其活跃。

欧阳予倩是我国著名戏剧教育家和戏剧、戏曲、电影艺术家,是中国现代话剧创始人之一。从1938年起,他就在桂林任广西艺术馆馆长,对桂剧进行改革,并导演话剧《流寇队长》《木兰从军》《钦差大臣》等抗日宣传节目。

1944年9月上旬,他率广西省立艺术馆从桂林疏散到昭平县城,参与组建昭平县民众抗日自卫工作委员会(简称抗委),出任抗委宣传部主任,负责宣传和前线慰劳。抗委下设"抗日青年军中队""青年教导队"和"战地救护委员会"。1944年10月3日,美国飞虎队第14航空大队第373轰炸中队第308小队的轰炸机从桂林基地起飞前往厦门轰炸日本军舰,返航途中遭日机袭击受伤。是夜23时左右,在黄姚古镇外坠落。经过群众搜救,美

▶ 《广西日报》昭平版在黄姚迎秀街的报社旧址

◀ 《广西日报》（昭平版）报社负责人合影。左起：张锡昌、莫乃群、欧阳予倩、千家驹、徐寅初、周匡人。

军7名跳伞存活人员和3名牺牲人员均被搜获。第二天，获救的美军飞行员被安全护送到昭平县城。欧阳予倩应邀出席在昭平县国民中学礼堂举办的宴会，庆祝成功营救美军飞行员。

到昭平县城后，欧阳予倩为广西艺术馆新招了一批演员。按照当时的规定，这些新招人员应该获得国民党昭平县当局公粮补助。但国民党顽固分子张伦、叶枝华等人以时局艰难为借口，一再阻拦给艺术馆新招人员发放公粮。欧阳予倩于是通过联合其他民主人士与当局斗争，指出给艺术馆新招人员发放公粮有利于抗日宣传，有利于充实抗日力量。由于这些民主人士在广西地方有较大影响力，加上道理充足，张伦、叶枝华等为代表的消极势力只得黯然退场。1944年10月30日，一支日军小分队从钟山县英家镇出发向昭平县走马乡百步梯进犯，昭平抗日自卫大队在西坪乡黄洞寨牛头岭伏击日军取得胜利。战斗结束后，"抗委"组织力量犒劳自卫队，欧阳予倩率艺术团往前线西坪街慰问演出。

在山城昭平，既听不到电台广播，又看不到报纸，还时不时有日军即将进攻昭平县城的消息散布，民众人心惶惶。为了帮助

▶ 黄姚迎秀街上的欧阳予倩寓所

大家了解局势，鼓舞斗志，疏散到昭平的民主人士合力办起了《广西日报》昭平版。经过精心准备，1944年11月1日，报纸与读者见面。欧阳予倩受邀出任报社社务委员会主任委员，成为报社的重要组织者。

由于日军逼近昭平县城，1944年12月下旬，欧阳予倩率艺术馆再从昭平县城疏散到黄姚镇，租用黄姚吴氏宗祠作为办公场地，欧阳予倩一家则租寓于黄姚古镇迎秀街居民覃显高家。欧阳予倩参与组织的《广西日报》（昭平版）报社亦从昭平转移到黄姚，为了筹措办报经费，欧阳予倩到八步拜访平乐公署专员李新俊，成功借得一笔款项，报纸得以继续出版。这份报纸编辑新颖，言论进步，市场份额不断扩大，日销数额高达3000份左右。《广西日报》（昭平版）一共正常发行210天，其所刊载的文章，特别是持续刊发的206篇态度鲜明的社论，在桂东南地区逐渐成为唤起人民团结抗日的战斗号角，被一些反动势力攻击为"莫斯科《真理报》桂东版"。

与欧阳予倩一起转移到黄姚的民主人士发现，当时的黄姚连一座初级中学都没有，孩子们小学毕业后要继续到中学深造，需要跋涉一百来里路去往昭平县城或八步镇。为解决青少年读书问题，民主人士发起了筹建黄姚中学的活动，欧阳予倩出任校董。没有办学经验，

就请八步临江中学校长李镇来做顾问，采取临江中学分校的模式，学校冠名"临江中学黄姚分校"。1945年4月1日，黄姚中学正式开学上课，欧阳予倩经常率领艺术馆馆员到中学传授戏剧表演技艺。

为了提高黄姚镇青年妇女文化水平，启迪她们的思想，1945年6月，欧阳予倩支持女儿欧阳敬如和艺术馆工作人员，联合黄姚中学教师开办妇女识字班。识字班是文化夜校性质的辅导机构，学员免费上学，教材以翻印小学教材为主，部分教材由教师自编。除了教授识字外，还设有唱歌、写字、珠算、讲道理等科目。由于办学有特色，学员一届比一届多。妇女识字班让黄姚青年妇女有了读书认字、接受新思想的机会。

疏散到黄姚古镇的科学家和文化人很多，他们经常需要利用图书馆。为了解决这一问题，欧阳予倩义不容辞地出任黄姚图书馆筹备会主任，亲自带领人员挑着竹箩沿街到各户捐书，共得1200多本，既有列宁、高尔基、托尔斯泰、歌德、普希金等世界名人著作译本，也有我国知名作家鲁迅、茅盾、巴金、郭沫若、艾思奇、邹韬奋等人的著作。

黄姚镇街民与新寨村村民因山林纠纷发生矛盾，准备械斗。欧阳予倩利用艺术馆演职人员在日常演出时与村民们建立的良好关系，深入百姓中间调解，劝说大家枪口一致对外，团结抗日！

民主进步人士进入黄姚后，抗日舞台演出推向了高潮。在学校、剧园、茶楼、矿场、圩镇、庙会，广西艺术馆和演艺团队四处举办话剧、新剧、京剧、桂剧等多种形式的舞台演出。1945年元旦，距艺术馆来黄姚不到一周时间，在欧阳予倩的带领下，艺术馆全体人员精心策划了一台元旦晚会。晚会上，欧阳予倩演出京剧《辕门射戟》，女儿欧阳敬如演出了《卢沟桥问答》《放下你的鞭子》《铁蹄下的歌女》等独唱节目。会上，还邀请观众一起高唱抗战歌曲《松花江上》。无论是办报纸、办学校、办图书馆、办识字班，还是搞演出，欧阳予倩在黄姚所主持的各类宣传活动无一不以抗日救亡为目的。他的努力不仅让人们获得高雅的艺术享受，也发出了"打倒日本侵略者！"的怒吼，唤醒了人们的抗日斗志，表达了抗战到底的决心。

贾平凹贺州采风

2019年11月20日至22日，第五届中国（贺州）新媒体群英会暨广西贺州长寿文化节在贺州市举办。受主办城市的邀请，时任中国作家协会副主席的贾平凹来到贺州参会，在"魅力之约"城市推介会上与现场嘉宾代表进行对话，为打造"生态贺州·长寿胜地"城市品牌、建设广西东融先行示范区献计献策。

会后，贾平凹还到贺州各地开展了创作采风活动。感慨于贺州美丽的山水、清新的环境、深厚的文化底蕴，贾平凹先生的散文创作灵感喷涌而出，不久即创作出《贺州见闻·蛙事》散文系列，在这个系列中，他用最朴实的语言介绍了对贺州的美好印象，也用最质朴的文风介绍了"长寿""油茶""酿菜""蛙警罐""诸神崇拜""黄腊石""黄姚古镇"等贺州特色民情风俗、特色物产和特色古镇古村。2020年5月，他又把他关于贺州见闻的散文系列集结成篇，发表在了《人民文学》刊物上，于是更多具有文化情结的人因为他的文章而对南岭明珠城市贺州心生向往，结缘贺州。

贾平凹《贺州见闻》原文

一

从桂林往贺州去，一路都是山。这山很奇怪，有断无续，散乱着全是些锥形，高倒不高，人却绝对上不去。山还能长成这样？想着是上天把一张耙翻过来的吧，满是耙齿。

据说这里曾经是山与海争斗之地，厮杀得乌烟瘴气，至今人们还习惯多吃姜蒜，而现在作为特产的黄腊石，可能也是那时凝固的血。后来，海要淹没山的时候，海气竭而死，山也只残存了峰头。

高速路就在这样的山中穿行，偶尔到一处了，山突然就躲闪开来，阔地上便有了楼房屋舍，少的就是村镇，多的则为县城了。而躲开的山远远蹲着，好像是栽了桩要围篱笆，也好像是狗在守护。

我还纠结着那场山与海的战争：多大的海呀就死了，水原来也是一粒一粒，水死成了沙子？！

二

贺州有许多古镇，我去了黄姚。黄姚是在一个山湾里，河流又在镇子中。水在曲处有桥，桥头桥尾有树。桥都很质朴，巨形的石板相互以石榫接连了平卧在水面，树却枝股向四面八方的空中张扬，且从根到梢挂满了菟丝女萝，在风里似乎还要飞起来。桥前树后都是人家，街巷便高低错落，弯转迂回，从任何一处进去也能游遍全镇，而走错一个岔口了，却是半天不得回来。

街巷里货栈店铺很多，门面都有小造型，或挂了幌旗，或吊上灯笼，布置了真花和假花，甚至一根麻绳拴了硬纸片儿就在门环上："只做你爱吃的味道"，"女人不可百日无糖"，"老地方今夜有梦"，"我有酒，你有故事吗？"老板或许是文艺青年，招揽着小情小调的顾客，觉得有些花哨和轻浮，想想这也是时代风尚，便浅浅地笑了。

但那挑着担子叫卖的油茶、用竹签扎着吃的菜酿，以及小摊上的山稔子、黄荆子、野百合、五指毛桃，使你知道这里的特产和特色。更有街巷里的黑石路，千人万人走过了，已经漆明油亮，傍晚时闪动着辉，它是一直在明示着镇子数百年的历史。

我在那里故意滑了一跤，用手去抚摸像

皮肤一样细腻的路面，我知道，路面也同时复印了我的身影。

三

在乡下人家院里，见墙边放着数个带孔的陶罐，陶罐里养着蛙，问其缘故，回答是：防贼的。先是不解，蓦地明白，拍手叫好。一般防贼都是养狗，狗多是在打盹，要是有贼，它就扑着叫，而蛙平常爱说话，贼一来，却噤声了。世上好多不祥事，总有人抗议，也总有人沉默，沉默或许更预警。

四

走潇贺古道，顺脚进了一个村子。村东头是座戏台，台柱上贴了张青龙神位的纸条，摆着个香炉，村西头有间屋楼，楼檐上贴了张白虎神位的纸条，也摆着个香炉。在村巷中转悠，怪石前有香炉，古树下有香炉，碾子、酒坊、石井、磨棚都有香炉。到一户人家里，上房、厢房、厦屋、后院到处敬的是菩萨、天师、财神、灶王，还有祖宗牌位，还有关公钟馗的画像，甚至那门上钉着个竹筒，里边插了香，在敬门神。我们一行人正感叹：诸神充满！就见一个老者走过来，面如重枣，白胡垂胸，但个头矮小，肚腹硕大，短短的两条胳膊架着前后晃动。我说：咦，这像不像土地爷？同行的人看了，都说像。

五

贺州人长寿，眼见过几十位都是百岁以上，考察他们的养生秘诀，好像并没有什么，只是说早晚喝油茶，顿顿有菜酿。

这油茶不是那种茶树籽榨出的油，也不是用炒面做成的茶羹。而是把老姜和大蒜切成碎末和茶叶搅和一起在鏊子里炒，炒出了香，就用小木槌捣砸，然后起火烧锅，还要捣砸，边添水边捣砸，不停地捣砸，直到汤汁煮沸，捞去渣滓，油茶就做好了。菜酿的酿原本是一种面皮包馅的蒸煎烹煮，但这里不产面粉，就豆腐、辣角、冬瓜、鸡皮、桃子、香蕉、猪肠、萝卜、兔耳、瓜花、茄子、豆芽、韭菜，没有啥不可包上肉馅、菇馅、花生馅来酿了。

我是喝第一口油茶时，觉得味怪怪的，喝过一碗，满口生香，浑身出汗，竟然上了瘾，在贺州的那些日子，早晚要喝两碗。菜酿也十分对胃口，吃饱了还再吃几个，每顿都鼓腹而歌。我说我回西安了也试着做油茶菜酿呀，陪我们的朋友说那不行的，这里曾经有人去了外地开专卖店，但都因味道变了失败而归。这或许是有这里气候的原因、水的原因、所产的食材的原因，或许也是天意吧，只肯让贺州人独受。

那么，我说，要长寿就只能以后多来贺州了。

贺州见闻

贾平凹

一、

从桂林往贺州去，一路都是山。这山很奇怪，有断天续，散乱着全是些锥形，子倒不子，人却绝对上不去。山咋都长成这样？猜着是上天把一捋耙翻过来扔的吧，满地了耙齿。

据说这里曾经是山与海争斗之地，厮杀得弥漫瘴气，至今人们还习惯多吃姜蒜，而现在作为特产的黄腊石，可能也是那时气氛的血。后来，海名淹没山的时候，海气强而死，山也只残存了峰尖。

高速路就在这样的山中穿行，偶尔到一处了，山突然就豁开来，闹地上便有了楼房屋舍，少而小已封锁，多了则为果城了。而豁开的山远远蹲着，好象是我了栅子围着它，也好象是守在守护。

我还纠结着那场山与海的战争：多大的海呀就

▲ 贾平凹《贺州见闻》手迹。原文载于《人民文学》2020年05期。

高士其深情作别黄姚

▶ 黄姚高士其塑像

高士其是我国近现代史上著名的生物学家、化学家、科普作家、诗人、教育家。他1925年毕业于清华大学,1927年获美国芝加哥大学化学学士学位,后在美国芝加哥大学医学研究院攻读细菌学博士期间,遭到脑炎病毒侵袭,从此终生病魔缠身。但他克服困难完成学业,于1930年获得博士学位。怀揣报国梦想,1931年,他毅然回国。在好友民主人士李公朴、中共党员《读书生活》副主编艾思奇的影响下,1938年到达延安,发起成立了延安的第一个科学技术团体"边区国防科学社"。1939年1月,加入中国共产党。在组织的关怀下,1939年4月,他由延安前往香港养病。1941年底,日军攻陷香港,在地下党的帮助下,高士其离开香港经广州转赴广西桂林继续养病。

1944年,日军即将侵占桂林,8、9月间,在共产党地下党员马宁和王斯夫妇的照顾下,高士其从桂林乘船沿漓江南下,疏散到昭平县城。舍舟登岸时,他被临时安排在关帝庙内住宿。从江岸到关帝庙要翻过一道高坡。在马宁夫妇的搀扶下,他艰难

◀ 黄姚安乐街38号高士其寓所

地挪动双脚，一步一拐地前进。但由于疏忽，忘了穿袜子，到达关帝庙时，他的脚后跟被他那双硬邦邦的旧皮鞋磨破，血淋淋一大片。没有调药用的凡士林，护士出身的王斯就向老乡讨了些茶油，调拌备好的鱼脂原膏，敷在他伤口上。第二日晨，马宁和王斯来到庙里看望高士其，发现他的脚跟已被老鼠咬得皮肉不存，血淋淋地露出了骨头。在场的同志都流下了眼泪，可是，高士其却艰难地笑着说："不要哭，感谢关帝庙的老鼠没有吃掉我的眼睛和双手，我还可以跟你们活得一样好，还照样可以工作！"

1944年11月，与昭平县城相邻的蒙山县、平乐县相继失陷于日军，为了确保安全，高士其只得再次疏散，由昭平县城转移到黄姚。这是一个很美的小镇，这里古亭、古桥、古井、古庙、古宅与石峰、溶洞、河溪、田园、修竹、茂林比邻而处，自然与人文完美结合，极有利于高士其养病。

从昭平县城到黄姚，一路都是崎岖山道，一路都是逃难的人群。本就重病在身的高士其经不起这样的颠簸，被轿夫抬到黄姚时，他已是奄奄一息。他的病容让许多人害怕，黄姚街民都不敢接纳他，一时之间他找不到寓所。黄姚乡公所的工作人员只好招集街民开会，介绍他的爱国事迹和科学成就，希望有人能为高士其提供住宿。了解了高士其的情况后，黄姚街民都争着把高士其往家里领，但最后还是住宿条件相对较好的罗家华领到了任务。罗家华

是黄姚街上一名普通的妇女，她心地善良，把高士其、马良、王斯等人带到家里后，她就与丈夫商量着把自家后院的小屋眷出，让给高士其住。这间小屋的对面是秀气的宝珠山，山下一弯小河潺潺淌过，景色宜人。面对窗外怡人风景读书、看报，逃难路上的愁苦不觉间就遗忘了许多。黄姚百姓十分热情，不时给高士其送些自产的玉米、红薯、芋头、鸡蛋等农家土产，还到处到山野间帮他采集中草药治病。在马宁夫妇的精心的护理下，在黄姚居民的热心关怀下，在黄姚清新环境的陶冶下，高士其的病逐渐有了好转。他不仅在《广西日报》昭平版先后发表了《奇妙的数》《美味的黄姚豆豉有霉菌的一份功劳》等科普作品，还积及参加

第十一章 文化雅事

黄姚图书馆的创建。当时，疏散到黄姚的人员很多，大家都想有一个文化休闲的地方打发空余时间，特别是聚集到黄姚的有志青年和黄姚中学的广大师生亦都迫切需求一座图书馆能帮助自己丰富智识，了解局势，拓宽视野。为了解决这一问题，疏散到黄姚的一批民主文化人士就联系当地的一些名绅，共同发起捐建图书馆的活动。为了报答黄姚百姓，高士其把自己一直珍藏的十几本外国名著译作全部捐了出来。

不知不觉，在黄姚已住了大半年，这些日子，高士其与黄姚百姓结下了深厚情谊。就在这时，传来了一个让人永远难忘的好消息——日本投降了！小镇黄姚也沸腾了！高士其在大家的搀扶下，迈着蹒跚的步子走进了欢庆的队伍。1945年9月1日，高先生要离开黄姚，大家依依不舍地为他送行。带着感激、带着感动，高先生动情地写下了满是离愁的作别诗《别了，黄姚！》。在这首诗里，他把黄姚比作是"避难时的保姆""患难中的朋友""乱世间的爱人"，道出了他对古镇黄姚的真挚感情。

高士其《别了，黄姚！》诗作

别了，黄姚！
别说我们住厌了旧村庄，
别说我们不喜欢小客堂，
在你温暖的怀抱里，
滴落了疏散人的真泪珠。

如今，抗战胜利，我们得回去。
别了，黄姚
——我们避难时的保姆！

别说我们走厌了石板路，
别说我们不喜欢迎秀街，
在你的鱼麟似的屋厅下，
收走了下江人的旧衣摊！
如今，和平成功，我们得回去。
别了，黄姚
——我们患难中的朋友！

别说我们看厌了真武山，
别说我们不喜欢小桥梁，
在你明媚的山水间，
响起了归途人的脚步声。
如今，时局稳定，我们都回去了。
别了，黄姚
——我们乱世间的爱人！

贺州元素邮票

2003年12月13日，中国邮政发行2003—26《东周青铜器》特种邮票，这套邮票共有8枚，其中第5枚《神兽尊》即1990年出土于贺县沙田镇龙中村（现属平桂区）的贺州市博物馆馆藏文物战国器物麒麟尊。这是贺州风物第一次出现在"国家名片"上。当日，在广西区博物馆举行了邮票首发仪式。邮票采用影雕套印,由北京邮票厂印刷,面值80分,邮票规格30×50毫米,发行量为950万枚,邮票设计者为王序,雕刻者为阎炳武。麒麟尊登上邮票,极大地提高了贺州文化的吸引力和影响力。

2016年5月19日,这一年的"中国旅游日",中国邮政发行2016—12《中国古镇(二)》特种邮票,这是中国古镇系列邮票的第二组。这套邮票共有6枚,其中第6枚为贺州黄姚古镇。邮票采用影雕套印,由北京邮票厂印刷,面值1.20元,邮票规格50×30毫米。邮票设计者为张鸿斌,雕刻者为郝欧。邮票图案选取的是黄姚古镇小珠江上的带龙桥。牧童牵着牛在桥上走过,凸显了古镇原生态的自然、秀美、和谐。

2018年10月17日,中国邮政发行《贺州长寿阁》普通邮资明信片1套1枚,明信片上的邮票图案为坐落在贺州市园博园的贺州长寿阁。这一天是农历九月初九重阳节,是中华民族传统的敬老节,这个特殊的日子在"世界长寿市"发行长寿阁邮票,蕴意深刻。明信片售价1元,邮票面值80分,发行量33.6万枚。明信片规格为148×100毫米,邮票规格为27×36毫米,由北京邮票厂印刷。邮票设计者为中国邮政集团有限公司南宁市分公司的何军先生。何军先生1992年毕业于广西艺术学院美术系油画专业,学士学位,之前曾在1996年设计过《经略台真武阁》特种邮票,是广西知名画家。贺州园博园、黄姚古镇、姑婆山、玉石林等景区启用《贺州长寿阁》邮票图明信片作为门票。《贺州长寿阁》邮资明信片的发行,有效助推了"生态贺州·长寿胜地"和"住几天管用"的城市品牌。

2019年7月12日,联合国邮局发布了全球第一套世界长寿市《联合国邮票:贺州百岁老人风采》邮票,10位贺州百岁老人登上联合国邮票,这10位百岁老人是八步区莲塘镇的钟兆炳(103岁)、昭平县走马镇的胡月英(女,116岁)、钟山县回龙镇的董茂瑞(104岁)、昭平县走马镇的雷文才(女,104岁)、八步区贺街镇的黄焕荣(105岁)、平桂区公会镇的谢群英(女,106岁)、昭平县仙回瑶族乡的李美仙(女,105岁)、八步区莲塘镇的莫妹仙(女,103岁)、平桂区沙田镇的黄执中(104岁)和富川瑶族自治县富阳镇的吴玉梅(女,109岁),富川瑶族自治县古城镇上田村106岁的杨才华和105岁的林玉琼这对百岁夫妻则作为这套联合国邮票的封面。这套邮票主票为联合国徽标,与10位百岁老人肖像的副票联体印制,每枚面值1.15美元,发行量为1000套。联合国邮票由联合国邮政管理处发行。联合国邮政管理处是世界上唯一既不是国家又没有领土却可以发行邮票的组织,也是世界上唯一以美元、瑞士法郎和欧元三种不同货币发行邮票的邮政当局。

第十一章 风情俗事

贺州地当潇贺古道，南来北往的移民不断在贺州迁入或者迁出，贺州民族和民俗文化非常丰富。迄今仍有汉、壮、瑶、苗4个民族在贺州建村立寨。这些民族由于迁出地不同，有着不同的文化母体和文化背景，因此又分出30多个具有不同文化特征的族群。多元灿烂的民族文化，丰富多彩的民族风情，以及中原文化、湘楚文化、岭南文化等多种地域文化在此交汇，使得贺州成为一座文化积淀深厚又个性鲜明的城市。

瑶族盘王节

瑶族盘王节是国家级非物质文化遗产保护项目。贺州瑶族，都把自己称为"盘王子孙"，所以均为盘瑶，习惯过盘王节。盘王节是瑶族人民纪念祖先的传统节日，十分隆重。

历史上，瑶族民间并没有"盘王节"之说，而是称为做堂、还盘王愿、跳盘王、朝踏等，这些活动没有统一的时间，大多数都在农历十月以后至二月开春之前。根据人丁兴旺、人畜康泰和经济条件等不同情况，间隔时间也不统一，有三五年过一次，也有七八年过一次，还有十几年过一次的。为了统一时间，1984年8月17日至20日，瑶族代表在南宁举行座谈会，确定以每年农历十月十六日为全国瑶族盘王节时间。富川瑶族自治县在《自治条例》中也作了完全相同的规定。

▲ 盘王节上大型巡游活动

盘王节在瑶族民间常以一家一户进行,根据姓氏不同,历时也不同,短的一天一夜,长的七天七夜,大多为三天三夜。期间,要演唱《盘王歌》和跳长鼓舞。

盘王节也可以联户或聚族进行。集体举办的盘王节由于人力、物力相对雄厚,节日多为三天三夜,也有的长达七天七夜。

盘王节的最大活动是还愿祭神。相传,瑶族先民原住南京会稽山十宝殿,因兵荒马乱,又遇旱灾,被迫迁徙。途中渡海遇到大风大浪,十二姓瑶人中有几姓翻了船。恐惧中,人们便在船头叩请盘王派五旗兵马保护,并许愿承诺,如平安到岸,将不忘祭祖还愿。风浪果然停止,瑶族同胞平安渡海。从此以后,瑶族每迁到一处地方,有条件的都会建造盘王庙,举办还盘王愿活动。

现在,贺州瑶族同胞仍向盘王许愿,祈求盘王保佑子孙人丁兴旺、五谷丰登。一旦愿望实现,为答谢盘王,就一定要择时举办还愿活动。

钟山县平地瑶称还愿为"朝踏"。20年一小朝踏,24年一大朝踏。小朝踏由全村集体举行。同村每房至少派一名代表共12人组成理事会,由理事会请来2名道师和公选的2到3名头人一起主持仪式。主事人皆穿白色内长袍1件,蓝色外长袍1件,用白带扎腰,头围1块花布毛巾,其中1人扮姑母,其余人扮姑子,由姑母领唱,姑子合唱,连唱带舞,共3天。大朝踏理事会24人,包括头人、道公、师公的12人不打长鼓而打排板。活动共3天,其间全村人每天都要聚餐。

土瑶把还愿称为做功德。过山瑶把还愿活动称为还愿王愿。过山瑶还盘王愿活动名目繁多,还愿仪式复杂,分集体举办和家庭举办两大类。

家庭举办还愿活动又叫"勾各良愿",意为勾销所许之愿,又分小愿和大愿。还小愿历时一天一夜,只请1名师公和1名厨娘。还大愿多为3天3夜,请3名师公、3名漂(又称三姓邓郎,共3名男子)、3名细(又称三姓邓娘,共3名童女)、1名唱歌妈(歌娘)、1名厨娘。其程序是先请师公择好吉日,再请师公布设愿堂。家庭举办的祭盘王活动,都要由师公、唱歌妈、漂共同演唱《盘王歌》,由漂跳长鼓舞。还大愿还要由师公演唱《流乐歌》。《盘王歌》叙述了开天辟地等神话传说、瑶族历史、瑶族生产生活情况,其中还夹杂着不少婚姻爱情故事。

集体还愿活动属于大祭活动,要唱《盘王歌》,跳长鼓舞,听师公唱述盘王来历,赞美他的功德,讲述瑶族迁徙历史,教育后代不忘祖根。

黄姚鱼龙灯

每年正月初二晚,沿袭世代相传的习俗,黄姚古镇都要举办灯会欢庆新年。与众不同的是,黄姚灯会上的花灯都做成鱼状、龙状,故而也称鱼龙灯节。还在白天,大小各一、颜色夺目的瑞狮就已经在古镇中走街串巷,为灯节拉开序幕。

傍晚,一道道绚丽的礼花在空中绽放,宣告灯会正式开始。一队队鱼龙灯从不同的街巷鱼贯而出,绕古镇巡游一周。灯队中,八音师吹着唢呐,敲着锣鼓率先而行。青壮年男子抡动结实的臂膀,舞动长龙紧随其后。小朋友、大姑娘、老太太、老大爷举着各式各样的灯笼、撑着彩旗跟随长龙次第而行。灯笼上或写着趣意盎然的对联和"国泰民安""风调雨顺""吉祥如意"等祈福语,或画着花草树木、飞鸟虫鱼等精美图案。而间行在众多龙队中的女子舞龙队更是英姿飒爽,引人注目。16位舞龙队员清一色是女子,她们或阔步前行,或腰肢蔓扭。女队的龙舞不仅有男队的阳刚,更有女儿的娇媚。

龙灯之后,花车随即出场。每辆花车上均载着扮演金童玉女的少男少女。花车后是扮饰队,一般由4人组成,多扮成文武官员,也有扮演戏剧故事、历史故事和小说人物的。其中扮演《西游记》的花车尤其受人欢迎。4名演员分别饰演唐僧师徒四人。猪八戒的憨厚,孙悟空的调皮,常常让人捧腹。

走在最后的是鱼灯。鱼灯都做成龙宫中各色人物的模样,有龙王、龟相、蚌精和虾兵

鳖将，还有当年的吉祥生肖。鱼灯队由样子像鳄鱼的"鱼王"领头，带领着百余条鱼虾龟鳖尾尾而行，酷似水中游动的鱼群。

游街结束后，所有灯队还要聚集到古镇东北角的钱兴广场，表演"提灯会"。这时，人灯汇聚，有如千军万马，声势更加浩大。广场东南角上的古戏台上，当地传统曲艺《板凳龙》《龟蚌舞》和彩调剧轮番上演，好戏连台。广场的地坪上，各个灯队不停地向人们展示灯上的巧联、花车的彩饰、提灯的精致、狮舞的矫健、龙舞的粗犷……人们歌颂太平盛世，国富民安。人们祝愿来年风调雨顺、五谷丰登。

鱼龙灯舞历史悠久，宋代词人辛弃疾在《青玉案·元夕》中就有"玉壶光转，一夜鱼龙舞"的句子。说明至迟在宋代，鱼龙灯就已经兴盛全国。鱼龙灯最初起源于闽浙沿海，民间关于它的来历有两种说法。一说是民族英雄戚继光为诱敌，扫平倭寇，鼓励群众扎舞"鱼龙灯"，制造欢庆的假象麻痹敌人；二说是沿海渔民塑造捕获物形象游行，以此祈求鱼虾满仓，体现对丰收的企盼。明末清初，一些沿海居民为了开拓事业，沿着珠江而上，进入姚江定居，修建了黄姚古镇，就把鱼龙灯舞习俗带进了黄姚。

如今，鱼龙灯不仅成为古镇居民的吉祥灯，还成为古镇的财富灯，因为特色浓郁，每年吸引众多游客前来旅游观赏。

富阳炸龙节

富川瑶族自治县县城俗称富阳街，创始于明洪武二十九年（1396年），至今已有600多年的历史。这里地处湘桂交界，又是瑶汉两族和睦共处地区，多元文化的交融使得富阳街正月炸龙颇具地域和民族特色。

龙是吉祥化身，尽管舞龙民俗流行全国，但炸龙活动却鲜见于富川之外其他地方的年俗活动。富阳古城内共有五条老街，

◀ 黄姚鱼龙灯

每条老街的中心都建有一座神楼,神楼是本街居民祈福纳吉的地方。每一座神楼里都存放有一组龙灯,每当春节,街坊们就将龙灯从神楼里取出表演,以此欢庆节日,祝福风调雨顺,祈佑吉祥平安。

从正月初十到正月十四,每天晚宴之后,人们都要舞龙。但这期间,舞龙队只在本街和一些小巷内逐户登门祈拜。龙队每到一户人家,主人都燃放鞭炮欢迎。

一支舞龙队大的约三四十人,小的则只有20多人。龙身有许多节,因单数也称奇数,与"吉祥"的"吉"字谐音,龙身节数一般为单数,有九、十一、十三、十五节不等。

▲ 富川瑶族自治县炸龙

▶ 富川瑶族自治县古明城内,春节时每条街的神楼都会安置许多花灯,成会人们欣赏灯艺的地方。

九节龙为短龙,常见的短龙舞有"龙头穿花""腾云驾雾""龙摆尾"和"蛇蜕皮"等花样。十一节以上的为长龙,舞长龙除要表演常见的蛟龙动作之外,还要表演"插花""摆字"等难度大、技艺要求高的动作。长龙所摆之字都是诸如"喜""福""太平盛世""吉祥如意"等吉祥喜庆的词句。

正月十五晚上,舞龙活动达到高潮。这天晚上,所有街道的龙队都向县城中心凤凰街集中会龙,也称"斗龙"。就是两条或多条龙斗艺竞技,比谁摆的字笔画多、难度大、寓意好,比谁模仿龙的动作更生动传神。总之,哪条龙更受欢迎,观众就会朝它扔更多的炮仗。

富阳民间还有传说:在会龙时,哪条街道的龙队舞的时间长,哪条街道来年就会有好运。为了让其他街的龙灯尽先退场,每条街道的居民都会尽己之力购买尽可能多的鞭炮,炸要其他街的龙灯。但舞龙人一定咬牙坚持,就是不退,以便本队龙灯坚持到最后。如此,炸龙人与舞龙队间的互相攻防就为整个会龙活动推出一波接一波的精彩。

活动一直持续到子夜时分。这时,回家吃元宵全家团圆的时候到了。龙队在向人们作完最后一次鞠躬与跪拜后,全部的欢庆活动就在告别和祝福声中戛然而止。此刻起,富川瑶乡新的一年就真的开始了。

浮山歌节

浮山每年有两个节日，其中农历四月二十六日为炮节，历史上，这一天要抢花炮、唱大戏。农历五月十九日为歌节，这一天要对歌。20世纪80年代后，浮山两个节日的主要活动都变成了唱歌，所以，浮山的两个节日现在都称为歌节。

浮山位于八步区贺街镇大鸭村，是贺江和临江交汇处的孤岛，它四面环水好似浮在江中，故称"浮山"。它的山形有如一颗巨大的印玺，故而又名"玉印山"。

相传唐朝贺州第一位秀才陈秀才曾将科举经文改编为歌词，融入当地广为传唱的"哩罗嘿"山歌唱腔中，四处传歌，用这个办法来推广文化。可惜，一次外出传歌时，渡船在浮山附近沉没，陈秀才溺水身亡，献出了生命。后来，随着越来越多的贺州子弟科举中榜，考上了秀才、举人和进士，贺州百姓就越发感念陈秀才传歌的功德。于是自发捐资在浮山上建庙纪念陈秀才。并商定，每年在陈秀才的出生日即农历四月二十六和去世日即农历五月十九举办庙会祭祀。庙会上，最重要的活动就是唱响陈秀才传下来的"哩罗嘿"山歌。由于这种山歌主要在浮山庙会上传唱，此后，这种山歌也称为"浮山歌"。现在的浮山歌中，唱词不固定，由歌手现场编撰。但唱腔格式固定，过门仍然要反复哼唱"哩罗嘿"三字。为了纪念李靖与陈秀才两人的友谊，在每一届浮山庙会中，百姓还要把安置在浮山上的陈秀才塑像抬到安置李靖塑像的贺街北府祠内，让两人同住一宿，以"叙"生前情谊。

浮山上庙宇的最早名称现已失传。从南宋初年开始到明崇祯年间，它一直被称为"忠佑庙"。而且，忠佑庙这个得名还与岳飞有关。相传南宋绍兴二年（1132年），岳飞率兵到贺州平定流匪曹成。岳家军只有兵士8000人，而曹成却有10万匪众。兵员悬殊，要打败曹成并不容易。好在曹成匪部多是些乌合之众，从接战开始，岳家军连接取得了好几场胜利。但这些小胜并不能动摇曹匪的根基。当岳飞军攻下贺州城时，曹成率部退守到易守难攻的八步区桂岭镇设营，并在沿途险峻处设立据点阻击岳家军。为了彻底击溃曹成军，岳飞把部队驻扎在贺州城外，然后四处察看地形，筹划破敌之策。无意之中来到了浮山，并在这里形成了计策。他决定以马队冲击的办法快速出击，争取战场主动。同时他还采取了分化敌方力量的办法，即对土匪头目严厉打击，对被胁迫为匪的一般群众则宽大处理。由于谋划得当，曹成所部各支力量全被击垮，曹成本人也成了俘虏。岳飞认为自己之所以能够做出这样的决定，完全是浮山陈王祠里的陈秀才在冥冥之中给了他灵感。于是他上书朝廷向皇帝报告了这件事。宋高宗接报后便亲赐浮山陈王祠为"忠佑庙"。被封为忠佑庙后，浮山在整个岭南地区都获得了较高的影响力，拥有大批信众。为笼络岭南民心，此后历代不断有皇帝对浮山陈秀

▼ 浮山歌节对歌现场

才神像进行追封：宋宁宗嘉泰元年（1201年）封陈秀才为"显应侯"。宋理宗淳祐二年（1242年）封他为"显应广惠侯"。淳祐五年（1245年）封为"显应灵济侯"。明武宗正德十三年（1518年），赐谕祭文，敕有司春秋专祭。崇祯十六年（1643年）又被明思宗追封为"显应惠灵王"。王比侯的级别要高，从此浮山上的忠佑庙就改名为陈王祠。清朝咸丰庚申年（1860年），陈秀才再被敕封为护佑伯神灵惠王。

对陈秀才交结李靖招抚岭南和岳飞在浮山上获得破匪计谋的事情，民国六年（1917年）贺县县令郭宗潘还特别撰写了一副对联："声灵赫赫寇兵十万破曹成，人海茫茫知己一生惟李靖"。

抗战时期，李济深曾到贺州筹建桂东抗日游击队，期间他参观了浮山，深为浮山那种中流砥柱的气概所感染，不禁慨而赋诗："临江贺水去悠悠，却有浮山水面浮。历尽洪波千万劫，依然砥柱障中流。"

陈秀才用传歌的形式来实现自己教书育人的梦想，并为此献出了生命，受到人们的万世景仰，自然也就成了人们心中的歌王。迄今，陈秀才仍然受到以贺州为中心的桂粤湘三省交界处百姓的推崇。或许是被陈秀才的事迹所感动，或许是想品味浮山山歌那来自大唐盛世的远古腔声，又或许仅仅是想到歌节上凑凑热闹，每年浮山歌节时，广西的八步、平桂、钟山、富川，湖南的江永、江华、道县，广东的连山、连南、连州、封开、怀集等县区的客家人、瑶族人、壮族人、苗族人、汉族人，不分老少，不分地域，不分民族，少则几万，多则十几万，都会自发来到浮山对歌，纪念他们的歌王。

历史上，浮山对歌所用曲调都是陈秀才传下来的浮山歌。现在不同了，不同地域、不同民族的人会带来本地本族的特有山歌唱调，使得浮山歌节的歌腔变得异常丰富。除浮山歌之外，还有本地人的"连山调"、客家人的"叮咚叮"、瑶族的"拉发腔"等。

浮山东南面的沙滩上最方便人群聚集。歌节时，歌者大都集中在这里对唱。对歌时，根据话题的不同，人们会自由组合，围成一个个大小不同的对唱圈子。有人唱婆媳关系，有人唱子女成长，也有人唱去年的收成和新年的盼望……唱到中途，如果对话题不感兴趣，也可退出现在的圈子，到其他圈子里去转悠，并加入自己喜欢的歌圈中接着唱。站在浮山上往下望，可以看见这些歌圈大大小小有好几百个，煞是壮观。

人们唱得很投入，一旦歌圈结定，话题打开，歌者便如痴如醉，即使是头顶烈日，或者是突遭暴雨，人们仍然会在光秃的河滩上，在蒸气熏人的田埂旁，或坐或立，忘情歌唱。

▶ 信都龙舟节上的赛龙舟

信都龙舟节

每年端午节前后，八步区南部信都盆地的铺门、信都、仁义三个乡镇的贺江沿岸村寨都会举办龙舟节。节日从农历五月初一开始，至初六结束，一共6天。

赛龙船和结龙船亲是节日的两项主要活动。节前，各村长老先要组成议事会，商量行动计划，列出6天内的各项行程。各村的龙舟队需提前训练，并对龙舟进行修理以确保安全，还要重新装扮龙船外观，营造节日气氛。每只船上的参赛队员限设23人，其中舵手、锣手、鼓手各1人，划船手20人。舵手由谙熟水性和河道的人担任，任务是引导龙舟在规定的区域内从最便捷的航道上通行。锣手和鼓手是指挥者，他们要以锣声鼓点的节奏去指挥划船手通

力合作。划船手必须听从锣鼓的指挥，步调一致，同时发力划船，同时回力收桨。

五月初一，龙舟节正式开始。从最南边的铺门镇扶隆村到最北端的信都镇平龙村，贺江两岸数十公里的码头渡口均用新砍下来的树枝扎建一座大门，称为"扎青门"，门内供有东海龙王神位。凡龙舟队员下水登船或泊舟上岸，均要先到门内祭拜龙王。龙舟队首先集中在铺门镇与广东封开县交界的八步区扶隆圩贺江江面上起伐，然后上溯游江。在溯游

的日子里，龙舟队每到一处村庄的埠头渡口，均在江面上奋力划游数圈，向村里的父老乡亲致敬，之后泊岸入村吃饭。招待筵席由村民提供，席设于村内统一场地上。村民各户所设宴席数量根据各户经济实力来设定，村里不作硬性规定，富裕者一般一户设二三席，经济条件欠缺者则一户一席，也有几户共设一席的。所设筵席较为丰盛，除肉菜外，还有两大碗酒和四碗粽粑。由于龙舟游江距离长达数十里，当龙舟队在下游划游时，上游参赛选手们回家有困难。龙舟队到上游时，下游选手们回家亦是不易。于是两地村庄便互结"龙船亲"。结了龙船亲的两个村庄情同手足，每当龙船兄弟入村做客，主村的人们会以八音乐队迎接留宿一夜，招待两餐，第二天离村登舟时主村又以八音奏乐欢送。龙船亲一旦结定，结亲的两村倘有一村遭灾，另一村就会慷慨解囊，真正做到风雨同舟，患难与共。

经过4天的溯游，龙舟队完成了对铺门、仁义和信都3个乡镇贺江沿岸所有村庄的巡游。初五，龙舟队休息一天。

初六的龙舟赛最为隆重。赛前，所有龙舟队都要先集中到信都街上的妈祖庙。人们卸下龙船上的龙头和龙尾，将它们摆放在妈祖像前，向妈祖祈求顺利平安，祈求夺冠成功。之后，参赛队员们为赛船的龙头系上红绸、点上眼睛。礼毕，将龙头和龙尾重新安装到赛船上。

竞赛正式开始。水上赛道分东西两条，起点是妈祖庙前，终点是信都圩。两条龙舟为一组，每条参赛船用抽签的办法选出水道。采用循环赛制，赛船逆水而上到达终点，折返至出发地后互换赛道，逆水再赛一次，完成一次赛程。累计在两条赛道上的全部时间为总成绩，用时短者胜出。小组赛胜出者要进行复赛。复赛胜出者才能进入决赛，最后决出冠军。

比赛时，船头上摆着一面大鼓，船后是一面铜锣，锣鼓手们高举锣槌鼓棒，奋力擂击。划船手们则应着锣鼓的节奏，整齐地高喊着号子，挥动桨板，划向目标。这时，贺江两岸，彩旗招展，观者如云。江面上，桨叶翻飞；江岸边，掌声雷动。龙船上的锣鼓声和岸上"啦啦队"的喝彩声此起彼伏，场面热闹而壮观。

坐歌堂

所谓坐歌堂，就是选择一个场地，大家围坐着对唱山歌，也称摆歌堂、歌堂对歌。贺州民间无论哪个民族都喜欢唱歌，每到秋冬农闲季节、逢年过节、办喜事，或有客人入村时，人们都要坐歌堂。但由于文化背景各有不同，汉族、瑶族和壮族的坐歌堂无论形式上还是内容上又各有不同。

瑶族坐歌堂

贺州的平桂区有土瑶、小尖头瑶、包帕瑶3个小支系；八步区有东山瑶、西山瑶、开山瑶、天堂瑶等4个小支系；昭平县有仙回瑶、包帕瑶2个小支系；钟山县有红头瑶1个支系；富川县有高山瑶、平地瑶2个支系。这些小支系尽管服饰各不相同，但普遍喜欢摆歌堂，尤以富川为盛。瑶家歌堂主要用于招呼客人和给新娘送行。

瑶家招呼客人的歌堂一旦发起，往往通宵达旦，先后经过"起歌堂""门前歌""请仙出""起深牌""奉烟茶""随便唱"（也称"上路歌"）"洗脸歌""收歌堂""送行歌"等程序。

起歌堂是由主方（发出邀请对歌的一方）在房屋外坪地上或屋内客厅里烧一堆火，主方歌手及其陪伴的男女青年围火堂而坐，由主歌手和陪伴者用"啦发"调开唱。一般是两个人以和声二部唱，唱多少首没有具体规定，由各歌手根据自己的歌兴自由发挥。

请仙出（请客来）是起歌堂之后，主方歌手及陪伴人到客人所住的主人家门前邀请客人出来对歌。歌堂对歌往往不在客

▼ 昭平县仙回瑶族乡瑶族群众坐歌堂

人所住的主人住所举行,客人与邀请方对歌之前,客人的家主便起到缀和这场对歌的桥梁作用。所以,请仙出时,歌词中便有请客人家主协助请客人来歌堂对歌的内容。之后,受邀客人的家主人会出来唱歌,告知邀请方客人是否接受邀请。邀请方的歌手接着唱请客歌。有时,即便家主"架了桥",客人仍然请不出,主方歌手们便到客人住的门外以歌请客,直到把客人请出为止。

门前歌是外村来的客人在大家的盛情邀请下,由家主陪伴(男客由男主作陪,女客由女主作陪),到大门口答歌。唱门前歌时,客方唱一首,主方答一首,客人唱的是表客气的歌词,主方唱的则是盛赞客人的歌词,直到客人觉得盛情难却,步入歌堂围火而坐。

起深牌是进入正式对歌的第一步。唱时不用"啦发"曲调唱,而是用"深牌"曲调,其词与词之间"啦"的声调较长,每一句都有"深哪牌"长声曲调出现。"深牌"歌不多,一般10多首,主歌手先唱,客歌手答歌,并用反问的语句接唱,转由主歌手答歌。

奉烟茶就是给客人奉茶献烟。有的地方把奉烟茶这个仪程放在起深牌之前,唱完"深牌"歌,接着唱上路歌;有的地方则在起"深牌"后才请客人正式入座,然后奉茶献烟。奉茶献烟要唱烟茶歌,其内容也很丰富,多以谦虚和赞颂的口吻来对唱。

主歌手或陪伴人奉茶到客人面前时,先唱奉茶歌,客人为表谦逊,不立即受茶,同样以歌响应。你唱一首,我答一首,往往喝一杯茶,抽一筒烟要几十分钟或一两个小时。唱完烟茶歌之后,休息一会,便正式坐堂对歌。歌堂对歌内容主要有:族源及历史变迁,如盘王身世等方面的内容;历史故事,如《梁山伯与祝英台》《伏羲姐妹》等;各类苦情歌,如《孤凄歌》《乞丐歌》等反映瑶族迁徙艰难困苦、生活奔波;情歌,如《相思歌》,用来表达相思之情;神话浪漫歌,如《游四海游天堂》,四海龙殿和天堂仙境是美好的,男女结伴同游更是快乐,浪漫气息浓烈。对歌内容可以广泛到歌手知识的方方面面,所以说歌堂对歌也是在比试歌手的聪明才智。

洗脸歌是主方端水给客人洗脸时唱的歌。对歌至天亮时,主方会邀请客人洗脸。这时,对歌仍未停止,双方间仍有一番"斗唱"。主方在端来的洗脸水中事先放有耳环、银扣、银毫之类的物品,用毛巾捂盖,并唱歌问对方水中是什么。客方要以歌答出,如答不出就不能揭开盆子里的毛巾,有时往往弄到中午才能洗脸。

收歌堂就是结束歌堂所唱之歌,这个程序一定要开展。因为相传,一对青年男女对歌,唱了三天三夜不分胜负,最后不欢而散,各自回家后,七七四十九天耳朵还嗡嗡响,常常听到对方歌声,那是由于不收歌堂所致。

坐堂对歌结束,客人以歌告别,主方歌手以歌相送,先唱拦路的《留客歌》。留不住客人,则陪客人一边走一边唱《相送歌》,直至送到最后还依依不舍。

给新娘送行的歌堂仅见于富川瑶族自治县平地瑶。家有姑娘将嫁，嫁前一个月，附近村寨的男女青年每晚都来"陪行娘"。实际就是来新娘家唱歌。男伴来陪，主要是唱歌。女伴来陪，除唱歌外，还帮新娘做嫁妆。男青年进门前先唱赞歌赞美新娘家的住房，进门后唱礼信歌接奉烟，抽完烟唱烟歌谢主人盛情接待。接着唱歌赞美新娘家的油茶，然后再唱抒情歌。男青年辞别时，女青年还要唱歌送行。新娘出门之日，女方家再摆歌堂，先由新娘和伴娘唱哭歌，然后小伙子们唱酒筵歌和谢主歌。新娘喜筵，酒席上还要唱歌。

汉族歌堂

贺州汉族地区摆歌堂习俗仅见于八步区步头镇的本地人族群，这支族群使用俗称"本地话"的古粤语方言。他们的唱腔和歌堂仪程与瑶族歌堂对歌有很大差异。

本地人的歌堂对歌也是入夜进行，通宵达旦，其程序共33段。本地人对歌，歌词即兴发挥的极少，基本上需要对着歌本"照本宣科"，但整个歌本长达1500行，歌手必须熟记歌词。每逢村里的传统节日或喜庆之日，会有宾客前来，如果宾客中有女歌手，信息会很快传到邻近各个村庄。夜里，闻讯的各位男歌手便会相约结伴到女歌手的住家对歌。男歌手们坐堂屋中厅，不生火；女歌手们则坐在房里。隔墙对歌，只闻其声，不见其人，直至凌晨吃早饭前才互相照面。

由于男歌手们是结伴出门对歌，因此各结伴而行的男队便先唱"齐伴唱"。"齐伴唱"共7首20句，唱完之后，大家即结伴出门，然后一边走一边唱4首16句"来路唱"。进入女歌手住家所在村寨前，要唱80行"入寨唱"。走进村中巷道时，再唱40行"入巷唱"。然后，缓缓行至女歌手所住的家主大门外。大门紧闭，男歌手们便唱请求进屋对歌的歌，直到家主征得女客同意，开门燃放鞭炮迎接，男歌手们唱"入门唱""入屋唱"，从大门唱至堂屋，短短距离，所唱歌词长达136行。在堂屋就座，还得唱4句1首共8首的"坐位唱"；主人向男歌手敬茶，歌手们要唱"谢茶歌"3首12句，表达谢意；之后唱"方位唱"；接下来唱"赤帝原来居在南""白帝原来居在西""黑帝原来居北边""黄帝原来居在中"等唱段。从"齐伴唱"到"方位唱"共346行歌词，全是按歌本依葫芦画瓢。接下来还有一段咏叹调"叹屋唱"，共8叹44行。之后是24行"书字歌"。"书字歌"是唱《论语》的。"懒散古"则是散唱天南海北各种古事，有历史人物唐宗宋祖，也有传说人物董永、王祥，更有历史故事、神话传说，如李广射箭、八仙过海、山伯英台等，不一而足。

对歌进行到此，还一直只是男歌手"自我表现"的自唱。深坐于房内的女歌手则只静听男歌手们背唱歌本是否流利，有没有错漏，以便对男歌手的"水平"心中有数，对歌时能从容应对。

接下来，男歌手唱"请妹唱""劝妹唱"；在一请二劝中，女歌手终于"开金口"应对，唱"鸡啼唱"。男歌手闻歌，自是高兴，于是唱"闻妹唱"；在"请妹出""要妹出"的歌声中，主家的酒菜宴席也张罗在厅上摆开，男歌手们唱"要妹陪唱"。女歌手款步出房，到堂上唱"女来啰"；女歌手唱完"初出初""初出厅""初出街"等唱段后，进入"问来路"，由女歌手向男歌手发问。一问一答，双方要交锋十来个回合。堂上酒席摆就，男歌手唱"吃朝唱"，歌词有长有短，有80余行的，也有20多行的，内容基本是多谢主家款待的礼仪，还间唱"酒饼歌"。席间，女歌手也唱"吃朝唱"，但唱的是对男歌手敬酒菜的调笑。

此后，进入对歌高潮。从"入门书"到"入厅书"再到"博问唱"，都是女问男答。一问一答对歌毕，男女歌手要互唱表客气的"男歌羡""女歌羡"，夸奖对方的歌才和聪明。此外，双方也有唱咒歌的，称"男歌咒""女歌咒"，自然少不了戏谑、讥讽之言。一般歌到此时，天也大亮，该辞别了，男歌手便开唱"要妹送"，女歌手知道是瞎咋呼，便唱"不送弟"；虽口中说是"不送"，实则已同男歌手步出了主家门，然后男女同唱《十送贤兄（妹）歌》。

边送边唱，虽说情深依依，但终有一别。于是分别唱《男辞别歌》《女辞别歌》，两种辞歌各长达100多行。辞别讲究一唱一和。辞别后，双方各走东西，对歌也就结束了。

南乡壮族对歌

八步区南乡镇壮族的对歌活动只在正月十五的夜里"耍年宵"时进行。歌场相沿成习固定在隔河或隔田洞的一处地方，双方对歌，只闻其声，不辨其人。每天戌时，夜幕垂落，便由主方在歌场生起火堆，主方歌手在己方的小凳上围火而坐，唱"闲谈歌"等对手到来。

客方赴歌场，一路歌声不断，谓之"唱来路"。进入歌场，

▶ 南乡壮族对歌

为通报信息，歌声顿时变得洪亮，其歌如："歌王到，歌王到此地皮惊。老虎摆牙羊摆角，试比功夫哪个深；悠鸳鸯，试比功夫哪个强。"主方闻此"不可一世"的歌声，即针锋相对地回敬："唱就唱，平地起风吹就吹，县府当兵不怕进衙门，不怕泥巴作铁棍。悠思情，哪里歌王敢应承？"双方剑拔弩张、唇枪舌剑，斗歌高潮似乎眨眼便会出现。实则不然，这只不过是序幕中撞击的火花，按习惯程式，紧张气氛会如退潮般急转直下，霎时间变得风平浪静。对歌要通宵达旦，会影响附近村里人的休息，于是得唱"安寨"和"安老人"的歌。双方对歌，意在取胜，因此，各方都请四五个男女老歌手当师傅压阵，为表敬意，还要唱"请歌师歌娘"的歌。新年伊始，祝大吉大利，拜年是规矩，新春对歌当然也要互相拜年，"恭贺新禧"，因此更有不能忘记的"贺年歌"。上述程式进行完毕，双方得互通姓名，有"问姓名"和"问来路"唱段。发问来自主方，被问的客方一般答之以虚，不以真实姓名相告。至此，也还只是整个对歌活动的序曲，前面所唱的歌也只是铺垫。

对歌的高潮是猜谜，以猜字为主，兼猜地名、人名、历史故事、地方掌故、动植物名字、生产工具和生活用品，等等。倘若猜中，出谜的一方要以歌称赞。如答不上，问方即唱歌催促快点回答。久猜不中，猜方也可用歌声请对方揭开谜底。倘若对方不肯开谜底，则以歌讥讽谜面出得不当，以激将法激对方揭开谜底。斗歌进入高潮，歌声此起彼伏，围观者喝彩，很是热闹。

南乡壮族民歌的格式有五言四句式、七言四句式，更多的则是长短句结合。在对歌中，歌手们常以单句式谜面发问，如"千人逃入幽燕地"（谜底"乘"），"三个大人骑太阳"（谜底"春"）等；但单句式发问，必以固定的唱辞凑成一首歌，如"春"的谜面："借问弟，妹今借问杂字谜，三个大人骑太阳为乜字？当场破出众人知。"除以单句式出谜面外，也有以七言四句式为谜面的，如谜底为"八"，谜面就为"一对乌鸦共队飞，一只飞高一只低，一年来回见一次，一月不觉见三回。"不论以单句还是复句发问，歌手们往往以固定的歌词，将整首歌处理成词式歌。

一般而言，南乡民歌词式较多，句数不拘，较为自由，为便于转韵，往往使用"悠相思""悠车香""悠娇娥""悠得龙""猜又猜"之类的衬词。其唱法分"大唱"和"小唱"两种，对歌双方可以自由选用。大唱声调拉得长，声音洪亮，一般由两人或多人唱，以便换气时不断声；小唱歌词内容和句法句数不太讲究，想停即停，比较自由。对歌猜谜，雅俗兼有，不乏构思巧妙、质量较高的谜面。如谜底"徽"字的谜面："待月西厢寺半开，张生普救去求东，崔莺失却佳期会，只恨红娘不用功。"再如"雷"字的谜面："旱田苗弱盼天水，贱娇无夫盼郎君，如若情兄施恩爱，旱田头上有甘霖。"

在对歌中，答方亦可转成发问，但先得有"转换唱"，要求由答转成问，若对方同意，即唱："换就换……"不同意则唱"定不换……"非常奇怪的是，南乡壮族歌堂对歌时并不使用壮话，而是使用隔壁大宁镇的汉族方言"大宁话"。

对歌至天晓暂停，入夜继续对唱，一般是延续到正月十五罢歌。罢歌要唱"罢歌场"。之后是双方分别，唱"相送歌"。由于是隔河对歌，唱"相送歌"不是边走边送边唱，而是诙谐打趣，引人发笑。

瑶族信歌

贺州瑶族有一种特殊的歌，瑶语叫"寄歌"，意思是寄去或寄回来的歌。它以歌代信，所以又称为"信歌"，是瑶族民歌独具特色的一种艺术形式。往往一首信歌就是一首叙事长诗，而一首情寄歌则是一首爱情抒情诗。

迄今贺州所收集到的最早信歌是《交趾歌》，因为是在平桂区大平瑶族乡威竹村平安寨发现的，也称《平安信歌》。这首歌在平桂区的大平瑶族乡、水口镇、公会镇，八步区的仁义镇、步头镇，昭平县的富罗镇，苍梧县的六堡镇等瑶区广泛流传，上了年纪的老人几乎都会传唱，不少人家里还保存有手抄本。这首长歌一共220行，是一首完整的叙事歌。

这首信歌开头唱道："大朝年间己卯岁，交趾四月寄歌归。十六元朝桂财造，传报大朝人薄知。"这里，"十六元朝、己卯岁"是指元世祖至元十六年（1279年），说明这首歌的成歌时间距今已700多年。这首歌的歌词写道，当时有一个叫桂财的瑶族人，从平安寨出发经过长途跋涉来到了交趾即今越南河内西北的红水河州一带谋生，因为当地官员总藩能维护瑶民利益，瑶民生活安定。可后来总藩得罪了交趾国的统治者，被投进监狱。桂财心急，寄歌回家乡向瑶族兄弟姐妹求援，请求大家拯救总藩。

《平安信歌》还唱道："瑶人思着无处去，依旧思着转本州。六月十九大家去，又着四边村老留。"这说明贺州瑶族迁徙到交趾后，与当地人民的关系非常友好，不然就不会得到"四边村老"的挽留。歌中还描绘了交趾地方四季如春的气候："交趾地头向东口，九冬十月也无霜，也无青霜也无雪，一年四季见花行。"歌中还详细描写了迁到交趾后，人们的浓烈乡愁："千般言语郎思尽，寄书转报归乡人。冬瓜四季开嫩叶，几时得见旧乡亲。"

《平安信歌》还详细描写了从贺州到交趾的迁移路线："那人要问交趾国，恭城荔浦到柳州，柳州便问云安府，行过四川世不忧。云岭便问行水路，七日河路靠船行，过了大船船到岸，便问交趾三卡村。"这条清晰的路线图对研究元代贺州瑶族向东南亚迁徙的行走路线有重要价值。

信歌除叙事外，更普遍的是言情。一般在传统节日和婚嫁喜庆之时，青年男女多盛装前往，通过唱歌互相交流。双方如有情意，分手离别后，为表达爱慕情意，识字的自己提笔，不识字的就请人代笔，有的甚至由父母代写，写的不是情书，而是情歌——信歌。所以，在贺州大量流传的是情信歌。

情信歌内容丰富，初恋、热恋、苦恋、思恋、失恋……各种感情描写细腻真切，有较高的艺术价值。如《大平龙曹信歌》："初笔落台回情意，扇转逍遥府寨中，思着前言话得好，试邮一纸会花容。"《鹅塘大明土瑶信歌》："贱兄独坐门前望，望山望水望鸟群，画眉飞出笼门了，问娘何日得共群。"《步头保塘信歌》："世间百事愁不尽，有无姻缘不奈何，有无姻缘请来信，莫把人情丢下河！"《鹅塘明梅土瑶信歌》："乙巳年间逢着妹，初逢妹话恋千年。正月逢娘到八月，见娘算算有千年！"

收信人收到信歌后，一些不识字的人要请人代读。由于有些话为隐私，不能让外人知道。寄信人为避免代读人散布信中内容，往往会在信歌中再三嘱咐："字错代为改正读，千万莫传出外乡！""造错情书改正读，读书君子莫谈声。"

钟山瑶族门唻歌

▶ 富川瑶族蝴蝶歌歌手在风雨桥上摆歌堂

门唻歌是钟山县两安瑶族乡沙坪坝村的瑶族民歌。人们开腔唱歌必先唱"门唻"二字。"门唻"即"妹来",意为青年男子渴望爱慕的心上人来到身边。相传这支瑶族的先祖在定居大瑶山时,强盗猖獗,猛兽出没,生存环境极其险恶。每到晚上,人们都关门闭户,严防外人混入。一些到了谈婚论嫁年龄的青年男女寂寞难耐,便利用木屋与木屋之间相距不远又容易传递声音的有利条件,以唱歌的形式倾诉相思之苦:"一帘淡月起相思,霜打梧桐愁满枝。把酒常吟漱玉赋,抚琴又唱纳兰词。可怜暖帐空留枕,怎奈香闺枉作诗。紫燕南飞终有日,鹊桥望断谁人知"。

后来,经过一些会唱歌的老人加工,门唻歌成为曲调优雅、旋律优美、村民广为传唱的民歌。门唻歌为二声部音乐,高声部

◀ 钟山县两安瑶族乡沙坪坝村参加门唻歌的瑶家少女

称"漂",低声部称"和",需两人、四人或多人合唱。

富川平地瑶蝴蝶歌

在富川瑶族自治县平地瑶地区有一种二声部民歌,唱曲中"蝴的蝶""蝶的蝶"等衬词反复叠唱,故名"蝴蝶歌"。蝴蝶歌也是贺州瑶族音乐中最为知名的唱腔,新中国成立初至20世纪60年代,曾长期作为中央人民广播电台对外广播的开播曲。2008年,"蝴蝶歌"被列入国家非物质文化遗产保护名录。

蝴蝶歌分为短、长两类。短歌一般为四句,第一、二、四句为七言,押脚韵。第三句为一大段快速的衬词叠句。短歌曲调简洁明快,歌词灵活多变,可随时演唱。

长歌又称歌母,主要供歌手锻炼气息、口舌和声部。一对好的歌手,男孩、女孩在十二三岁时即开始寻找自己的搭档,练习歌母。长歌节奏规则,速度较快,衬词较多,练习时要求高低两个声部整齐划一,且舌头灵活,咬词吐字清楚。每一个乐段结束前都出现大二度长音,为解决同度过程的问题,演唱时两名搭档歌手要尽量把头靠近。只有当搭档间能互相听到对方声音在胸腔中像蜜蜂一样"嗡嗡嗡"地鸣叫时，这样的音色音准才算合谐，此种练声法又叫"蜜蜂声"。

蝴蝶歌在生产劳动、日常休闲、谈情说爱、访亲探友、祭祀拜祖、节庆聚会等多种场合都可吟唱。蝴蝶歌曲调固定，但歌词多变。根据歌词的不同，蝴蝶歌又分为爱情婚姻歌、农事季节歌、劳动歌、历史歌等，但以情歌所占比重最大。

蝴蝶歌最常演唱的场面是"歌圩"和"歌堂"。"歌堂""歌圩"一是指平时瑶家堂屋里、火塘边的唱歌聚会；二是指民间酬神时伴有歌舞等内容的唱歌聚会。"歌堂""歌圩"中的蝴蝶歌以每年春秋二季最盛。其中又以春季农历三月三，秋季八月十五、九月初九这3天最为隆重，人们将这3天的蝴蝶歌会称为"赶会期"。"赶会期"这天，男女老少都会前往"歌圩""歌堂"唱歌。特别是晚上，四面八方的男女青年会聚到赶会期的村子，互相对唱蝴蝶歌。

上刀山与过火海

贺州瑶族在举办度戒仪式或汉族地区举办庙会时，常会表演上刀山和过火海等民俗节目。

上刀山又分为爬刀山和过刀桥两种形式。所谓刀山，实际就是用钢刀架成刀梯，刃口向上，表演人员赤脚踩在刀刃上，由下向上攀爬。

汉族地区表演上刀梯是在空地上竖一个粗木杆，木杆两边安装有一把把锋利的钢刀片，刀片一律横着放，与地面平行。人赤脚踩在刀锋上，一步步往顶端爬，至平安下梯，表演即算成功。

瑶族刀梯是将两根粗木作扶手，中间每步梯阶用两把大砍刀交叉绑在扶手上。而且每根扶手上还栓系一根白布练。人们在爬梯时可以双手攀着扶手，也可以扯着白布练。瑶族刀梯又分三步刀梯和七步刀梯。

三步刀梯方便室内表演。三步梯底下两步梯阶每步各用两把砍刀交叉地用竹篾扎紧在木扶手上。最上一级梯阶则只有一把刀片用竹篾横架平放固定在扶手上。爬梯时，每向上一步就唱刀梯歌一首共四句。

▲ 上刀山表演
◀ 瑶族上刀梯

七步刀梯用于室外表演。在表演场所先搭一座两米多高的"天楼",在"天楼"前再架刀梯。由下往上,七步梯的前6步梯阶每步各用两把砍刀交叉安放在两根扶手之间,第7步梯阶也是一把平放的刀片。表演时,先由师傅爬梯,每爬一步,唱刀梯歌一首,爬完6步后,第7步不能踩,要跨过去,师傅站在"天楼"上引导后面的人一个个轮流蹬梯。

刀桥是在两根粗木之间插上一组组钢刀片,锋口一律向上,刀桥平放,表演人员赤脚踩在刀锋上由桥的一端平走至另一端。

过火海是将烧红的木炭平铺在地上,铺出一道长2~3米的火路。然后,表演人员赤脚趟过火路。也有一些过火海节目花样更加惊险。例如"含犁头",火塘里埋着一只生铁犁头和7块火砖。等犁头和砖头都烧红后,领头的人就用长剑挑着红彤彤的犁头,让每一位表演人员用嘴含一下犁头尖处,犁头烫在舌头上嗞嗞作响,但奇怪的是他们没有一个人会被灼伤。之后,人们将烧红的7块砖头铺成火路,表演者赤脚踩着这些砖头通过火路。在旁围观的人们能闻到空气中有皮肉烧焦的味道,但事后验查,这些表演者又一个个毫发无损,不能说不是个奇迹。

长鼓舞

在贺州,只要有瑶族的地方就会有长鼓舞。长鼓舞是瑶族广为流传的一种民间舞蹈,有许多模仿狩猎动作,如金鸡展翅、山羊反臂、画眉跳笼等,也是瑶族最具民族特色的舞蹈。它起源于一个传说:很久以前,瑶族的祖先盘王一次上山狩猎,不幸被野羊撞死在梓桐树下,盘王的6个儿子闻讯赶来,悲恸万分。为报父仇,他们砍下梓桐树挖成长筒状鼓身,又擒住了野羊,用羊皮蒙成鼓面。每逢节日,就击鼓起舞,祭奠盘王。嗣后,还沿用此仪式祭祀先祖。传至今日,瑶族群众在庆丰收或祭盘王、祭先祖时必定演出长鼓舞。

第十二章 风情俗事

长鼓舞所表现的场景主要是瑶族人民开荒种地、砍树建房、制作长鼓等3个方面。内容上，既有比较原始的单人还愿长鼓舞和土瑶长鼓舞，也有表演艺术水平较高的72套做鼓长鼓舞和36套起屋长鼓舞。其中做鼓长鼓舞也称赶羊长鼓舞，讲述盘王打猎遇害，盘瑶子孙为纪念盘王猎捕山羊制作长鼓的故事，再现了远古时期狩猎生活。起屋长鼓舞又名舂墙舞，流行于钟山县两安乡沙坪瑶村。该舞以长鼓为支点，模拟建房夯墙的各种动作，展现夯墙建房的劳动过程。

形式上，长鼓舞既有男子对舞，又有二男二女合舞，绝大部分是在地上舞，也有的是在方桌上表演。长期以来，不同支系的瑶族对长鼓舞有不同的改进，逐渐发展出锣笙长鼓舞、芦笙长鼓舞、羊角短鼓舞、赛鼓、狮子长鼓舞和女子长鼓舞等多种舞蹈形式。

长鼓舞的舞步非常讲究腿功，有高桩、矮桩之别。高桩是两脚保持半蹲的姿态；矮桩是在全蹲的基础上表演。蹲步动作粗犷，无论高桩矮桩，又都使用点步蹲、大八字蹲、马点步蹲、剪刀步蹲、拐脚蹲等蹲步。整个来说，它是以粗犷、稳健、严谨的风格见长，曲、扭的动律是它突出的动作特点。

◀ 钟山县两安瑶族乡沙坪村瑶族在朝踏节上表演羊角长鼓舞

打长鼓在风格上有"文打"和"武打"之分。"文打"比较稳重,有微小的颤动,温和而且柔韧,节奏较慢,这种打法以平地瑶为多。"武打"比较活跃,有跳跃动作,节奏较快,有不少花样变化,这种打法以过山瑶为多。按照传统,每个瑶区都有专门的长鼓艺人,有的还是长鼓世家,许多绝技是祖传的。长鼓舞动作特点是弹、扭、贴、圆。弹,指每个动作必须颤动,且颤动是有力的,如安了弹簧,使每个动作都有弹性感。扭,指身体运动时通过扭腰侧身构成最常见的动作姿态。瑶族人民在伐木、开山时挥动斧头、砍刀和锄头时多扭腰侧身;背木、挑担也要扭腰换肩。长期的山区生活、劳动,对长鼓舞有深刻影响。贴,指舞动长鼓时必须贴身舞鼓,这使得动作和动作组合显得严谨紧凑。圆,即长鼓舞必须打得圆,如花鼓、大小莲花、倒鼓等动作,长鼓都必须绕转成圆圈,使舞蹈如行云流水般流畅,给人以朴实的美感。正如艺人所说,左打左莲花,右打右莲花,上打雪花盖顶,下打古树盘根。上下左右打鼓绕圈完美结合。瑶族长鼓舞的这4个特点,都要在矮功这个基础上表现。瑶族人民评价长鼓舞跳得好不好,就看打得矮不矮,他们以跳舞蹲得最矮的人为佼佼者,这种优秀舞者,如是小伙会倍受姑娘青睐,如是中年人则倍受别人尊重。

仙回调马

仙回瑶族乡地处昭平县城西北17公里,全乡1.6万多人口,其中瑶族6000多人,是昭平县唯一一个瑶族乡,其中的大中村马威屯有调马的习俗。

调马即舞马,当地人习惯把"舞"说成"调",如舞狮在当地就称"调狮"。相传马威屯四周森林繁茂,古时常有老虎出没,伤害人畜。清同治十二年(1873年)农历十月的一天晚上,一只老虎闯进村中一户人家叼走了一头猪。村民们拿着猎枪、柴刀，敲锣打鼓追赶，但终因山林茂密没能追上。为防止老虎再次进村，人们设计了各种驱虎办法。有老人说老虎怕神马，于是村民们就用毛竹片扎成一匹高1.5米、长2米的竹马，竖立在老虎经常出没的地方。马身贴彩纸，并配扎数十盏彩灯，脖子上佩戴铜铃，两眼镶嵌小圆镜。晚上，马身内还放置灯火，让竹马日夜守护村庄。自从有了这匹"马"后，村中再无老虎出现。

为了感谢神马驱虎护村之功，那年农历十二月二十三日小年夜，全村男女老少把竹马抬回村边地坪上祭拜。人们吹起号角，敲响锣鼓，舞动竹马，调马活动由此产生。

经过长期发展，调马逐步与舞台造型、美术、灯谜、舞蹈和木偶等多种艺术形式结合，发展成一种民族特色浓厚的文艺表演活动。在角色分配上，马是主角，人物和其他动物是配角，还有彩灯旗手。动物中又有鱼、凤、麒麟等。鱼能摆尾，寓意年年有余；凤能展翅，寓意富贵吉祥；麒麟能前后舞动，瞪眼伸舌，寓意国泰民安。彩灯旗手一是举马灯，一是撑旗。一支调马队中，一般需要马灯40多盏。灯上绘有各种各样的吉祥物，还写有"国泰民安""五谷丰登"等祈福语，有的也写有灯谜

▶ 行进中的壮族舞火猫表演队
▼ 昭平县仙回瑶族乡调马

和诗句。马灯顶上配有各种木偶，传统的有人物、动物和吉祥物等，现代的甚至有飞机、汽车、轮船等。木偶上有联动机关供人操作舞动。

调马还有一套固定的表演程序。舞马人一律由年轻貌美的姑娘担任，俗称马姑娘。马姑娘人选必须勤劳贤惠，有较好口碑。在马的前面，由帅旗开路，麒麟引马。马的左右还各有一名提着马灯的姑娘护卫神马。马后是人物、动物、马灯和彩旗。凤在最后，寓意凤尾。调马队伍组织好以后，先在村中巡游，然后来到地坪上正式表演。第一个程序是表演排阵。队伍绕场一周，排开以马为中心，凉伞、麒麟为护卫，马灯和吉祥物随后的阵式。马表演鞠躬、叩拜等祝福动作。然后再绕场一周，表演串马灯。最后是走"之"字形、"8"字形和大圆形等各种队形表演。随着锣鼓的节奏，演员一边舞一边变换造型。表演队伍阵容庞大，各种队形的场面极为壮观。

南乡壮族舞火猫

舞火猫流行于贺州市八步区南乡壮族民间，古朴、风趣，是一项独具特色的民间传统文娱活动。它的舞法有两种：一种叫"舞长猫"，即用禾草结成6寸围的粗绳，有百来尺或数百尺长。绳头扎成猫形，"猫眼"装上两只电筒。"猫头"备持杆，"猫身"亦间隔数米插一竹竿，每一竹竿由一人操持，随"猫头"

起舞。另一种是"舞猫人"，头戴禾草扎成的猫头帽，双臂双腿扎上禾草绳，猫头帽后边垂一根"猫尾"，用人装猫起舞。

舞火猫先是点燃香火，一束一束地插入帽上和身上的禾草绳里以及"长猫"的粗绳上，接着敲起锣鼓，围绕村子舞一圈，然后走出村寨，到坪上表演。表演队旁边还有一帮人提着香，随时帮助添加，保持香火不灭。

在夜幕下，舞火猫场景十分壮观，前边持香逗猫的俨然似老鼠逃窜，后边火猫晃来摆去做"滚猫"动作，左右扑腾，弯腰捉"鼠"。有些村的表演队还用禾草扎成牛、马、猪、鸡、羊等家禽家畜动物，脚上安上木轮车，扎着点燃的香火，跟在火猫后面，预兆六畜兴旺。

采茶队耍年宵

春节前后，贺州民间有采茶队走村串寨拜年演出的习俗，人们谓之"耍年宵"。节前，各村采茶队每晚排练节目至夜深，乐器鸣奏，男女歌舞，热闹非常，教戏的师傅均为民间艺人。

临近春节，有村寨派人前来向采茶队送预邀请帖，与采茶队定下演出时间，一般在年初二或初三，采茶队即开工表演。他们一路奏乐，欢欢喜喜，如期来到已经预约好的村庄，主家村寨会在村头燃放鞭炮迎接，并把采茶队员领到各家各户安排食宿。与此同时，采茶队中的"帖佬"头戴小生巾、身穿褶子服，率4名身穿彩服、手执彩纸扇的姑娘以及乐队先去村头礼拜土地和门楼，之后到各户去恭贺新禧及下帖。

夜晚演出，露天搭台，明灯挑挂，全村男女老少都兴高采烈地前来看戏。正式演出之前，先由两名着彩服的姑娘和乐作"扫台"程式。其间，村民会扔鞭炮上台表示欢迎和祝贺。演出结束，主家若满意会再扔鞭炮上台挽留。采茶队若同意，会在主家村连续演出数昼夜乃至十数昼夜。演出期间，附近村庄的人也会前来观看，如果他们也认为演得精彩，便会于演出结束时向台上扔鞭炮，并至后台下请帖邀请采茶队前往他们村出演。如此，演完一村又一村，耍年宵往往需要一两个月才作罢。

当采茶队在一个村庄演出结束即将离去的上午，便分别赠送一副表敬意和祝贺的对联给村上有名望的人。在赠送对联同时，采茶队由"帖佬"领着"彩姑"和乐到各家各户收帖，实则就是领受红包。红包多寡不拘，由各户主根据家境及慷慨程度自行决定。其间，户主们为热闹取乐，常常会乘机"发难"，设下一道道"考才"关卡。采茶队若能一往无前地闯过

难关，主家村全村人会结队敲锣打鼓放鞭炮相送，以示采茶队载誉离村；倘若闯不过关，不仅不能收红包，还会因此迟迟出不了村而丢尽面子，甚至弄得偃旗息鼓灰溜溜地离去。因此，在收帖时，采茶队的人会全部参加，尤其是师傅必须亲临压阵，以防不虞。户主设关"考才"，有如下几种形式：

摆花。户主在堂屋中央摆设一张八仙桌，上置花盆，盆中四面及中央分别插有不同品种的花枝，中央的花枝上挂着一只大红包，采茶队必须认出并唱明各个方位上的花名才能摘取红包。认花表演也有程式：唱《摆花》腔，由4名着彩服的姑娘各在八仙桌的一方，边唱边问，围站在堂屋内的男演员则唱和回答。如女问唱："哎呀哗子呀，哥哥呀，东边摆的什么花呀，哥哥呀？"男答唱："哎呀哗子呀，妹妹呀，东边摆的红梅花呀，妹妹呀。"认花从东边起，按东南西北顺序最后到中央结束，认出一方之花后，4位姑娘和着音乐的过门换位，继续问答，直至认完为止。收下红包后，"帖佬"行后退三步一鞠躬之礼，退出堂屋。若认不出，则会落个"关鸭子"不能出门。

对仗。户主在堂屋设案，案上具笔墨红纸，由主家先写出上联，求采茶队对出下联并书写在所留的一张空白红纸上，结成为一副工整的对联。若对不好会被贻笑大方，若对不出则无法过关。

猜剧目。主家在堂屋桌上摆设一物象，让采茶队根据物的形象猜出剧目。如在桌上

放一盆水,盆上置一把伞,盆内有一纸船,船上除有纸做的艄公和两女一男的纸人,要求猜出《西湖借伞》这一剧目;又如在桌上放一盆水,盆内有一竹制断桥,桥上有一男二女三个纸人,要求猜出剧目《断桥会》;或在桌上放一火柴盒,盒内有一对纸人,要求猜出剧目《柜中缘》等。

采茶队为了能顺利过关,必须具备多方面的知识,因此就得学习。显然,这种耍年宵活动不仅丰富了人民群众的文化生活,也能增长人们的知识。

凤凰歌堂

在平桂区水口镇到大平镇一带,被称作"本地人"的汉族族群,在婴儿出生时,女婿会派人到外婆家报喜。婴儿出世的三朝之日,外婆来到女婿家,会给外孙带来背带、衣服、帽鞋等礼品,也会给女儿带来一些项鸡(未生蛋的成年母鸡)补身子。此外,还会带上一只雄鸡和一名当地最有名气的女歌手一起来摆歌堂。

外婆和女歌手"光临",女婿设宴招待,并请来亲朋好友作陪。同时,也约请村里或邻近男歌手中的佼佼者三至五名夜里前来对歌。

入夜宴罢,受邀的男歌手结伴来到主家大门外,由女歌手出门迎接。双方进入堂屋就座后即唱讲故事和颂扬家主福大命好以及为孩子祝福之类的"闲散歌"。至半夜,厅堂上摆出一只由外婆所送雄鸡制作的"凤凰",它是将雄鸡宰杀洗净煮熟后,用葱蒜装饰成"凤凰"的翅膀、羽毛、尾巴。之所以用葱和蒜装饰,是因为外婆希望外孙长大后聪明伶俐,能计会算,发家致富有方。"凤凰"上台后,女歌手便请男歌手围桌而坐。接着,女歌手起"凤凰"歌堂,以"凤凰"而歌,先唱引歌"主家添丁众祝贺,外婆送鸡我送歌"。引歌之后便从"凤凰"的头、翅、爪、尾、内脏一一唱完。每唱完"凤凰"的一个部位,给小孩一次祝福,祝小孩像凤凰一样高贵漂亮,鹏程万里。

唱完"凤凰"歌,家主把鸡切成片,女歌手与男歌手边吃边唱,先是共同赞叹主家住宅、门庭兴旺、添丁发财。接着开展擂台赛歌,男女双方进行唇枪舌剑的较量。你问我答,斗智斗识,各展聪明,难解难分。对歌内容广泛,天文地理、伦理道德、历史典故、名人轶事、故事传说、名胜掌故、生产生活知识以及猜谜、拆字,等等,无所不唱。直到第二天早上9点多钟,主家摆出筵席招待方才罢歌。宴毕,主家赠予每位男歌手一个红包,外婆则赐予女歌手一个红包。之后,由女歌手唱着依依不舍的送别歌送男歌手出门,直至村外而别。

后 记

千百年的文明积淀，造就了贺州文化的基本体系：以潇贺古道为基石的古道文化、以南岭民族文化为元素的民俗风情文化、以锡矿采冶为载体的矿业文化、以生态优良为显著特征的长寿文化。独有的历史文化体系表征了贺州故事的特有魅力和独具价值，回望和提炼这些优秀历史文化，有助于焕发贺州这座城市的内在价值和精神风貌，有助于推动贺州文化资源的创造性转化和创新性发展，有助于激发新时代贺州高质量发展的不竭动力和澎湃活力。

为镌刻贺州文化，讲好贺州故事，传播贺州声音，2021年中共贺州市委决定编撰《贺州往事》一书。中共贺州市委书记林冠同志高度重视本书的编撰、出版工作，多次作出指示批示，统筹、推动全书编撰出版。中共贺州市委宣传部多次组织协调会议，推进全书编撰出版。本书的第一章、第五章、第八章、第十章、第十二章撰稿人胡庆生，第二章、第三章、第七章撰稿人杨志贵，第四章、第六章撰稿人陈继任，第九章撰稿人叶景松，第十一章撰稿人廖祖平。胡庆生同志负责编制纲要、统一全书写作风格。杨剑华、林虹两位同志对全书的观点、结论、文字、语句等方面进行校勘和补充。孟菲同志对全书的排版、封面设计和用图作了审校。桂林高等旅游专科学校教师张瑜同志对全书的内容选材、书写风格作了指导。此外，刘建宁、覃艳、常风云、姚富靖、唐硕言、张海文、邓建炜、叶思远等同志对本书涉及的文物图片、文物信息说明及文字校稿亦提供了帮助。还有一些图片因为使用了资料库中的信息，对图片作者无法详知，因而图片中大多没有标注作者姓名，在此一并鸣谢。

贺州文化多姿多彩、内涵丰富，由于版面有限，此次撷取的内容仅是贺州文化元素中在一定方面具有代表性的部分，故此书所涉及的史实也仅是贺州文化历史长河中的沧海一粟。同时，又加上编者水平有限和时间仓促、史证考查工作繁复等诸多原因，难免会有差漏，恳请读者批评指正。

图书在版编目（CIP）数据

贺州往事 / 胡庆生主编 . — 北京：外文出版社，2021.11
ISBN 978-7-119-12956-3
Ⅰ . ①贺… Ⅱ . ①胡… Ⅲ . ①地方文化 – 贺州 Ⅳ . ① G127.673

中国版本图书馆CIP数据核字（2021）第243658号

出版顾问：陆彩荣
出版指导：胡开敏
出版统筹：文　芳
责任编辑：陈丝纶
特约编辑：王新立　姚　莹
装帧设计：北京夙焉图文设计工作室
印刷监制：章云天

贺州往事
胡庆生　主编

© 2021 外文出版社有限责任公司

出 版 人	胡开敏
出版发行	外文出版社有限责任公司
地　　址	北京市西城区百万庄大街 24 号　邮政编码：100037
网　　址	http://www.flp.com.cn　电子邮箱：flp@cipg.org.cn
电　　话	008610-68320579（总编室）　008610-68996158（编辑部）
	008610-68995852（发行部）　008610-68996185（投稿电话）
印　　刷	北京盛通印刷股份有限公司
经　　销	新华书店 / 外文书店
开　　本	787mm×1092mm　1/16
印　　张	20
字　　数	300 千
版　　次	2021 年 12 月第 1 版第 1 次印刷
书　　号	ISBN 978-7-119-12956-3
定　　价	68.00 元

版权所有　侵权必究　如有印装问题本社负责调换（电话：68996172）